U0525216

北京市社科基金项目"'微信朋友圈'场域中大学生身份认同问题研究"（项目编号：18KDC013）阶段性成果

北京市教委社科基金一般项目"网络消费影响下的大学生自我认同危机研究"（项目编号：SM202010037003）阶段性成果

# 现代消费与青少年身份认同

刘金丽◎著

中国社会科学出版社

# 图书在版编目（CIP）数据

现代消费与青少年身份认同/刘金丽著.—北京：中国社会科学出版社，2023.7

ISBN 978-7-5227-2214-6

Ⅰ.①现… Ⅱ.①刘… Ⅲ.①青少年—消费心理学—研究 Ⅳ.①F713.55

中国国家版本馆 CIP 数据核字（2023）第 118790 号

| | |
|---|---|
| 出 版 人 | 赵剑英 |
| 策划编辑 | 鲍有情 |
| 责任编辑 | 彭 丽 |
| 责任校对 | 王 龙 |
| 责任印制 | 王 超 |

| | |
|---|---|
| 出　　版 | 中国社会科学出版社 |
| 社　　址 | 北京鼓楼西大街甲 158 号 |
| 邮　　编 | 100720 |
| 网　　址 | http://www.csspw.cn |
| 发 行 部 | 010-84083685 |
| 门 市 部 | 010-84029450 |
| 经　　销 | 新华书店及其他书店 |

| | |
|---|---|
| 印刷装订 | 三河市华骏印务包装有限公司 |
| 版　　次 | 2023 年 7 月第 1 版 |
| 印　　次 | 2023 年 7 月第 1 次印刷 |

| | |
|---|---|
| 开　　本 | 710×1000　1/16 |
| 印　　张 | 17.25 |
| 插　　页 | 2 |
| 字　　数 | 210 千字 |
| 定　　价 | 89.00 元 |

凡购买中国社会科学出版社图书，如有质量问题请与本社营销中心联系调换
电话：010-84083683
**版权所有　侵权必究**

# 前　　言

　　消费社会的到来为人类带来了丰富的物质产品，而消费也逐渐成为在社会中占主导地位的力量，随着商品符号价值消费的出现和不断发展，消费主义产生。然而物质生活水平的提高并没有给现代人带来幸福的生活，相反，却出现了孤独、自我否定、自我怀疑等问题，其中最为严重的就是人们的自我认识和定位问题，即身份认同问题。在文化日益多元化的今天，角色身份已经不再是青少年构建自我认同的主要方式，消费已成为青少年建构身份认同的主要来源。青少年时期是人生价值观形成的关键时期，也是自我同一性形成的重要时期，对自我认识和定位的正确与否，关系到青少年的人生发展方向问题，对青少年意义重大。因此，研究在消费主义影响下青少年身份认同问题具有重大的意义。

　　在消费主义影响下，一些青少年将对物品的大量占有和消费视为人生的追求和意义，沉溺于物质享乐主义生活方式，将消费作为构建自我、形成身份认同的重要手段，主要表现在三个方面：从消费对象上来讲，一些青少年通过对商品符号价值的消费，展示自我的个性、身份和品位，却因商品更新速度快而失去了自我的独特性和自我的同一性；从消费方式上来看，部分青少年沉溺于网络消费，通过这种消费方式寻找自我的归属、获取自我的人生意义，反而使自我难以分辨虚幻世界和现实世界，导致自我与现实的脱节，无法正确定位自我；从消费的后果来看，极少部分青少年通过身体消费改变自我的外在形象，希望以此获得自我肯定和他人的追捧，以这种肤浅的无深度感的消费构建自我认同，不仅会丧失构建自我的外在基础，甚至付出了生命的代价。青少年通过消费构建自我身份认同，却使自身陷入消费主义的操纵之下，被物质享乐主义所迷惑，丧失了对生存意义感的追寻，迷失了自我。

在物质产品极大丰富的今天，青少年要建构正确理性的身份认同，不仅要形成合理的消费理念，还要培养青少年对生存意义感的追求。在整个社会中实现消费合理化，首先，要实现对资本逻辑的约束，资本逻辑是消费主义产生的根源，为了避免人们过度消费，陷入消费主义，必须限制资本的霸权，实现资本的良性运行。其次，市场的形成为消费主义提供了生长的土壤，同时，市场遵循的也是资本增殖的逻辑，为了避免消费主义在市场这块肥沃的土地上生长而造成对社会公共利益的破坏，就需要国家运用其权力，对市场的发展进行合理的引导和制约。再次，大众媒介在消费主义的传播过程中起到了推波助澜的作用，传媒对大众消费方式的形成、消费欲望的刺激、消费时尚的塑造等都起着关键的作用，要实现消费的合理化，还要保证大众传媒自身社会责任感的落实，以及媒介人的道德自律。最后，青少年自身也应该自觉形成对人的生存意义感的追求，首先青少年要形成物质消费和精神消费齐头并进、共同发展的理性消费观念，注重对人的精神层面的追求，确立正确的人生理想，追求自我的人生意义和精神发展，最终实现自我的自由全面发展，构建理性的自我身份认同。

本书分为以下六章。

第一章首先分析了消费主义产生的社会历史背景、思想文化基础和根源。其次对消费、消费社会、消费主义和消费文化的概念进行了界定。再次指出消费主义作为一种生活方式和价值观，受到了理论界的激烈批判，主要是对其意识形态性、消费异化和人的异化、物化幸福观的批判。最后指出了消费主义对当代人的影响，消费主义导致人的价值观异化，对青少年价值观的影响尤为严重。

第二章首先对身份认同的含义进行探讨。然后指出在消费主义的影响下，现代人的身份认同与传统社会相比出现了根本性的变化，并分析了现代人身份认同问题的具体表现。最后对消费主义产生前后青少年的身份认同分别进行了阐述，并指出了在消费主义影响下青少年身份认同问题的具体表现。

第三章阐述了符号消费对青少年身份认同的冲击。首先分析了符号消费的含义及其特征，指出消费主义是一种极端的符号消费形式。其次论证了符号消费认同发生的条件。再次对现实生活中青少年的符号消费行为进行了分析，并指出了青少年符号消费的特点。最后指出了符号消费导致青少年自我同一性的断裂、人生意义感的丧失、自我个性化的虚化。

第四章论述了网络消费对青少年身份认同的影响。首先阐述了网络消费的概念，即网络消费是网络技术与消费相结合的产物，指出了消费主义对网络消费的影响。其次对青少年的网络消费行为进行了分析和分类。再次以网络购物和网络游戏为例，讨论了青少年在网络消费过程中对虚拟身份的建构。最后分析了虚拟身份认同对青少年身份认同造成的负面影响。

第五章论证了身体消费对青少年身份认同的塑造。首先从身份政治的视角分析了身体消费在消费社会的兴起。其次指出身体是青少年建构身份认同的外在基础，在现代视觉感官审美的驱动下，青少年通过身体消费来寻求自我身份认同的重构。最后指出青少年在身体消费的过程中，失去了构建自我身份认同的外在基础，身体消费作为一种无深度感的物质消费，导致青少年人生意义的物化和自我精神追求的缺失。

第六章对青少年身份认同的理性建构进行了探索。首先指出资本逻辑作为消费主义产生的内在根源，要实现消费的合理化，就需要对资本逻辑进行约束，提出要对资本进行伦理约束和法律制裁，以实现资本运行的合理化。其次指出市场经济的产生和发展为消费主义提供了生长的土壤，市场经济是一种消费主导型经济形式，因此，国家要加强宏观调控、调整消费政策，引导消费的合理发展。再次指出传媒的发展对消费主义的扩散起到了至关重要的作用，必须加强政府对媒介的管理，提升媒介的社会责任意识，强化传媒主体的道德自律。最后指出在消费社会，青少年要构建理性的身份认同，就必须形成理性的消费观，这就要求家庭、学校、社会为青少年提供一个良好的社会环境；同时青少年还要注重对人的生存意义感的追求，对精神层面的追求才是人之为人的意义所在；青少年要理解人的全面发展是实现人生意义的关键，人的全面发展是现实的个人通过实践活动全面占有自我的本质的过程，全面发展的实现是个体理解人生意义、实现自我的根本。

本书以消费主义影响下青少年身份认同问题的产生为研究起点，在对消费主义和身份认同分别加以分析的基础上，提出了青少年身份认同问题的表现，即符号消费、网络消费、身体消费对青少年身份认同造成的影响。这三个方面只是比较凸显的问题，在当今社会，消费主义无孔不入、无处不在，通过对这三个方面问题的具体分析，指出了消费主义对青少年身份认同的建构产生的负面影响，并为青少年构建理性的身份认同提出了具体的建议，对问题的分析以及建议的提出为当代青少年构建身份认同提供了理论上的参考。

# 目　录

绪　论 …………………………………………………………（1）

## 第一章　作为一种现代性现象的消费主义 ……………（17）
### 第一节　消费主义的产生 …………………………………（18）
　　一　消费主义产生的社会历史背景 ………………………（18）
　　二　消费主义产生的思想文化基础 ………………………（20）
　　三　消费主义产生的根源——资本逻辑 …………………（24）
### 第二节　相关概念界定 ……………………………………（26）
　　一　现代消费和消费社会 …………………………………（26）
　　二　消费主义和消费文化 …………………………………（32）
### 第三节　消费主义批判 ……………………………………（35）
　　一　消费主义意识形态批判 ………………………………（36）
　　二　消费异化与人的异化 …………………………………（38）
　　三　消费主义物化幸福观批判 ……………………………（40）
### 第四节　消费主义对现代人消费价值观的影响 …………（43）
　　一　消费主义导致人的价值观异化 ………………………（44）
　　二　消费主义对青少年价值观的影响 ……………………（46）

## 第二章　消费主义影响下的身份认同 (50)

### 第一节　身份认同的含义 (50)
一　相关概念界定 (50)
二　身份认同及其分类 (55)

### 第二节　消费主义对身份认同的影响 (58)
一　消费主义导致身份认同问题的产生 (58)
二　现代人身份认同问题的具体表现 (61)

### 第三节　青少年身份认同 (63)
一　消费主义产生之前青少年的身份认同 (63)
二　消费主义影响下的青少年身份认同 (65)

## 第三章　符号消费对青少年身份认同的冲击 (73)

### 第一节　符号消费 (73)
一　什么是符号消费？ (73)
二　符号消费的特征 (75)
三　消费主义——走向极端的符号消费 (77)

### 第二节　符号消费认同何以成为可能 (79)
一　物的社会意义——物向符号的转化 (79)
二　大众传媒——符号价值的塑造者与传播者 (83)
三　符号消费认同——以符号消费为基础的社会识别体系 (88)

### 第三节　青少年身份认同的符号转向 (90)
一　青少年对符号的追逐 (91)
二　青少年符号消费的特点 (101)

### 第四节　符号消费认同对青少年身份认同的影响 (108)
一　自我同一性的断裂 (109)
二　自我意义感的丧失 (112)

三　虚幻的自我个性化 …………………………………… (115)

**第四章　网络消费对青少年身份认同的影响** ………………… (117)
　第一节　网络消费与消费主义 ………………………………… (117)
　　一　网络消费——网络技术与消费的联姻 ………………… (117)
　　二　消费主义影响下的青少年网络消费 …………………… (120)
　第二节　网络空间的蛊惑：青少年网络消费行为
　　　　　及其分类 …………………………………………… (122)
　　一　青少年：网络文化的促进者和消费者 ………………… (124)
　　二　网络空间的狂欢——青少年网络消费行为 …………… (126)
　第三节　青少年在网络消费过程中的身份认同建构 ………… (131)
　　一　从镜像到拟像：网络虚拟身份形成的理论支持 ……… (131)
　　二　青少年在网络消费中的身份认同建构——以网络
　　　　购物和网络游戏为例 ……………………………………… (133)
　第四节　网络虚拟身份认同对青少年身份
　　　　　认同的冲击 ………………………………………… (145)
　　一　自我同一性的混乱和消解 ……………………………… (146)
　　二　自我归属感的迷失 ……………………………………… (148)
　　三　人生价值的异化 ………………………………………… (150)

**第五章　身体消费对青少年身份认同的塑造** ………………… (153)
　第一节　消费主义与身体政治的兴起 ………………………… (153)
　　一　西方哲学中的身体研究理路 …………………………… (154)
　　二　消费主义推动下的身体消费 …………………………… (162)
　第二节　当代青少年的身体审美和身体消费 ………………… (171)
　　一　身体——青少年寻求认同的重要媒介 ………………… (172)
　　二　当代青少年的身体审美 ………………………………… (174)

三　身体审美驱动下的青少年身体消费 …………………（179）
第三节　身体消费与青少年身份认同问题 ………………（192）
　　一　构建自我认同的外在根基的丧失 …………………（193）
　　二　人生意义的物化和精神追求的丧失 ………………（194）

**第六章　消费的合理化与青少年身份认同的理性建构** ……（198）
第一节　资本逻辑的规约 …………………………………（198）
　　一　资本逻辑——消费主义泛滥的内在根源 …………（198）
　　二　资本运行的合理化 …………………………………（201）
第二节　市场经济发展的合理化 …………………………（208）
　　一　市场经济对消费的影响 ……………………………（208）
　　二　加强国家宏观调控，引导市场合理发展 …………（211）
第三节　增强媒介社会责任感，提升媒介人文
　　　　精神素养 …………………………………………（214）
　　一　加强政府对媒介的管理，提升媒介的责任意识 …（215）
　　二　强化传媒主体的道德自律 …………………………（217）
第四节　追寻生存的意义和价值 …………………………（218）
　　一　培养青少年形成合理的消费观 ……………………（219）
　　二　青少年自我意义感的重建 …………………………（222）
　　三　人的全面发展——对个体生存意义的现实阐释 …（231）

**结　语** ……………………………………………………………（237）

**参考文献** ………………………………………………………（243）

**后　记** ……………………………………………………………（262）

# 绪　　论

## 一　问题的提出

### （一）消费主义的影响

消费作为人类的一种生存方式，以对人类在生存发展过程中的物质和精神需要的满足为目的。然而，消费主义则将消费标榜为人生的最高目的和终极意义，提倡对物质的大量占有和消费，刺激了人们的物质消费欲望，忽视了人的精神发展的需要。消费主义以资本增殖为其运行逻辑，以消费作为人生意义追求的终极目标，指出消费是实现人的自我满足的根本途径，消费是实现幸福、快乐的根本方式。消费主义作为一种生活方式和价值观，对当代人的生活产生了广泛的影响，其中对当代人的价值观的影响尤为突出。

消费主义遵循资本增殖的逻辑，资本的本质就是追求无限的价值增殖，因此，采取消费主义生活方式的现代人实际是受到资本的控制。在资本逻辑的驱动下，人们通过不断地购买商品去追寻自我的价值和有意义的幸福生活。然而在物质极大丰盛的今天，越来越多的商品并没能给人们带来精神和物质的满足，人们受到消费欲望的控制，为了消费而消费，成为失去精神追求的"单向度"的人。消费主义崇尚物质享乐主义生活方式，提倡对物的大量占有，使人成为物的奴隶，造成人的消费价值观的异化。消费主义以消费作为人生的最高目的，在资本逻辑的作用下，消费主义主张大量占有和消费物质与资源，不断地刺激人们的消费欲望，使人们永远处于欲购情结之中。而被消费主义刺激出来的消费欲望只是人为制造的需要，即虚假的需要，对这种虚假需要的满足最终将导致人的自我的迷失。由于崇尚物质享受，为了满足自我的自尊心、虚荣心，人们往往会进行炫耀消费、攀比消费、盲从消费来满足自我的需要。消费主义片面强调物质消费，忽视精神消费，使人们沉溺在由物组成的世界中，被物所控制，失去了自我的主体性地位，扭曲的消费价值观使人们在物质与精神之间发生了偏离和倾斜，造成重物质、轻精神的消费观，导致人们的自我意义感的丧失。

在消费主义影响下，人们通过消费来获得自我认同、寻找人生的意义。在消费文化语境下，人们消费的不再是商品的使用价值，而是商品的符号价值，消费的功能不再是满足人们的生存需要，而是为人们提供象征意义。当商品被赋予了身份、地位、品位等符号意义时，对商品的占有和消费就成了个体展现自我、构建身份认同的途径。在"我消费，故我在"的口号引领下，人们陷入了无止境的符号消费之中，为了确立自我的身份、地位，有些人不顾自身经济能力，盲目消费，力争最大限度地占有和消费商品。商品被赋予了一种体现身份、地位、财富等的符号象征意义，为了获得自我满足，实现自我，人们在无意识中受到这些商品符号的控制和操纵，失去了价值选择的主动权，沦为被动的消费性动物，从而失去了其本身存在的意义和价值。

(二) 消费主义与青少年身份认同

在现代消费社会中，社会的流动性加大，消费主义泛滥，身份变得更为流动和多元化。消费主义将消费视为人生的最高目的和终极意义所在，推崇对物的大量占有和消费，鼓励人们尽可能多地消费，将消费视为衡量个人身份、地位的标准，通过消费追寻人类生存的意义，消费主义这种世俗化的价值观取代了人们先前的精神取向的价值观。在资本逻辑的驱动下，消费文化与大众传媒合谋不断激发人们的购买欲望，消费需求也被无限放大，人失去了主体性地位，物成了控制人的主导力量。消费主义通过商品的符号化将消费变成了一种符号操作系统，为商品赋予了各种不同的文化意义，使商品本身扩展到能指的范围，致使商品成为符号价值高于使用价值的存在物。商品的符号意义成为人们消费的重点，商品不仅能够满足人们的基本需要，最根本的是彰显了消费者的身份、地位、品位，满足了消费者对荣誉、声望的需要。"我消费，故我在"，人们在对物质的无限需求和占有中，就失去了对精神的追寻，而精神追求才是人生意义之所在，然而，现代人更多地采取了消费主义价值观，在对物的消费和占有中寻找人生的意义，而随着产品的升级换代，人们对物的需要是永远都无法得到满足的，因此，在追寻物的过程中，现代人则成了一种精神的无根漂泊者。失去了精神追求的人生是无意义的人生，而对生存意义的追问是人认识自我的根本，消费主义价值观的泛滥最终导致现代人身份认同问题的产生。

青少年作为社会消费的一个重要群体，由于人生观、价值观还处在形成和发展的时期，他们的消费心理、消费行为还处于一个不稳定、不成熟的阶段。但是，物质世界中层出不穷的消费广告、铺天盖地的消费信息、到处泛滥的消费文化、充满诱惑力的消费宣传、花样翻新的消费时尚等都刺激着青少年的消费欲望，煽起了青少年的消费热情，潜移默化地诱导甚至支配着青少年的消费行为，不可避免地使青少年在消费行为上缺乏独立判断的能力，给青少年的身心健康成长带来猛烈的冲击，使青少年陷入了欲望、迷乱的物质享受世界中。注重虚浮的物质享受，轻视精神生活的培养和提高，已使青少年陷入自我认同的迷茫之中，其中更有甚者误入歧途，走上犯罪的道路。近些年来，"青少年为买iPhone苹果手机而不惜卖肾换取购机费用"等新闻不断见诸报端；更有甚者，仅为获得心目中的高档品牌产品，而不惜采取盗窃、抢劫等犯罪手段，非法获取购买该产品的费用。中国青少年研究中心发布的相关报告指出，"十五"期间，中国青少年犯罪形势不容乐观。5年间，人民法院审理的青少年罪犯增长了27853人，并且未成年人犯罪占青少年犯罪的比例从2000年的18.87%增长到2004年的28.17%，其中，因缺钱而发生的抢劫、强奸等严重刑事犯罪比例不断上升。[①]

  青少年代表着国家的未来，需要形成正确的世界观、人生观、价值观以及消费观。只有这样，才能形成对自身、社会和国家的正确认识和认同。青少年时期是自我同一性形成的关键时期，自我认同的理性建构不仅有助于青少年未来的人生发展，还将有利于国家、社会的长远发展。消费社会的诸多特点在很大程度上符合青少年对新奇、个性、时尚等的需求，消费主义提倡物质享乐主义的价值观也正契合了青少年追求享受的心理特性，因此，消费成为青少年构建自我的重要手段。然而，现代消费的快速发展并不能为青少年构建理性自我提供有力的支撑，如何帮助青少年构建稳定良性的身份认同就成为社会关注的重要课题。对于消费主义与青少年身份认同的研究大多是停留在消费主义对青

---

[①] 青年发展研究所：《新世纪中国青年发展报告（2000—2010）（32）：青少年犯罪状况及预防之青少年犯罪的情况和特点》，http: //www.cycrc.org.cn/kycg/qnyj/202208/t20220803_110924.html.

少年世界观、人生观、价值观、道德观等的不良影响这一问题上,对于消费主义这一影响青少年身份认同的社会根源问题的研究尚不系统。基于此,本书以消费主义的影响为背景,对青少年通过消费构建身份认同产生的问题进行了重点梳理,并试图为解决消费社会中青少年的身份认同问题提出一些建议。

## 二 研究意义

### (一) 现实意义

青少年的人生观、价值观还处于形成和发展的时期,他们的消费心理、消费方式还处于一个不稳定、不成熟的阶段。大千世界中层出不穷的消费广告、铺天盖地的消费信息、到处泛滥的消费文化、充满诱惑力的消费宣传、花样翻新的消费时尚等刺激着青少年的消费欲望,煽起了青少年的消费热情,潜移默化地诱导甚至支配着青少年的消费行为,不可避免地使青少年在消费行为上缺乏独立判断的能力,给青少年的身心健康成长带来猛烈的冲击,炫耀性消费、攀比消费、名牌消费等消费行为,使青少年的人生观、价值观发生改变,走向畸形,青少年被物质欲望所控制。

因此,通过对消费主义的内涵、特点及本质的解剖,来分析其对青少年的自我认同如何产生影响。以此,我们可以通过相关的途径和手段,引导、规范消费行为,帮助青少年正确认识消费主义,树立正确的人生观、价值观和消费观,引导青少年形成正确的自我认同观,促进社会的和谐发展。

### (二) 理论意义

在进入消费社会之后,社会生活水平不断提高,在满足了基本生存需要之后,人们越来越注重物质的享受,消费主义思想盛行,其突出地表现为物质消费粗俗化、文化消费商业化、虚假需求泛滥化等。在此背景下,人文社科类的广大学者对这一问题展开了深入的探讨。

法兰克福学派对现代性、大众文化等方面的批判全面深入,阿多诺、马尔库塞、哈贝马斯、弗洛姆等学者从不同角度对现代社会进行了批判和分析。[1] 同时,鲍德里亚在继承凡勃伦、西美尔、布迪厄等人思想的基础上,提出符号价值、符号消费理论,从而使消费问题进入到一个新的研究阶段。[2]

国内外学者对消费主义、身份认同都进行了深入且全面的分析,但将二者结合起来所进行的研究还有待深入。本书以消费主义为中心,通过吸取、采纳现代学者对现代性等相关问题的研究,来深入分析消费主义对青少年身份认同的影响,本研究既有助于深化对消费主义本质的认识,也有助于深化对身份认同问题的理论研究,进而推动当代青少年自我认同问题的理论发展。

### 三 研究现状

根据人类学和社会学的研究,在传统社会中,个体的身份认同是固定的,坚实且稳定。在传统社会,人从出生其身份就是预先设定过的,其认同"是一种预定人的社会角色的功能,是一种

---

[1] Theodor W. Adorno, *Theodor W. Adorno, Gesammelte Schriften. Band 10*, Suhrkamp Taschenbuch Verlag, 2003;[美]赫伯特·马尔库塞:《单向度的人——发达工业社会意识形态研究》,刘继译,上海译文出版社2008年版;[联邦德国]哈贝马斯:《交往与社会进化》,张博树译,重庆出版社1989年版;[美]艾里希·弗洛姆:《逃避自由》,刘林海译,上海译文出版社2015年版。

[2] [法]让·鲍德里亚:《消费社会》,刘成富、全志钢译,南京大学出版社2014年版;[美]凡勃伦:《有闲阶级论——关于制度的经济研究》,蔡受百译,商务印书馆2009年版;[德]齐奥尔特·西美尔:《时尚的哲学》,费勇、吴菁译,文化艺术出版社2001年版;Pierre Bourdieu, *Distinction, Richard Nice & Tony Bennett*, London: Routledge, 2010.

传统的神话系统，它提供方向感和宗教性的支持，以确定人在世界中的位置，同时又严格地限制其思想和行为的范围"①。在古代等级社会中，社会等级森严，人从出生到死亡，其一生均受制于等级的规约，其身份是确定不变的，其生活轨迹是预先规定好的，人的身份和地位是生来就确定好的，人们不必担心找不到自己的位置。进入工业社会以后，生产成为社会中占主导地位的控制力量，随着社会分工的出现，人们更多地以自我的职业作为自我身份认同的依据。到了后工业社会以后，社会物质财富急剧增加，随着社会生产率的不断提高，生产在人们生活中的重心地位开始动摇，人们用以休闲与消费的时间大量增加，资本为了追求其自身的不断增殖，利用政治、文化对人们的影响，促进人们更多地消费，结果导致越来越多的人将消费视为构建自我身份、展示自我地位的手段和工具。由于消费主义首先产生在西方国家，西方学者首先对消费与认同的关系进行了比较全面的研究，中国学者在西方学者研究的基础上，也对消费与认同的关系进行了深入的研究。

(一) 国外关于消费与认同关系的研究

国外对于消费与认同关系的研究较早且比较全面，其中比较著名的是凡勃伦、西美尔、鲍德里亚等，他们都从不同的方面展开研究并提出了理论观点。

凡勃伦在《有闲阶级论》中首次提出了有闲阶级和炫耀性消费的概念，并形成了炫耀性消费理论，对消费与身份认同的关系进行了初步研究。② 在凡勃伦看来，财富的积累是有闲阶级产生

---

① [美] 道格拉斯·凯尔纳：《媒体文化——介于现代与后现代之间的文化研究、认同性与政治》，丁宁译，商务印书馆2004年版，第231页。

② [美] 凡勃伦：《有闲阶级论——关于制度的经济研究》，蔡受百译，商务印书馆2009年版。

的前提条件，社会分工的不同则直接导致有闲阶级的产生，对消费品的持有展示了有闲阶级的财富和金钱地位。19世纪90年代末，资本主义向垄断资本主义过渡，此时工具理性四处扩张，原有的社会规范秩序已经解体，而新的社会规范秩序尚未建立起来，无序、失范等现象在社会生活中蔓延，社会仍处于匮乏经济阶段，在这一时段里，财富和金钱成为个人在社会中获得荣誉和尊重的决定性因素，为了达到与他人的歧视性对比的目的，人们展开了一轮又一轮的金钱竞赛，由此，凡勃伦提出了其著名的炫耀性消费理论。凡勃伦认为，炫耀性消费就是指为了显示自己拥有财富和权力而有意脱离生产活动的有闲阶级的消费，即为了向他人证明消费者的权力、金钱和身份地位而进行的消费，消费者通过消费这一社会行为获得荣誉和自我满足。

德国社会学家齐奥尔格·西美尔在其著作《时尚的哲学》中明确指出时尚是阶级分野的产物，并指出时尚消费具有示同与示异的双重作用。西美尔以对人的双重性特征的描述为基础引出对时尚的分析。西美尔指出人具有双重性特征，即对普遍性和个性化的双重追求，社会历史在人的双重性特征平衡发展之中得到发展。"时尚是既定模式的模仿，它满足了社会调适的需要；它把个人引向每个人都在行进的道路，它提供一种把个人行为变成样板的普遍性规则。但同时它又满足了对差异性、变化、个性化的要求。"[1] 由西美尔的时尚定义可知，时尚具有从众性和区分性两个特征。时尚的追求者通过模仿、追随大众这一行为获得群体所属感，同时也满足了人们对普遍性的心理要求。时尚的内容非常活跃，具有很强的变动性，昨天、今天、明天的时尚被

---

[1] [德]齐奥尔特·西美尔：《时尚的哲学》，费勇、吴蓉译，文化艺术出版社2001年版，第72页。

赋予一种相互区别的个性化标记,时尚本身又具有等级性,社会的较高阶层通过时尚与较低阶层区分开来,时尚的这一特性满足了个体对与众不同、个性化的追求。时尚具有满足人的普遍性和个性要求的双重性,因此,一种时尚在使个体服从社会而表现出普遍性的同时,也使个体具有了区别于他者的个性差异特征。

美国社会学家大卫·理斯曼在《孤独的人群》中提出了社会性格转变理论。[①] 他将社会性格区分为三种类型:传统导向型、内在导向型、他人导向型,不同社会性格的人会选择截然不同的消费生活方式,内在导向型性格的人会选择禁欲主义,而他人导向型性格的人则主张消费主义生活方式。内在导向者喜欢通过消费炫耀、展现自我的身份、地位,而他人导向者更倾向于通过格调、品位的选择炫耀自我。理斯曼指出消费社会最大的问题就在于塑造新的社会性格。理斯曼的理论指出了不同类型的人会采用不同的消费方式建构自我身份,而个体的社会性格又反过来影响个体对消费方式的选择。

美国社会学家坎贝尔指出现代消费是对自我实现需要的服从,他认为消费的本质是对想象性愉悦的追求,消费的核心并不是对商品的实际占有和消费,而是精神上的享乐主义的产物。在《浪漫主义伦理与现代消费主义精神》一书中,坎贝尔指出现代消费主义精神与浪漫主义之间具有亲和性和相似性,现代消费主义精神遵循类似于浪漫主义的愉悦逻辑,"认为当代消费者怀有无休止地获取物的欲望的思想是对驱使人们需要占有商品的机制的一种严重误读。他们的基本动机是实际经验已经在想象中欣赏

---

① [美]大卫·理斯曼:《孤独的人群》,王崑、朱虹译,南京大学出版社2002年版。

过的愉快的'戏剧'的欲望,并且,每一种'新'产品都被看成是提供了一次实现这种欲望的机会"①。现代消费的实现是想象性愉悦驱动的结果而并非生物欲望驱动的结果,现代消费服从于自我实现的需要,强调快乐、个性和自我实现的满足,对自我形象的塑造嵌入在整个消费活动中,消费的目的是使商品不断满足自我形象塑造的需要、满足自我实现的愉悦心理。

鲍德里亚明确指出物品只有成为符号才能成为消费的对象,从本质上来说,消费社会的消费对象已不再是物品的功能及其使用价值。②在消费社会中,人的基本需要已经得到满足,人的消费是为了满足人的无限的欲望,人的欲望是无限的、没有固定目标的,因此人的消费是盲目的、被操纵的,而所谓的消费者的权利和自由选择也具有极大的欺骗性。在消费社会,人通过对物的符号意义的追寻来寻求自我的意义并从中显示出自我与他者的差异,从而将人这一主体纳入符号体系之中,使人与人之间的关系转变成人与符号之间的关系,由此,新的社会组织原则便产生了,即"符号社会"的产生,这就是鲍德里亚所描述的符号消费理论,这一理论是鲍德里亚消费社会理论的核心内容。③在鲍德里亚所描绘的消费社会中,物出现了极大的丰盛,一切都成了消费品,包括人的心理、身体、自然性欲等,都成为消费的对象,不能成为消费品的物品就不具有存在的价值。从本质上来说,人们消费的并不是物,而是物的符号象征意义。表面上来看,消费者在消费品面前是平等的,具有自由选择的权

---

① Colin Campbell, *The Romantic Ethic and the Sprit of Modern Consumerism*, London: Basil Blackwell, 1987, pp. 89-90.
② [法]让·鲍德里亚:《消费社会》,刘成富、全志钢译,南京大学出版社2014年版。
③ [法]让·鲍德里亚:《消费社会》,刘成富、全志钢译,南京大学出版社2014年版。

利,似乎在消费社会中阶级之间的差别消失了,社会变成了民主的、同质化的社会,而事实却是,不同的阶级所消费的对象是不同的,消费品本身的符号象征意义则体现了不同阶级消费者的身份和地位。

法国社会学家布迪厄提出了社会区隔理论,指出作为实践的消费具有将不同身份、地位、阶级的群体区分开来的功能,他认为,不同的群体会根据自身的"惯习"选择不同的消费模式,消费模式在一定程度上也反映了消费者的身份、地位。[1] 费瑟斯通在对社会区隔理论总结的基础上,从消费文化的角度展开研究,指出消费的品位对于个体构建群体认同的作用在不断弱化,随着市场的分化和产品的多样性发展,个体消费的商品在不断分化,个人的消费品位更有助于个体自身独特性的凸显。[2]

总的来讲,西方学者肯定了消费对于认同的建构这一功能,然而对于通过消费来建构自我身份认同、实现与他人之间的区分这一行为,学者们也做出了批判。由于时尚、商品风格的易逝性等特点,以及在现代社会人们不再从某种外在的东西中寻求意义和价值,只追求感官享受,成为"单向度的人",最终导致人们产生空虚和无聊的感觉,陷入虚无主义,失去了自我及对人生意义的追问。

(二) 国内关于消费与认同关系的研究

国内学者对消费与认同的关系问题也十分关注,因为通过消费展示自我的身份、地位、财富、品位的现象在中国已经成为一个日益凸显的问题。对于消费与认同关系的研究的著作较少,论

---

[1] Pierre Bourdieu, *Distinction*, Richard Nice & Tony Bennett, London: Routledge, 2010.
[2] [英] 迈克·费瑟斯通:《消费文化与后现代主义》,刘精明译,译林出版社2000年版。

文较多。

王宁教授在《消费社会学——一个分析的视角》一书中对消费与认同的关系问题做了专门的论述，他指出消费是建构认同的原材料，在现代物质丰裕的社会中，人们通过大量占有和消费物品，来展现并建构自我的身份、个性、地位、品位等，同时消费又表现着个体的身份认同，有什么样的身份认同就会出现符合该身份的消费行为，消费与认同处于同一过程之中。他提出不仅要以消费作为研究视角探讨认同的发生、建构，还要从一定的认同视角出发，对消费方式的变化做出分析研究。[①]

姚建平在《消费认同》一书中揭示了消费方式与身份认同之间的关系。他首先提出理论假设，通过理论与实践分析论证，最终得出结论：消费方式是身份建构和维持的重要手段，而身份认同又对消费方式具有约束作用，有什么样的身份就会选择什么样的消费方式。他在研究中还发现消费方式在建构身份认同的过程中出现了两个互逆的过程，一是个体通过消费将自我归入某一群体、阶层，即形成群体所属感，以此强调群体间的差异；二是个体通过消费强调自我不属于任何群体，凸显自我的独特性，形成自我感，以此表达自我与其他个体之间的差异。[②]

伍庆在《消费社会与消费认同》一书中，对消费与认同的关系也提出了自己的见解。他分析了消费建构认同的过程，指出"意义"在消费建构认同的过程中起着重要的作用，通过商品符号化和符号商品化，文化世界的意义转移到商品中，使商品成为意义的载体，商品的符号价值的形成为认同的形成提供了意义基础，人们在消费中通过对商品符号价值的选择，建构起同他人之

---

[①] 王宁：《消费社会学——一个分析的视角》，社会科学文献出版社2001年版。
[②] 姚建平：《消费认同》，社会科学文献出版社2006年版。

间的意义连接关系，由此提出了消费认同的价值创造模式。人们通过消费建构认同，由此表达自己与他人或群体间的关系，从而对自身进行定位和归类。消费行为本身并不是人们被动接受的结果，他指出人们在消费活动中能够进行自主选择，因此，消费与认同并不是单向的建构关系，人们已有的身份也会影响人们的消费行为。①

班建武在《符号消费与青少年身份认同》一书中，对青少年符号消费与身份认同的构建进行了理论和实践分析。符号消费已然成为当代青少年重要的生活方式，符号消费的目的和意义就在于构建自我身份认同，包括个体认同和社会认同两个层面。他指出青少年时期是自我同一性形成的关键时期，而消费社会的特征契合了青少年身心发展的特点和规律，商品的符号意义所带来的新潮、个性、时尚，得到青少年的热捧，成为青少年认识自我、发现自我的现实途径。然而由于符号商品的流变性、易逝性、更新速度快等特点，符号消费并不能为青少年形成连续的、同一的、独特的自我身份感提供坚实的支点，结果造成深陷符号消费中的青少年产生自我认同危机，导致青少年自我认同感的肤浅化、自我连续性的中断、生活意义感的丧失。②

还有很多学者探讨消费与认同的关系，如蔡雪芹在《现代消费与人的自我认同》一文中分析了消费模式的变化与消费者认同变化之间的关系；③宁全荣在《消费认同与大众认同方式的危机》一文中探讨了消费认同导致人的异化，消费认同不仅不能使个人

---

① 伍庆：《消费社会与消费认同》，社会科学文献出版社2009年版。
② 班建武：《符号消费与青少年身份认同》，教育科学出版社2010年版。
③ 蔡雪芹：《现代消费与人的自我认同》，《理论月刊》2005年第9期。

正确认识自我，还会造成认同危机的发生；① 杨德霞在《论消费主义与当代青年身份建构》一文中指出消费给人们提供了身份建构的方式，人们在消费中实现了认同、获得了归属感，然而这种身份建构方式极不稳定，易造成人的异化等。②

对于消费与认同的关系，国内学者的观点基本一致，大都提出了消费已成为现代人建构身份认同的手段，也都认识到了消费认同给个体身份认同造成的问题，并提出了以马克思人本主义为理论指导或提升精神消费追寻人生意义等方式，为个体在当代社会进行身份认同建构指明了方向。

## 四 研究思路与方法

### （一）研究思路

本书以"消费主义""消费""青少年""身份认同"为关键词，搭建了本书的主要结构。首先，对消费主义的产生及现代消费对人尤其是对青少年的影响进行了阐释，它是研究的基本切入点。其中涉及了消费主义产生的社会历史文化背景和根源、相关概念、对消费主义的批判等内容。其次，对人类在不同发展阶段的身份认同进行了分析，指出消费成为现代人进行身份认同建构的重要手段和工具，在消费主义和消费文化的影响下，青少年更是通过消费来展示自我，相互之间攀比、炫耀，青少年在通过消费构建自我身份认同的过程中，由于商品的更新速度快等特点，青少年很难形成一种同一的对自我的认识，造成自我的迷失，最终导致身份认同问题的产生。再次，通过具体分析青少年在符号

---

① 宁全荣：《消费认同与大众认同方式的危机》，《燕山大学学报》（哲学社会科学版）2012 年第 3 期。

② 杨德霞：《论消费主义与当代青年身份建构》，《当代青年研究》2013 年第 2 期。

消费、网络消费、身体消费中的具体行为表现，认识消费给青少年身份认同带来的问题。最后，针对消费主义的本质和青少年的身心特点，提出具体的建议，在促进社会发展的同时提倡适度消费、尽量避免消费主义的发生，引导青少年对人的生存意义感的追求，使青少年在对人生意义追问的过程中认识自我并确证自我。

（二）研究方法

1. 文献研读法

本书的主要方法是文献研读法。在充分占有相关研究成果的基础上，对于与本书相关的文献做了系统的检索与分析。把与研究问题相关的文献，予以探讨和评述、综合与摘述。这些文献主要包括期刊、杂志、书籍等。

2. 唯物辩证法

从坚持马克思主义基本理论为出发点，来辩证分析消费主义与自我认同理论之间的关系。

3. 理论结合实践的方法

在分析学术理论的基础上，结合消费主义对青少年身份认同的现实影响，从理论上对消费主义提出批判，并从实际出发对青少年身份认同的建构提出具体建议。

## 五　创新与不足

消费主义现象在现代社会表现越来越明显，其对人产生的影响也越来越大。其中，青少年由于其自身独特的身心特点，受到消费主义的冲击力最大。本书力图从消费主义的各个方面对青少年身份认同的影响做一理论上的认识，从理论上揭示青少年产生身份认同问题的根源，并从理论和实际两个方面提出建议，以期为青少年身份认同问题研究略尽绵薄之力。

　　受笔者理论分析能力的限制，导致研究内容不够深刻；由于英语翻译水平有限，造成对外文相关资料的选用不足等。

# 第一章

## 作为一种现代性现象的消费主义

西方社会在摆脱了神权至上的中世纪之后，进入了世俗化的历程，即从传统社会转向现代社会。尤其是在19世纪末期，科技进步，生产力不断提高，资本主义实现了飞速发展，为人类社会提供了极其丰富的物质产品。与传统社会相比，现代社会为人们提供的消费品从数量到种类，都有了很大的增加，尤其是进入20世纪以后，随着技术革命的发生，现代化的大工业生产以及福特制的标准生产模式使得大规模生产得以实现，物资匮乏的年代一去不返，社会为人类提供了更加丰富的物质产品，人们消费的方式、观念等均呈现出不同于传统社会的一些新特点，消费的含义也发生了重大转变。消费品种类和数量的增加，消费观念和方式的改变，预示着人类迈入了一个新的社会——消费社会。工业化大生产的发展和技术的不断进步给社会带来了丰富的物质产品，社会财富不断增加，人们生活水平不断提高，人们消费观念不断更新，消费主义也由此产生，在某种意义上，消费主义是一种现代性的现象。

## 第一节 消费主义的产生

任何一种新生事物都不会凭空而出，消费主义的产生也不例外。凯恩斯主义促使消费问题进入社会和政治问题之中，拉开了消费主义的帷幕；工业化大生产在采用福特主义和后福特主义新技术之后，为消费主义的产生提供了丰富的物质基础，直接催生了消费主义；以物质享受、消费至上为核心的消费文化，以及肯定人的欲望的人文精神为消费主义的产生提供了思想文化基础；而资本的增殖本能则为消费主义的产生提供了根本动力。

### 一 消费主义产生的社会历史背景

消费社会产生之后，消费成了在社会中占主导地位的控制力量。将消费推向大众的正是凯恩斯主义，它首次将消费从作为单一的经济问题纳入社会和政治问题之中，为消费社会的产生和消费主义的上演拉开了序幕。

约翰·梅纳德·凯恩斯是西方近代宏观经济学的创始人，是20世纪最具创造性和影响力的经济学家，也是凯恩斯主义的开创者。20世纪30年代，整个西方国家都被卷入美国经济危机之中，这使得凯恩斯意识到新古典经济学派在理论上的缺陷，开始研究新的应对这一危机的经济理论。凯恩斯主义正是应对美国经济危机时产生的，1936年，凯恩斯的代表作《就业、利息和货币通论》出版，其目的就在于应对经济危机。凯恩斯在该著作中阐述了其著名的有效需求理论，他认为私人投资和消费的不足导致了有效需求的不足，而有效需求不足则直接造成了失业和生产过剩

## 第一章 作为一种现代性现象的消费主义

危机的产生。消费不足是造成失业、经济裹足不前的直接原因，甚至导致经济危机这一严重后果。凯恩斯在其经济学中指出：个人节俭的美德导致社会的灾难，储蓄和积累导致失业和萧条。并声称：奢侈是美德，节俭是罪恶。为了经济的繁荣、政治的稳定，凯恩斯推出消费民主化，对国民进行消费观念引导，甚至将消费渲染为爱国的一种表现。[①] 于是，西方各国开始广泛应用鼓励消费的经济政策。在政府的引导下，社会的主导从"生产"逐渐转向"消费"，消费成为经济发展的动力，这意味着消费社会的出现和消费主义意识形态的萌芽。

生产与消费之间的张力贯穿于资本主义的整个发展过程之中，一方面，资本要求以最低的成本获得最大的剩余价值，从而实现再生产的不断扩大；另一方面，生产的不断扩大又要求人们大量购买商品，从而实现剩余价值。在资本主义早期，生产资料的生产是生产的重心，剩余价值的实现途径主要就是销售生产资料，其销售对象主要就是投资商以及工厂主，因此剩余价值的实现并不会因工人的低消费和低收入而受到影响。到了19世纪，资本的积累主要依靠生活资料的生产和销售，社会的低消费水平和失业严重影响了对生活资料的有效需求，从而影响到生产与消费的平衡，社会冲突不断凸显。福特主义的产生在很大程度上缓解了这一危机。20世纪初，福特将"泰勒制"的科学管理原则应用到其T型汽车厂的生产管理中，对生产技术进行重大革新，结果导致汽车的价格大幅下降，汽车因其廉价开始进入美国多数家庭，成为生活必需品。福特主义还将其新型生产管理模式应用到其他家用电器的生产中，电冰箱、洗衣机等家用消费品均实现了

---

① [英] 约翰·梅纳德·凯恩斯：《就业、利息和货币通论》，高鸿业译，商务印书馆1999年版。

标准化的批量生产。福特主义生产技术的应用实现了生产的批量化发展，因此也提高了工人的收入水平和消费水平。福特主义成功的重要意义就在于其造就了大众消费模式的诞生，为消费主义的产生创造了物质基础。福特主义不仅满足了人们对商品的大批量需求，也提升了人们消费商品的档次。20世纪中期以后，福特主义大规模生产的弊端显露出来，比如：大批量的同质产品不能满足消费者的个性化和多样化的需求，长期大量的资本投资难以适应市场的快速变化等。为了克服这些弊端，被称为后福特主义的"弹性积累"的生产模式产生了。后福特主义生产模式的特征主要有：生产周期的缩短，充分利用新技术，劳动的非标准化，对劳动者的技能、责任要求更高，劳动者享有更大的自主性，市场的细化，以消费者为导向的生产专业化。后福特主义最重要的特征就是积极地制造消费需求而不是被动地满足多样化的社会需求。后福特主义利用新的传媒信息技术，通过广告、电视、传媒、展销等手段，引领时尚，主动制造消费需求，使消费的领域从商品扩大到教育、服务、健康、休闲等行业，使消费市场不断发生变化。进入后福特主义时代，品位成为商品消费的重心，商品的符号象征意义成为操纵和控制消费的指明灯。这种消费模式的变化，标志着消费主义的真正形成。

## 二　消费主义产生的思想文化基础

经济基础决定上层建筑，物质的极大丰富促进了人们精神层面的变化。消费社会的出现以及消费主义的产生都离不开经济的进步与发展，经济的进步与发展促进了一定的社会思想与文化的产生，一定的社会思想文化的产生为消费主义的形成奠定了精神基础。

（一）现代资本主义经济发展背景下的消费文化

在生产社会，物质匮乏，整个社会处于供不应求的物品短缺状态，被视为社会邪恶和堕落根源的欲望经常受到人们的蔑视和道德攻击。生产社会的物质匮乏或短缺这一现实状况，决定了禁欲主义和消费理性主义成为当时社会的主导价值观，该价值观主张节约、节欲、俭朴、禁欲。马克斯·韦伯曾指出，新教伦理和新教精神是促使早期资本主义发展的推动力，资本主义精神的实质就是新教伦理，资本主义精神的"天职"就是赚钱。[①] 新教伦理要求资本家多赚钱少消费，不断扩大再生产，从而推动生产的发展。马克思所描述过的"圈地运动"这种贪婪的攫取和掠夺，是资本主义形成资本原始积累的一个源泉，而韦伯所论述的新教精神则是资本原始积累的另一个源泉。在资本的原始积累完成之后，资本主义走向成熟，此时人们的基本生活需要得到了普遍满足，生活必需品产量的增加就势必导致生产过剩。资本主义追求资本增殖和利润的本质决定了新教伦理、禁欲主义已成为资本主义经济发展的绊脚石，要发展资本主义，就需要促进人们消费，实现经济的长足发展。

随着福特主义和后福特主义的产生，标准化的大规模生产模式在西方社会普遍推广，致使经济迅速发展，大批量的同质产品被生产出来，商品的种类和数量成倍增长，普通劳工的收入也有了很大的提高，从而提高了消费能力，消费在各个社会阶层中普遍流行。"二战"以后，西方资本主义社会生产了比以往任何历史时期都要多的物质产品。以美国为首的西方国家迎来了加尔布雷斯所谓的"富裕社会"即消费社会，消费打破了长期的阶层差别，奢侈品消费日益普遍化。在消费社会中，"存在着一种由不断增长的物、服务和物质财富所构成的惊人的消费和丰盛现

---

① [德] 马克斯·韦伯：《新教伦理与资本主义精神》，于晓、陈维纲等译，生活·读书·新知三联书店 1987 年版。

象。……富裕的人们不再像过去那样受到人的包围,而是受到物的包围"①。社会进入商品严重过剩的时代,此时资本主义的主要问题就是如何引导大众进行消费、怎样消费。

在认可人的消费欲望、刺激全民消费、以消费拉动生产的时代,新教伦理所倡导的禁欲、节俭等价值观已不再适应社会发展的需要,宗教伦理精神逐渐被消解,虽然享乐主义在传统的匮乏社会也存在,但是社会的主流价值和规范是新教伦理和禁欲主义。工业化大生产的发展,给社会带来了丰富的物质产品,人们对消费的欲望以及对于需求的态度产生了质的变化。早期那种对财富的珍惜,对享乐的蔑视,对勤俭节约的推崇,对禁欲苦行价值观的看重,逐渐被世人所抛弃。享乐主义逐渐取代了禁欲苦行在人们精神生活中的重要地位,尤其是分期付款方式的出现、信用消费的流行,新教禁欲伦理被世人所抛弃,超前消费、及时行乐的消费主义风尚成为人们进行消费的引路标。厂家及商家借助广告等信息传媒技术操纵和传播消费主义、享乐主义,使其逐渐发展成为西方发达国家的消费主流价值规范。资产阶级利用现代信息技术大肆宣扬消费,以及时享乐为人生目的的消费主义价值观,一方面,赋予商品特定的符号象征意义,以此推动大众无止境地消费;另一方面,强调消费和对物质的占有,倡导享乐主义、消费就是幸福生活的消费观。由此,在物质极大丰盛的消费社会,以及时享乐为特征的消费文化占据了社会文化的主导地位,形成了以享乐主义为核心的消费主义价值观念,强调享乐主义,提倡消费至上,其本质在于对人的"欲望"的满足。

---

① [法]让·鲍德里亚:《消费社会》,刘成富、全志钢译,南京大学出版社2014年版,第1页。

## （二）消费主义产生的社会思想渊源

起源于欧洲的文艺复兴运动极力批判新教伦理的禁欲主义，主张人性中的物质和精神欲望的正常性和合法性，鼓吹享乐主义的人生价值观，从某种意义上来看，文艺复兴运动就是对中世纪宗教禁欲主义的一种反抗。文艺复兴运动指出物质欲望是人性的正常体现，提倡享乐主义价值观。这种价值观为现代消费和消费主义的兴起提供了价值基础和思想理论基础。

文艺复兴运动的指导思想的基本内容是：反对迷信，提倡科学；反对神学，肯定人的价值和尊严；反对等级观念，主张人人平等的原则；反对世俗宗教禁欲主义，倡导人的个性解放；反对精神禁锢，提倡个性的自由；反对原罪说，主张关注现实世界。中世纪基督教一直宣扬人生来就是罪恶的，即"原罪说"，人只有压制欲望，不断忏悔，寻求教会的帮助，以祈求上帝的赦免，经历痛苦的人生，才能进入天国，获得永世幸福。而文艺复兴运动则号召人们背弃虚无缥缈的来世，关注现世的幸福人生，倡导人性的自由和解放。文艺复兴运动通过人权对神权的挑战，解除了宗教和上帝对个人自由的约束，建设了一种以个人主义为准则的新文化，这种新文化以追求理性、平等和自由为核心。在这种新文化的指导下，人文主义者完成了由信仰到理性的转变，逐渐摆脱了欧洲中世纪宗教的禁欲苦行的观念，积极追寻当下的幸福，极力追求个性的自由解放和发展。文艺复兴运动的本意就是要摆脱愚昧、无知、迷信，走向理性、自主、睿智，引导人们重新思考自我和社会。文艺复兴运动中对理性的追求促使人们敢于怀疑传统的教条，从而走出了迷信和无知；对个人自由平等的追寻促使人们摆脱了传统等级的束缚，使人成为自由独立的个体。

在文艺复兴时期，人的尊严和价值得到了空前的弘扬，个体追求身体与灵魂的解放，人的欲望极力挣脱宗教禁欲主义的束缚。兴起于 15 世纪的人文主义"特别强调个人的利益和权利"，人文主义肯定了人对物质需求的正当合理性以及人追求享乐的正当权利，人不再是为了宗教而是为了人自身进行劳动和生产活动。瓦拉在其《论快乐》中指出，一切的道德禁锢和禁欲主义都是违背人的自然需要的，追求惬意和快乐是人的本性。[①] 在人文主义思潮的影响下，欲望变成了技术的一个特征，技术不再是人满足其基本需要的工具，而变成了享乐精神的物化形式。技术与欲望的联姻为资本主义工业化大生产的出现和发展提供了动力。人文主义精神对人欲望的肯定使这一时期的奢侈消费获得了较大的发展空间，欲望与技术的结合也拉开了"去道德化"的序幕。

### 三 消费主义产生的根源——资本逻辑

资本具有逐利性，在资本主义制度下，利润是资本家所有活动的目的，资本则成为资本家获利的工具。在资本主义发展的初期阶段，社会物质比较匮乏，因此生产成为资本主义发展的关键环节，此时资本主义发展的主要任务就是提高劳动生产率，促进生产。当时工人的工资很低，仅能维持基本的生活，工人为了维持生活就必须节俭，有限的工资就限制了人们的消费活动。对于资本来说，资本家获得的利润则用于扩大再生产，以实现资本的增殖。随着科学技术的发展和应用，机器大工业生产兴起，机器取代了大量的工人，不仅为资本家节省了开支，还大大提高了生产效率，劳动产品实现了爆发式的增长，生产能力已经不再是问

---

① ［意］洛伦佐·瓦拉：《论快乐》，李婧敬注译，人民出版社 2017 年版。

题。物质财富的剧增，劳动产品的不断增长，摆在资本家面前的问题已经不再是生产的问题，而是如何促进消费，以实现资本的增殖。在传统资本主义社会，消费是受压制的环节，到了工业资本主义阶段，消费则取代了生产成为实现资本增殖的重要环节，消费的地位得到了最大限度的凸显。

在物质得到巨大发展的资本主义阶段，为了实现资本的增殖，资本家绞尽脑汁创造出各种商品，通过大众传媒的宣传引诱、刺激人们的消费欲望，改变人们的消费观念，采用分期付款、信用卡等消费方式，不断诱惑人们"花明天的钱来圆今天的梦"。资本家在利益的驱动之下，采用各种方式拉动消费，导致消费主义的传播。消费主义通过刺激人们的消费欲望、促进人们进行消费来实现资本增殖。消费主义正是大众传媒反复灌输、炒作、宣传的结果，大众传媒将享乐主义的人生观、价值观通过宣传潜移默化地传输给大众，在无意识之中操纵了大众的消费需求，将大众塑造成为资本循环中的消费机器，资本就实现了对人们的消费控制，几乎人们的所有生活消费都被纳入到资本增殖的轨道，服务于资本增殖的实现。资本家通过大众媒介刺激人们的消费欲望，引起人们的消费需要，人们的消费欲望无限地扩张，从而能够驱使即使没有足够消费能力的人也自觉去追求高档、名牌并积极主动进行消费正是消费主义的神奇所在。在大众媒介的过分渲染和宣扬下，商品被人为地赋予一种象征消费者社会地位、身份、价值的符号价值，不断催生人们的消费欲望，不断地使"奢侈品"变成"必需品"，在所谓的消费"自由化""大众化""民主化"的亮丽外衣的遮蔽下，引导人们大量消费和占有物品，从而达到在无意识中对人们思想和行为的控制。资本家通过消费主义引导人们进行消费的实质就是为了实现资本的增殖，在发达资本主义阶段，随着生产效率的提高，大量商品被生产出来，此时资本的增长已经不再依赖于生产的发展，而是依靠消费的增长，消费就担起了资本增殖的任务，消费主义则为人们制造了梦想中的消费神话。

从以上分析，我们发现，消费主义的产生是资本作用的结果。在发达资本主义阶段，消费取代生产在资本增殖中的基础地位，资本为了实现其增殖，利用一切手段促进消费，导致消费主义的滋生和蔓延，而消费主义在促进和引导人们进行消费的过程中，则促进了资本增殖的实现，消费主义依然没有超出资本增殖逻辑的控制。可以说，消费主义是发达资本主义发展的必然要求，也是资本主义发展过程中资本增殖逻辑的产物。

## 第二节 相关概念界定

### 一 现代消费和消费社会

（一）消费的概念

消费是人的一种生存方式，人类的生存和发展都离不开消费，消费的历史就是人的发展史。在传统社会，由于生产力水平低，物质匮乏，对于物品的消耗与使用受到了限制，因此，消费一词带有贬义的色彩。在《关键词——文化与社会的词汇》一书中，雷蒙·威廉士指出，"消费一词在早期英文中具有负面的涵义，意指摧毁、浪费、耗尽"[①]。而在中国汉代"消费"一词意为"消磨、浪费"，唐宋时期意为"耗费"。在传统社会很长的一段

---

① ［英］雷蒙·威廉士：《关键词——文化与社会的词汇》，刘建基译，台北：巨流图书有限公司 2004 年版，第 65 页。

时间里，"'消费'一词都具有明显的消极色彩，带有'用尽'、'耗费'、'用光'、'挥霍'乃至'暴殄天物'之类的意思，作为浪费、过度使用与花费的意义运用"①。雷蒙·威廉士指出，直到 18 世纪中叶，消费一词才作为一个中性词出现在有关政治与经济的描述中，成为与生产相对应的一个概念。到了 20 世纪中叶即近代以来，消费一词才转变为一个广义的一般用法，指使用物品和享受服务。在现今的《汉语大词典》中，消费的定义是：为了生产和生活而消耗物质财富。②到现代消费的含义已经没有贬义的色彩。

关于消费的具体概念，我们很难给出一个准确清晰的定义。不同的学科、不同的研究者从各不相同的角度给消费做出了多种定义和描述。经济学是较早研究消费的学科，在经济学中，消费是与生产相对应的概念，是经济活动过程（生产、交换、分配和消费）中的一个环节，是经济活动的目的和对象，其基本含义是对物品与服务的使用和占有，消费主要是满足个体和家庭的物质需求。《经济大辞典·政治经济学卷》中指出，消费是"社会再生产过程中生产要素和生活资料的消耗"③，这里的消费是广义的消费，包括生产消费和生活消费。《消费经济辞典》对消费的定义是"人们通过对各种劳动产品的使用和消耗，满足自己需要的行为和过程"④，这里的消费是指生活消费。在日常生活中，人们也多从经济层面上来理解消费。在经济学中，消费是为了满足人

---

① 杨魁、董雅丽：《消费文化——从现代到后现代》，中国社会科学出版社 2003 年版，第 5 页。
② 《汉语大词典》（全新版），商务印书馆国际有限公司 2003 年版。
③ 孙怀仁、雍文远主编：《经济大辞典·政治经济学卷》，上海辞书出版社 1994 年版，第 68 页。
④ 林白鹏主编：《消费经济辞典》，经济科学出版社 1991 年版，第 1 页。

们的需要和欲望，而对物质产品和服务的使用与占有，消费是整个经济过程的一个环节和要素。但消费并不仅仅是一种经济行为，不同的学科对消费的规定不同，对于消费的本质是什么这一问题，就需要从哲学角度对其进行阐释。马克思就十分重视生产与消费的问题，他认为消费不仅是人类社会生产的重要环节之一，更是人类的一种存在状态和存在方式。消费的实质就是消费与人的生存和发展之间的关系问题，是人的主体性得以实现的过程。只有将消费问题置于人的生存论视野中，即从哲学角度进行分析，以哲学视野考察消费的本质与功能，才能找到解决消费问题的源头和基础。从哲学上来讲，消费就是指人们为满足自己的各种需求和发展所采取的一种手段，是主体通过客体实现自我、发展自我和完善自我的过程。

　　进入20世纪以后，随着科技的进步，生产力的发展，社会物质财富的不断增加，消费在社会经济中的作用越来越重要。到了20世纪中叶，随着消费社会的出现，消费的含义出现了新的变化，消费不再仅仅指人们对基本的、生物的需要的满足，消费具有了更多的符号和象征意义。鲍德里亚认为，在消费社会中，人的欲望被不断地鼓励和激发，大众媒介不断地诱导着人们消费，消费社会给人一种信念：只有在消费中才能实现个人的价值。[①]根据西方消费观念的演变和现代社会消费的状况，杨魁、董雅丽在《消费文化——从现代到后现代》一书中指出广义的消费包含三个层次的内容，第一层次是对纯粹物的消费，即满足人的基本生存需要的消费，注重物的使用价值；第二个层次是交换价值的消费，即炫耀性消费，目的是为了证明自己的富有和购买力；第

---

① ［法］让·鲍德里亚：《消费社会》，刘成富、全志钢译，南京大学出版社2014年版。

三个层次即最高层次是符号的消费，要求消费商品的文化意蕴，目的是突出个体的个性和品位。[①] 从满足基本生存需要的消费到表现个性和品位的消费，这是消费发生的一种重要转变，也可以说是一场消费革命。这三个层次的消费均存在于现代社会中，大部分消费仍属于第一层次的消费即满足基本生存需要的消费，炫耀性消费和符号消费则属于小部分人的消费。从广义上来说，消费是指所有购买商品和使用商品的行为，以上三个层次的消费均包含在广义的消费含义之中。在当代消费文化语境中，消费则是指满足人的基本生存需要之外的某种需要的活动，即对人的欲望的满足的过程。

（二）消费社会及其特征

消费社会是相对于生产社会这一概念而言的，要明确消费社会这一概念，首先要理解什么是生产社会。古典经济学认为，生产社会是指生产在整个社会活动中占主导地位的社会，消费只是整个经济活动中的一个阶段，消费的目的是为了生活的需求和生产的持续进行，整个经济活动和社会活动的最终目的是生产而不是消费。在生产社会中，生产决定着一切活动，生产是最高的准则。鲍曼在分析研究人类社会的阶段时将其划分为生产者社会和消费者社会两个阶段，生产社会为消费社会的产生奠定了物质基础。[②]

到了20世纪，科技获得飞速发展，生产力不断提高，社会物质财富不断增加，消费在社会经济再生产过程中的地位越来越重要，消费在整个商品消费的过程中处于核心地位，于是消费社会

---

[①] 杨魁、董雅丽：《消费文化——从现代到后现代》，中国社会科学出版社2003年版。

[②] ［英］齐格蒙特·鲍曼：《工作、消费主义和新穷人》，郭楠译，上海社会科学院出版社2021年版。

便产生了。随着电子时代的来临,广告无处不在、无时不有,人们的消费也随着时尚的变化而变化,整个社会被广告所宣传的物品的形象和符号所笼罩,人们的消费更多地具有了符号化和象征的特点,正如鲍德里亚所指出的那样,消费社会的根本特征就是符号系统的形成。根据鲍德里亚的研究,我们可以从三个方面界定消费社会:第一,消费社会是人类社会发展水平较高、物质比较富裕的阶段。第二,消费是消费社会的建构原则,不断地制造消费、引导消费是整个社会建构的模式,"消费社会也是进行消费培训、进行面向消费的社会驯化的社会——也就是与新型生产力的出现以及一种生产力高度发达的经济体系的垄断性调解相适应的一种新的特定社会化模式"[①]。消费社会就是以消费为手段对人进行社会驯化的社会。第三,消费是消费社会的目的,消费成为生产、分配、交换的目的。

在消费社会中,商品消费的符号化特征,改变了人与人、人与物之间的关系,消费成为一种交流体系。消费者根据商品的符号象征意义来判定人在社会中的不同地位,使消费者在消费的同时获得身份认可。消费在消费社会中地位的提升,使消费社会也出现了许多不同于传统社会的一些特征。第一,消费的符号化。在消费社会中,商品均被赋予了包含社会文化意义的符号价值,建构起一个具有象征性的意义体系。尚·布希亚在《物体系》中指出,"消费并不是一种物质性的实践,也不是'丰产'的现象学,它的定义,不在于我们所消化的食物、不在于我们身上穿的衣服、不在于我们使用的汽车、也不在于影象和信息的口腔或视觉实质,而是在于,把所有以上这些[元素]组织为有表达意义

---

[①] [法]让·鲍德里亚:《消费社会》,刘成富、全志钢译,南京大学出版社2014年版,第63页。

功能的实质（substance signifiante）；它是一个虚拟的全体（totalité virtuelle），其中所有的物品和信息，由这时开始，构成了一个多少逻辑一致的论述。如果消费这个字眼要有意义，那么它便是一种符号的系统化操控活动（activité de manipulation systématique des signes）"[1]。人们消费的并不是物品而是符号，从而满足个体的心理欲求。例如，现在中国有很多人甚至一些老年人都喜欢去麦当劳和肯德基，原因并非是那里美味的食物，而是因为麦当劳、肯德基象征着西方的一种生活方式。第二，人们在消费中确认自我，建构自我的身份。我们在消费商品时，不仅消费商品的符号价值，同时在这个过程中还界定着我们自己，"人们从来不消费物的本身（使用价值）——人们总是把物（从广义的角度）当作能够突出你的符号，或用来让你加入视为理想的团体，或作为一个地位更高的团体的参照来摆脱本团体"[2]。在当今社会，每个人都在追求个性、展现自我以博得社会认同，在符号消费中表达自我，展现自我的价值。正如鲍德里亚所言，符号消费并不仅仅是为了满足基本的生存需要，它是一种自我实现、展现自我价值的消费，"消费是个神话，也就是说它是当代社会关于自身的一种言说，是我们社会进行自我表达的方式"[3]。第三，在消费社会中，一切都成了商品。随着科技的进步，生产方式不断更新，生产规模不断扩大，大批量的生产得以实现，"今天，在我们的周围，存在着一种由不断增长的物、服务和物质财富所构成的惊人的消费和丰盛现象……富裕的人们不再像过去那样受到人的包

---

[1] ［法］尚·布希亚：《物体系》，林志明译，上海人民出版社2001年版，第223页。
[2] ［法］让·鲍德里亚：《消费社会》，刘成富、全志钢译，南京大学出版社2014年版，第41页。
[3] ［法］让·鲍德里亚：《消费社会》，刘成富、全志钢译，南京大学出版社2014年版，第227—228页。

围，而是受到物的包围"①。消费品数量不断增加，在种类上也不断增加。在当代社会中，一切东西都被纳入生产之中，最终以商品呈现出来，商品的范围不断拓展，清新的空气、干净的土壤等，甚至人的观念、身体、心理也成为商品被随意出售。鲍德里亚在《消费社会》中就指出在消费社会中，一切都成了消费品，包括人的心理、身体、自然性欲等，都成为消费的对象，不能成为消费品的物品就不具有存在的价值。

### 二 消费主义和消费文化

国内外学者对于消费主义和消费文化的概念进行了大量的研究，有很多学者将消费主义和消费文化作为等同的概念进行替换使用，关于消费主义和消费文化的含义，学界并未形成一致的看法。

根据学界的研究成果，消费主义的含义主要有以下几种观点：价值观念论、生活方式论、意识形态论、行为实践论。如雷安定、金平指出："消费主义（Consumerism）是指人们的一种毫无顾忌、毫无节制地消耗物质财富和自然资源，并把消费看作是人生最高目的的消费观和价值观。"② 卢风认为："消费主义是取代'新教伦理'且从属于'资本的逻辑'的意识形态，它要求人们把消费当做人生的最高意义，激励人们拼命赚钱，及时消费。"③ 俞海山指出："消费主义是一种以追求和崇尚过度的物质占有或消费作为美好生活和人生目的的价值观念，以及在这种价

---

① ［法］让·鲍德里亚：《消费社会》，刘成富、全志钢译，南京大学出版社2014年版，第1页。
② 雷安定、金平：《消费主义批判》，《西北师大学报》（社会科学版）1994年第3期。
③ 卢风：《论消费主义价值观》，《道德与文明》2002年第6期。

值观念支配下的行为实践。"① 杨魁则指出,"消费主义文化作为20世纪在西方出现的一种文化思潮和生活方式……而且作为一种全球性文化—意识形态……正在中国产生不同程度的影响"②。不同的学者从不同的角度给出了消费主义的定义,简单归纳来说,消费主义就是一种以追求对物质的大量占有和消费、以物质享乐和高消费作为人生目的和意义的价值观念和生活方式。

消费主义的特征表现在以下几个方面:第一,偏重物质占有和符号消费。在消费主义的影响下,人们的消费不再是为了满足基本生存的需要,而是追求消费所带来的符号象征价值。消费主义满足的是超过人们基本生存需要之外的欲求,具有鲜明的物质主义特征,"重视物质消费,倡导通过对物质的占有使人们得到心理上的满足,主张消费至上,把物欲的满足、感官的享受作为人生追求的主要目标和最高价值"③。人们在消费时将商品看作是身份和地位的象征与表达,看作是社会认同和自我表达的一种形式,看作是幸福生活的标志,人们被这种具有象征性的"符号"系统所控制。正如有学者所指出的那样,"消费主义的需求以最大限度地占有财富为目的,在消费主义价值观的支配下,人们的幸福观念已经从维持生理需要向符号需求转变,每个人都感到幸福生活就是更多地购物和消费,消费本身成为幸福生活的象征"④。第二,消费的诱导性。人们大规模的消费需求是由广告等传媒制造出来的,生产厂家联合大众传媒,引导并培育着消费者的需求与态度,激起人们的消费欲望。由于消费主义的物质占有

---

① 俞海山:《中国消费主义解析》,《社会》2003年第2期。
② 杨魁:《消费主义文化的符号化特征与大众传播》,《兰州大学学报》2003年第1期。
③ 张文伟:《美国"消费主义"兴起的背景分析》,《广西师范大学学报》(哲学社会科学版) 2008年第1期。
④ 邢雁欣:《消费主义价值观批判》,《道德与文明》2010年第4期。

和符号消费,即通过物质占有达到心理满足、通过商品的符号象征意义显示身份和地位,这一特点诱使较低阶层模仿较高阶层的消费模式,结果导致消费主义的不断扩散。凡勃伦曾对此进行描述:每个人都想争得荣誉,每个人都想抓住机会在消费上面表现自己,结果就是每个阶层的人,都把较高阶层的生活方式作为模仿的典型,并力争达到这个标准。[①] 第三,消费主义具有意识形态性。资本主义工业化大生产为消费主义的产生创造了物质基础,同时,消费主义又支撑着工业化大生产的发展。消费主义以大量占有物质财富和高消费作为人生追求的目标和意义,以此来刺激人们的消费欲望,使得整个社会以无度消费、浪费为基础。正如鲍德里亚在其著作中所指出的:中世纪社会的平衡是通过上帝和魔鬼来建立的,我们的社会平衡则是通过消费及对其揭示来建立的。[②] 消费主义作为一种生活方式宣扬物质欲求,以物质消费作为实现人生意义和幸福的手段,鼓吹商品的符号意义,消费品承载着表达身份、地位的某种规则和社会意义,从而为消费品和消费行为披上了社会文化的绚丽外衣,致使消费主义成了消费社会的主流文化。因此,消费主义就被赋予了意识形态的特征。消费主义的意识形态功能是通过广告、传媒、文化传统、艺术创作等社会意识的活动得以实现的。

学者们对于消费文化的概念也未达成共识,杨魁、贺晓琴对学者们关于消费文化的观念的研究进行了梳理和分类,将学者们的观点分为四类。[③] 第一,从消费经济的角度定义消费文化,比

---

[①] [美] 凡勃伦:《有闲阶级论——关于制度的经济研究》,蔡受百译,商务印书馆2009年版。
[②] [法] 让·鲍德里亚:《消费社会》,刘成富、全志钢译,南京大学出版社2014年版。
[③] 杨魁、贺晓琴:《消费文化理论的基本范畴和研究取向——我国近20年来消费文化研究述评》,《科学·经济·社会》2012年第3期。

较有代表性的是尹世杰给出的定义："消费文化是消费领域中人们创造的物质财富和精神财富的总和,是人们在消费方面创造性活动的表现,是人们各种合理消费实践活动的升华和结晶。"① 第二,从文化批判的视角界定,文化批判学者将消费文化视为一种生活方式,"所谓消费文化,或者如一些人所称的消费主义文化,是一种以推销商品为动力,无形中使现代社会普通大众都被相继裹挟进去的消费至上的生活方式"②。第三,认为消费文化是一种价值规范和价值取向。第四,消费文化还应包括组织制度,即与人们的消费观念形态相关的制度、组织机构。

本书认为,从广义上来讲,消费文化就是在消费社会中人们所创造的一切物质和精神成果的总和,既包括消费主义这一价值观和生活方式,也包括人们在消费过程中所产生的创造性价值和文化意义。从狭义上来说,消费文化就是消费主义,也可称为消费主义文化,本书就是在这一意义上使用消费文化这个概念的。

## 第三节 消费主义批判

消费主义自产生以后,就受到学术界的大量关注。为了维持这种消费方式,消费主义制造了各种神话,如不消费就衰退、消费越多越幸福等,这给消费主义带来了巨大的吸引力。然而由消费主义所带来的对个人存在的操纵和控制以及对经济、文化和环境上的灾难性的后果,也不容忽视。正如洛文塔尔在《文学、通俗文化和社会》中所言,"乍看无甚大害的消遣消费氛围,一经

---

① 尹世杰:《加强对消费文化的研究》,《光明日报》1995年4月30日第7版。
② 黄平:《面对消费文化:要多一分清醒》,《人民日报》1995年4月3日第11版。

仔细观察，立即呈现出一种心理恐怖统治，在其掩护下，早已削弱的个人存在遭受到极端虚假个性的沉重打击"①。因此，对消费主义的批判也伴随着消费主义的产生而出现。学界对消费主义的批判主要集中在对消费主义意识形态性的批判、现代消费对人的控制导致人的异化、消费幸福神话等几个方面。

### 一 消费主义意识形态批判

消费主义一经产生，就受到了西方诸多学者的批判，如鲍德里亚、马尔库塞、阿尔都塞、弗洛姆、列斐伏尔等学者均对消费主义进行了激烈的批判。资本主义在进入消费社会以后，在资本逻辑的作用下，人的欲望在金钱的魅力作用下极度膨胀，虚假的需求不断升级，消费成为个人追求人生意义和实现幸福的手段和工具，消费主义意识形态潜入人们的无意识之中控制着人的消费行为，使人们沉迷于琐碎的、肤浅的、永无止境的消费之中不能自拔。对消费主义意识形态的批判主要是对其工具性、操纵性、欺骗性和辩护性等特性的批判。

随着人类社会由生产社会进入消费社会，消费的含义发生了根本变化，消费已经不是人们对特定物品需求的满足，而是一种符号的系统操控活动。作为意识形态的消费，它与人的需求和物品的使用价值无关，它已经演变成对物的盲目崇拜，它关心的是物的符号象征意义。只有成为符号的物品才能成为商品，进入消费的领域，"物品不仅是一种实用的东西，它具有一种符号的社会价值，正是这种符号的交换价值才更为根本——使用价值常常只不过是一种对物的操持的保证（或者甚至是纯粹的和简单的合

---

① ［美］利奥·洛文塔尔：《文学、通俗文化和社会》，甘锋译，中国人民大学出版社 2012 年版。

理化)"①。物品符号化，物品承载着某种社会意义，消费的对象也成了符号，而物品符号的意义只有在系列的商品中才能得到有效的说明，由此，消费者被引向了一系列商品而非单个的商品。无形之中，人被符号所牵制。通过商品的系列符号意义、具有华丽外表的商品、精致的橱窗摆设诱惑消费者，激起其内心的购买欲望，进而产生满足需求的购物冲动，这就是消费主义意识形态的无意识控制功能。消费者在消费过程中只看到了物，感觉不到符号背后的意识形态，更意识不到消费意识形态对人的控制。表面来看，消费者在琳琅满目的商品面前能够自由选择，实质是这种"自由"已经限定在特定的商品范围内，受到物的包围，这种"自由"是消费意识形态制造的幻觉，是虚假的自由。阿尔都塞在其意识形态理论中揭示了意识形态的无意识特征，由于消费主义的价值观契合了人的欲望，在消费社会中人的欲望不断得到满足，因此，隐藏于消费主义和享乐主义价值观背后的资本主义意识形态的无意识特征就更加明显。消费主义意识形态对人的操控是在隐蔽的条件下运行的，人们沉浸在消费带来的快感和幸福之中，对这种控制毫无知觉。正如列斐伏尔所说："现代社会是一个消费性社会，人们在享受着消费带来的快乐，体验着作为消费者的自豪，似乎社会在为他们的真正幸福着想，实质上，这种表象之下隐藏着阴谋和诡计，即这种貌似自由的、快乐的消费是受引导和控制的，是意识形态的继续。"②

在消费社会，消费具有了更多的象征意义，消费主义成为一种新的社会控制形式，消费主义将消费品选择和购买的自由与平

---

① [法]让·鲍德里亚：《符号政治经济学批判》，夏莹译，南京大学出版社2009年版，第2页。

② 李进书：《现代性之批判：消费受控制的科层社会》，《北方论丛》2009年第4期。

等鼓吹为人的自由与平等，消费主义不仅制造出人的虚假需求，还以自由、平等的化身的形式出现，其实质仍是消费主义意识形态对人和社会的操控。资产阶级为了资本增殖，向大众宣扬消费主义，鼓吹虚假的自由、平等以掩盖消费主义带来的种种问题。作为意识形态的消费主义，改变了人们的消费观念、行为和方式，通过扭曲事实，掩盖了不平等、不自由的社会真相。在消费主义这里，人的需求是被厂商制造出来的，人的自由是在广告所提供的特定商品中进行选择的自由。消费者所能消费的商品不是消费者可以自由控制的，消费者进行消费的行为是被煽动起来的，缺乏主动性。而消费者要消费商品就需要金钱，为了金钱就要去工作，工作就要占用自由时间，由此可以说，消费并没有给人带来自由。消费主义鼓吹消费平等，平等真的能实现吗？答案是否定的。所有的消费者不分种族、年龄、肤色、地位等都可以平等地享受相同的商品，这看起来似乎是平等的，但是每个消费者的经济收入不同，从而导致消费能力不同，同时每个消费者所能接触到的资源也不尽相同，这就产生了消费的差异性，这种差异表现出了消费的不平等性。消费社会为每个消费者平等地提供了享受同样商品的机会，消费者也正是看到了这一点而忽视了个体之间经济地位的不平等，消费机会的平等掩盖了真正的个体之间的不平等。消费主义遵从资本逻辑，消费主义代表着资本主义的意识形态，其虚假性正是由其意识形态本质所决定的，消费主义实现了资本增殖，却并未实现许诺给大众的自由、平等、幸福的普遍性。

## 二 消费异化与人的异化

从哲学上来讲，消费是指人们为满足自己的各种需求和发展所采取的一种手段，是主体通过客体实现自我、发展自我和完善自我的过程。进入消费社会以后，消费不再是对人们需要的满足，而是受到人们的欲望的支配。作为人的存在方式的消费背离了人的需要，反过来威胁着人的生存，人成为"消费的机器"，受到消费的操纵和控制。

在20世纪以前，由于社会生产力水平低下，社会物质产品匮乏，人们的消费是为了满足基本生存的需要。20世纪以后，尤其是进入消费社会以后，科技不断进步，生产力不断发展，社会财富有了很大的增长，这时的消费已经不再是为了简单满足人们生存的需要，消费不仅是人们进行身份建构、阶层区分的工具，消费更是促进经济增长的手段。当经济的增长不以满足人们的生存需要为目的，而是按照自身运作的规律运行，为了获得更大的利润，就必须促进人们更多的消费。这样，经济增长和消费之间的关系就出现了颠倒，这种颠倒体现的是资产阶级的利益和意志。在消费社会中，消费已经打破了人们满足基本生存需要的限制，成为经济增长的手段，这种消费不再是为了满足个体的生存和发展，而变成了对过剩产品的浪费性消费、消耗，只有如此，经济才能持续增长。从这个意义上来说，消费社会的消费是异化的消费，消费失去了其本来的意义。

在现代消费社会中，消费的异化导致了人的异化，消费对人的需要的背离，致使消费反过来威胁到人的生存。消费主义导致资源的大量浪费、生存环境的不断恶化，造成人与自然的冲突。由于消费不再是满足基本生存需要的工具，而是经济增长的手段，消费遵从的是"他律"，即消费者的消费是受外在目的与力量支配的，人们是"按广告宣传来处世和消费"[1] 的。消费支配

---

① [美] 赫伯特·马尔库塞：《单向度的人——发达工业社会意识形态研究》，刘继译，上海译文出版社2008年版，第6页。

着消费者，资本家为了利润不断扩大再生产，通过广告等媒介宣传刺激消费者的消费欲望，引起消费者的购买行为，使消费者在消费的"幸福"感中无意识地接受了这种控制，消费者通过消费来展示自己的社会地位、能力、自我价值等，因而说消费成为支配人的力量，消费者成了"消费的机器"而不再是消费的主体。人成了被动的消费者，人不再是主体而成了商品的仆人，人消费的目的不再是为了满足生存和发展的需要，而是为了满足人不断增长的欲望，消费的异化导致人产生了异化。人们将占有大量财富和消费视为人生的最终目标，人们把消费作为唯一的追求目标，致使人与他人、社会、自然的关系变得紧张起来。人们在追逐财富和不断消费的过程中，逐渐丧失了主体能动性，成为消费的仆人。商品被赋予了一种体现身份、地位、财富等的符号象征意义，为了获得自我满足，实现自我，人们慢慢地接受了这些商品符号的控制和操纵，失去了价值选择的主动权，沦为被动的消费性动物，从而人失去了其本身存在的意义和价值。

### 三 消费主义物化幸福观批判

所谓幸福是指人的一种自我体验和感觉状态，是对匮乏的满足之后所产生的一种情感。马克思在《德意志意识形态》中曾指出："人们为了能够'创造历史'，必须能够生活。但是为了生活，首先就需要吃喝住穿以及其他一些东西。因此第一个历史活动就是生产满足这些需要的资料，即生产物质生活本身，而且，这是人们从几千年前直到今天单是为了维持生活就必须每日每时从事的历史活动，是一切历史的基本条件。"[①] 可见，物质的生产

---

[①] 《马克思恩格斯选集》第 1 卷，人民出版社 2012 年版，第 158 页。

是人类生存的前提，也是人们幸福生活的基本条件和前提，但是物质并不是幸福的全部意义。幸福作为一种自我体验，具有一定的客观性，即其实现必须以一定的客观的物质和精神需要的满足为基础。同时，幸福作为一种自我体验还具有一定的社会性，它是在一定的社会关系中和社会条件下产生的社会性产物，幸福感不仅受到人们欲望的规定，还受到人们行为产生的直接后果以及社会后果的影响。因此，只有在物质生活、精神生活和社会生活协调发展的社会中，人的幸福才能真正实现，任何一方的缺失都不会实现真正的幸福，只能产生片面的虚假的幸福。

在消费社会中，人们在琳琅满目的商品面前迷失了自我，在消费主义价值观的影响下，人们追求享乐主义和物质主义，追求当下的快感的满足，在广告等媒介的诱导下，人们的欲望被不断制造出来，人们一次次陷入消费的陷阱不能自拔，人们疯狂购物，大量占有和消费商品。人们在消费中相互攀比、获得自我满足，赢取他人艳羡的眼球。人们将消费作为追求幸福的途径，将消费的多少、占有商品的多寡作为衡量幸福的标准。在这样物化幸福观的支配下，人迷失了自我，失去了自我的身份认同，在消费主义的控制之下，人成了消费的机器，在对丰富的商品进行自由选择的表象之下失去了真正的自由。

消费主义宣扬消费的日常生活化，随着新的商品和新的符号的不断生产，人们的消费欲望也不断增长，于是人们不得不占有尽可能多的物品来满足自我的欲望。消费主义倡导物化幸福观，以消费的多寡作为幸福的衡量标准，推崇享乐主义和物质主义，将消费作为人生追求幸福的目标。在消费主义的控制下，人们的欲望不断地增长，于是人们不停地消费，购买更多的物品，并认为对物的消费和占有是实现幸福的手段，而事实是人受到物的控制，人与人之间的关系也因此变成了物与物的关系，人在消费中被异化了。人们通过消费向他人展示自我，寻求个性和独立性，以示与他人的区别，然而在消费中，人们在追求个性化的过程中反而越来越趋同，人们追求到的只是一种虚假的人为制造的个性，在这种虚假的个性掩盖下却失去了真正的个性，在追逐物质幸福的过程中，人失去了其独特个性，迷失了自我。

在消费社会中，消费似乎使人与人之间达到了真正的平等、使人获得了真正的自由。"消费社会的基本逻辑是，增长意味着丰盛，丰盛意味着民主，而一个民主化的社会的内涵是在需求和满足原则面前人人平等，在物与财富的使用价值面前人人平等。"[1] 在消费社会为人们提供的大量商品面前，人人都可以购买任意商品，每个人都可以自由选择商品，似乎一切消费都是一种对自由的享受，然而，事实却是，消费遵从的是资本增殖的逻辑。在消费社会，消费成为经济增长的手段和工具，为了获得更多的剩余价值，达到资本增殖的目的，商家就要想尽办法引导人们去消费，消费尽量多的商品，为了消费人们就要拼命工作，在消费的表象之下，人们并没有获得真正的平等和自由。"如果工人和他的老板享受同样的电视节目并漫游同样的游乐胜地。如果打字员打扮得同她雇主的女儿一样漂亮，如果黑人也拥有凯迪拉克牌高级轿车，如果他们阅读同样的报纸。这种相似并不表明阶级的消失，而是表明现存制度下的各种人在多大程度上分享着用以维持这种制度的需要和满足。"[2] 马尔库塞以具体的例子生动地

---

[1] 莫少群：《20世纪西方消费社会理论研究》，社会科学文献出版社2006年版，第115页。

[2] ［美］赫伯特·马尔库塞：《单向度的人——发达工业社会意识形态研究》，刘继译，上海译文出版社2008年版，第8页。

描述了在商品的平等化表象下掩盖着的人的不平等的存在。在科技的控制之下，人们习惯按照广告等媒介的宣传去追求被外界强加的"虚假需求"，人们已经习惯于这种被控制的生活，并沉溺于这种单向度的幸福生活之中。

消费意识形态无法实现人们追求幸福生活的梦想，消费主义这种物化幸福观是一种片面的幸福观。对于人而言，真正的幸福不仅是指物质上的满足和富足，更在于精神上的富裕，而消费主义则将幸福宣扬为对物质财富的大量占有和消费。受到消费主义意识形态控制的人们，丧失了确证自我的真实需求的能力，于是，他们企图通过占有大量物质来满足自己的欲求从而过上幸福的生活，然而，欲求却不断升级，没有上限，导致出现"欲望并不能使欲望得以满足，相反，欲望使得欲望成为欲望（Desire does not desire satisfaction, to the contrary, desire desires desire）"[①]这样的怪圈，因此，幸福也就变得可望而不可即。消费主义主要通过各种各样的广告，向人们宣扬消费主义的幸福观，即追求物质享受和物质占有的生活方式，这种幸福生活满足的只是人们的物质需要，而幸福生活更应该是一种情感上的满足、对人生意义的追寻。

## 第四节　消费主义对现代人消费价值观的影响

消费主义的产生和泛滥对整个社会和人类产生了广泛的影

---

[①] M. C. Taylor and E. Saarinen, *In Imagologies: Media Philosophy*, London: Routledge, 1994, p.11.

响，改变了人们的价值观，也改变了人们的思想和行为。消费主义作为一种价值观正日益改变着人们的消费观念，并引发了人们在日常生活中的消费行为模式的改变，作为一种社会文化，它消解了主流文化的主导地位。在消费主义对人类的影响中，青少年由于其身心的独特性，受到消费主义的影响最为突出。

### 一 消费主义导致人的价值观异化

消费作为人类的一种生存方式，其目的是满足人的生存与发展的需要，包括物质需要和精神需要两个方面。然而，消费主义则将消费标榜为人生的最高目的和终极意义，提倡对物质的大量占有和消费，刺激了人们的物质消费欲望，忽视了人的精神需要。消费主义遵循资本增殖逻辑，将消费视为实现人生价值和追求幸福的手段和工具，崇尚物质享乐主义。消费主义作为一种生活方式和价值观，对当代人的生活产生了广泛的影响，其中对当代人的价值观的影响尤为突出。

消费主义遵循资本增殖的逻辑，资本的本质就是追求无限的价值增殖，因此，采取消费主义生活方式的现代人实际是受到资本的控制。在资本逻辑的驱动下，人们通过不断地购买商品去追寻自我的价值和有意义的幸福生活。然而在物质极大丰盛的今天，越来越多的商品并没能给人们带来精神和物质的满足，人们受到消费欲望的控制，为了消费而消费，成为失去精神追求的"单向度"的人。消费主义崇尚物质享乐主义生活方式，提倡对物的大量占有，使人成为物的奴隶，造成人的消费价值观的异化。消费主义以消费作为人生的最高目的，在资本逻辑的作用下，消费主义主张大量占有和消费物质与资源，不断地刺激人们的消费欲望，使人们永远处于欲购情结之中。而被消费主义刺激出来的消费欲望只是人为制造的需要，即虚假的需要，对这种虚假需要的满足最终将导致人的自我的迷失。由于崇尚物质享受，为了满足自我的自尊心、虚荣心，人们往往会进行炫耀消费、攀比消费、盲从消费来满足自我的需要。消费主义片面强调物质消费，忽视精神消费，使人们沉溺在由物组成的世界中，被物所控制，失去了自我的主体性地位，扭曲的消费价值观使人们在物质与精神之间发生了偏离和倾斜，造成重物质、轻精神的消费观，导致人们的自我意义感的丧失。

在消费主义的影响下，人们通过消费来获得自我认同、构建自我身份、追寻自我的人生意义。在消费主义环境下，人们更加看重商品的符号价值而忽视其使用价值，人们消费不再是为了满足基本生存需要，而是为了商品符号所带来的象征意义和价值。当商品被赋予了身份、地位、品位等符号意义时，对商品的占有和消费就成了个体展现自我、构建身份认同的途径。在"我消费，故我在"的口号引领下，人们陷入了无止境的符号消费之中，为了确立自我的身份、地位，有些人不顾自身经济能力，盲目消费，力争最大限度地占有和消费符号。商品被赋予了一种体现身份、地位、财富等的符号象征意义，为了获得自我满足，实现自我，人们在无意识中受到这些商品符号的控制和操纵，失去了价值选择的主动权，沦为被动的消费性动物，从而人失去了其本身存在的意义和价值。

消费主义价值观将消费视为人生的最高目的和终极意义，不再以创造性的劳动作为自我实现和自我确证的方式，将幸福视为对物质商品的大量占有和消费。在消费主义的影响下，对商品的需要其实质是一种虚假需要，对虚假需要的满足导致人成为商品和物的奴隶，受到物的控制，消费者成了"消费的机器"而不再是消费的主体。人成了被动的消费者，人不再是主体而成了商品的仆人，人消费的目的不再是为了人自身生存和发展的需要，而是为了满足人不断增长的欲望。消费的异化导致人产生了异化。人们将占有大量财富和消费视为人生的最终目标，人们把消费作为唯一的追求目标，致使人与他人、社会、自然的关系变得紧张起来。人们在追逐财富和不断消费的过程中，逐渐丧失了主体能动性，最终导致人的异化。

## 二　消费主义对青少年价值观的影响

消费主义将对物的大量占有和消费作为人生的最高目的和终极意义，这一扭曲的价值观导致现代有些人价值观的异化，而青少年这一特殊群体，由于其身心的特殊性，最易受到外部环境的影响，青少年也是受到消费主义影响比较大的群体。

### （一）青少年的年龄界定及其独特性

对年龄的界定是青少年研究的基础。一直以来，国内外学术界、理论界以及一些社会机构对青少年的年龄界定一直没有形成比较完整和统一的见解，甚至对青少年这一称谓也没有达成共识，有青年、青年早期、青年晚期、青少年等多种说法。青少年年龄的界定是研究青少年特征的一个重要指标，包括青少年年龄的上限和下限两个界限，这是青少年研究的一个重要的基础问题，也是一个难题。目前对青少年年龄的界定有很多种，不同学者、机构根据各自不同学科和不同研究的需要，将青少年的年龄划分为不同的阶段，青少年的年龄范围出现了重叠混乱的状况，这种情况也说明了青少年时期是一个动态变化的时期，也体现了青少年时期是人生发展的不稳定阶段，展现了青少年多变、易变的特点。

在学术界，不同的学科对青少年的年龄界定并未达成共识，如生理学依据生理发展的主要指标将14、15岁至18、19岁界定为生理成熟的青年期。心理学依据心理特点将青年期的年龄界定为14、15岁至24、25岁。社会学则从人的社会化发展的主要指标将青年期的上限延伸至28、29岁。而青年学则综合各学科知识将青年界定为14周岁至30周岁，并将这一阶段划分为青年前期、中期和后期，前期指14—18周岁，中期是19—25周岁，后期为26—30周岁。本书的内容是消费主义影响下的青少年身份认同问题，研究涉及消费对青少年自我意识和自我建构的影响，这里的青少年是具有身份建构需要、有独立进行消费环境的青少年，从这一意义上来说，心理学对青少年的年龄界定比较合理。另外，消费主义在中国的影响主要集中在大中城市，对于农村和偏远地区，消费主义的影响相对较弱，本书中的青少年主要是指城市地区的青少年。因此本书中的青少年是指城市地区的处于14—25周岁之间的城市青少年。

14—25周岁的青少年即为我们现在所说的"90"后、"00"后，由于中国计划生育政策的实施，这一年龄段的青少年大都是独生子女，深受父母和长辈的呵护。处于这一年龄段的青少年大都为在校学生，因此，大都没有独立的经济来源或者自身经济能力有限。

这一阶段的青少年身心均未发育成熟，处于人生的叛逆期，都希望自己的聪明才智有一片用武之地，能够施展自己的才华，能够得到社会和他人的承认，不喜欢他人的过多干涉，这反映了青少年强烈的自我意识。青少年时期是自我意识发展的关键时期，也是其价值观形成的重要时期，敢于创新和竞争，但由于经验、能力、知识等的不足，其想法和认识往往不切合实际。经过学校教育，青少年抽象思维迅速发展，能够辩证看待事物，但由于其社会经验欠缺，在现实中大都较固执、易冲动且盲目自信。这一阶段的青少年自控能力较弱，情绪容易产生较大的波动，易受外界因素的影响，喜欢模仿他人。自尊心较强，具有坚强的意志力，但他们有时候又做不到言行一致，在做一些重要决定时又需要师长的意见，又表现出了其意志力的不稳定性。青少年的价值观正处于形成时期，具有不稳定性，青少年在经过激烈的思想冲突、实践、比较等经历之后，才会形成比较稳定的价值观。

（二）消费主义影响下青少年价值观的异化

当代青少年思维活跃，易于接受新生事物，正处于价值观的形成时期。消费主义的泛滥，势必对青少年价值观产生负面影响。

在消费主义的影响下，一些青少年越来越崇尚物质享乐主义、消费主义的生活方式，形成了消费主义的思想观念和行为方式，失去了价值追求目标。部分青少年将消费的多少、档次的高低，视为自我身份、地位的重要标志，将对物品的消费和占有当作人生的最高目标和意义。一些青少年受到传媒广告、偶像、同伴群体等的影响，不考虑自身的经济能力，模仿他人消费，盲目从众，与他人进行攀比、炫耀，陷入异化消费的误区。在消费主义价值观的影响下，青少年追求物质享乐主义，贪图物质享受，失去了精神追求的目标和动力。他们在大众媒介的引导下，追求时尚、名牌，追求物质的满足，充当时尚消费的引领人，将主要精力放在消费上，失去了对学业、事业的追求，导致了生活的错位。

在消费主义物化价值观的影响下，青少年价值观也出现了物化、功利化倾向。消费主义将对物的大量消费和占有视为衡量人生价值的根本标准，尤其是当代偶像崇拜的出现，很多青少年迷恋偶像、追星，参加各种娱乐节目，为了获取名利，急功近利、虚荣浮躁。部分青少年迷恋于对物的占有和享受，将个人所得作为价值评判的标准，形成物化的价值观。青少年处于形成自我认同的关键时期，而模仿则是自我认同形成的重要手段，在大众传媒和消费文化的共谋下，部分青少年将明星、偶像视为模仿的对象。对偶像的消费为青少年找到了一种情感的依托，找到了精神上的支柱，然而对偶像的崇拜其实质是一种幻想的崇拜，对偶像的崇拜更引发了青少年的物质欲望、感官欲望，更加剧了青少年价值观的物化。

在消费主义的影响下，青少年价值追求目标的丧失、价值观的物化，直接导致了部分青少年价值观的世俗化，即以金钱、物质来衡量一切。部分青少年强调物质追求和物质享受，追逐时尚、名牌、偶像，张扬个性，凸显自我，沉溺于物质感官世界之中，认为幸福就是对物的大量消费和占有，消费成为青少年展示自我身份、地位、品位的手段和工具。青少年通过物质消费寻找存在感，丧失了对价值、理想、自由、真理的追求，丧失了人之为人的本质意义。人生意义感的丧失是消费主义价值观对青少年产生的最为严重的影响，其具体表现就是青少年自我认同问题的产生，青少年以消费作为自我确认的手段和工具，却受到消费的异化和控制，导致自我的迷失、迷茫。有关消费主义对青少年身份认同的影响问题，将在本书后续章节具体分析讨论。

# 第二章

# 消费主义影响下的身份认同

## 第一节 身份认同的含义

### 一 相关概念界定

身份认同包括"身份"和"认同"两个要素,这两个要素构成了个体对自身在社会中的定位,为个体提供了其存在的意义。要给出身份认同的概念,首先需要我们认识身份和认同的含义。

(一)身份的含义

作为一种能思维的存在,人不仅能够将自己从周围世界中区别出来,而且能够以自身和自身的活动为对象形成自我意识,人的这种自我辨别能力和自我意识的形成是以对其身份的明确认知为基础的。《现代汉语词典》对身份这一词汇的解释是,身份是人在社会上或法律上的地位或资格。[①] 拉尔夫·林顿认为身份是个体在特定的社会结构模式中占据的一个位置,并将其分为两类,即先赋身份和自致身份,先赋身份是指个体从出生便具有的

---

① 商务国际辞书编辑部编:《现代汉语词典》(双色本),商务印书馆国际有限公司2019年版。

身份，自致身份是指个体在社会生活中获得的。① 鲍曼指出现代社会中的人"在社会中的位置，即他的社会定义，不再是拥有状态，而是成为了存在状态。人在社会中的位置不再是（愿意接受或不愿意接受的）外来的礼物"②。鲍曼的论述揭示了个体身份由传统社会的拥有性向现代社会的存在性的转变。有学者以鲍曼的研究以及贝克尔对于拥有物与自我延伸关系的研究结论为依据，指出个体的身份可分为拥有性身份和存在性身份两种类型，"拥有性身份就是根据是否具有某种客观属性来划分的群体成员资格"③，"存在性身份是依据人们的行为特征而决定的身份，行为特征不受先天或后天是否拥有什么资源的限制，完全依据个人在现实中的行为"④。

通过对前人研究的学习及梳理，本书认为，身份是对个体在社会中所处的位置的标示，它首先是对个体的一种符号化的指称，它包括对个体的事实性认知和价值评价，它规定了个体的行为准则。对身份的追寻就是对"我是谁"这一问题的追问，身份是个体与他者在社会、政治、文化等宏大背景之中互动的过程中被确认的，身份是"社会成员在社会中的位置，其核心内容包括特定的权利、义务、责任、忠诚对象、认同和行事规则，还包括该权利、责任和忠诚存在的合法化理由"⑤。身份揭示了"生活在社会中的个体与社会的关系，是主体在特定的关系所

---

① [美]拉尔夫·林顿：《人格的文化背景：文化、社会与个体关系之研究》，于闽梅、陈学晶译，广西师范大学出版社2007年版。
② [英]齐格蒙特·鲍曼：《个体化社会》，范祥涛译，上海三联书店2002年版，第182页。
③ 伍庆：《消费社会与消费认同》，社会科学文献出版社2009年版，第32页。
④ 伍庆：《消费社会与消费认同》，社会科学文献出版社2009年版，第36页。
⑤ 张静主编：《身份认同研究》，上海人民出版社2006年版，第3页。

处的一种不可让与的地位或资格,一种如何与他人相处的相应行为准则"①。在现代社会里,身份是对个体的社会存在的一种定位,表明了个体生存的归属和依据,标示着个体的独特风格。

  身份作为对个体的一种符号化的指称,是对个体进行类化和分类的符号。这种类化一般具有稳定性,会使人形成思维定式,通过特定的身份名称,我们就会联想到符合该身份的特定的形象,比如提到"教师",我们就会联想到"蜡烛""园丁""人类灵魂的工程师"等;说起"不良少年",我们就会联想到"奇装异服""网络成瘾""逃学""打架"等。这就是身份对个体的类化,身份所附属的固有的感情色彩将成为一种惯性的抽象存在于人的思维中,这种惯性思维往往会取代人在与个体他者的接触中根据自我体验所获得的判断。身份还包括对个体的事实性认知和价值评价,即对个体的事实判断和价值判断,事实判断对个体起着描述性的作用,而价值判断对个体则起着伦理规范的作用。我们对某一个体身份的认知和接受,正是通过对其身份的事实判断和价值判断对我们的影响而形成的。身份名称本身就是一种事实判断形式,例如教师指的就是个体从事的职业,指个体的具体工作,同时,根据这一身份我们还会想到"蜡烛""园丁""人类灵魂的工程师"等具有褒扬性的价值判断内涵在身份之中。"身份的社会制度往往有着价值偏好,于是可以让某种本来以事实判断形式成立的身份同时意味着某种在价值判断形式中成立的身份,比如西方曾经有'黑人=低等人'这样的意识。"② 价值判断是附加在身份之中的,这种附加的价值判断一般是社会生活中的人们

---

  ① 闫国疆:《问题与反思:近30年中国身份认同研究析评》,《西南民族大学学报》(人文社会科学版) 2013年第4期。

  ② 赵汀阳:《认同与文化自身认同》,《哲学研究》2003年第7期。

所达成的一种共识，容易使人形成思维定式，因此，身份的价值判断并非总是对个体的客观反映。

现代社会是一个不断变化、多元化的社会，处于现代社会中个体的身份也具有多样性，个体身份的来源也是无限多样的，个体身份随着社会历史的变迁不断发生着变化。亨廷顿将个人身份的来源分为六种，即归属性的、文化性的、疆域性的、政治性的、经济性的、社会性的。亨廷顿对身份来源的分类，也可以说是对个体在社会生活中所承担的角色的分类，在实际社会生活中，每一个体都扮演着多种不同的角色，这些角色逐渐内化为个体的身份，从而使个体成为一个集家庭、性别、职业、种族、信仰等多重身份的人，可以说，有多少种角色，就对应多少种身份，所有身份的整合构成了个体的完整的自我身份。

（二）认同的含义

认同这一概念最早是哲学的研究范畴，随着社会的迅速发展，认同问题不断凸显，心理学、社会学、人类学等学科分别从不同的角度展开了对认同的研究。从词源学上来讲，"认同"一词可追溯到拉丁字源 idem（即相同），包括两种基本含义，一是绝对的同一，表示两者之间的相同或同一；二是跨越时间的连续性和一致性的独特状态。认同的这两种含义揭示了"同一"与"差别"的关系，就像一枚硬币包括正反两面一样，认同包括同一和差别，同一是指个体保持前后一致的稳定性或同一群体成员间的一致性；差别则是指个体或群体与他者/他们的差异与不同。认同的英文是 identity，identity 的汉语译法有："认同""身份""身份认同""同一性""同一""归属"等，不同的学者根据其学科偏好和理论研究的需要采用不同的译法。identity 在哲学中被译为"同一性"，意思是指"变化中的同态或差别中的同一问题，如同一律"①，哲学意义上的认同意指个体对自我生存状况的反思及对人生意义的追寻。哲学意义上的认同问题即为人的同一性问题，人的同一性不仅表现为个体的外在身体形象在时间中的前后一致性，更重要地表现在人的内在心理、价值、情感等的同一性，人的这种内在同一性体现了人不同于动物所具有的精神属性，人的精神属性又是在人的社会属性的发展过程中产生的，而人的社会属性则要求人必须具有归属性，即生活在社会中的人具有归属的需要，因此，作为人的同一性的认同又具有了归属的含义。

泰勒在其《承认的政治》一文中指出，"认同一词在此表示一个人对于他是谁，以及他作为人的本质特征的理解。这个命题是说，我们的认同部分地是由于他者的承认，或者是由这种承认的缺席所造成的，而且往往是由他者的误认所形成的"②。泰勒的论述表明了认同即是指个体在社会中的位置，认同不是孤立、静态的，认同是个体与他者之间的相互承认，认同表明了个体与他者之间的关系。认同是在个体与他人之间寻找共同之处以及差别所在，认同是个体的稳固个性的基础，认同给个体提供一种归属感。归属"是指一个存在物经由辨识自己与其他物之共同特征，从而知道自己的同类何在，肯定了自己的群体性"③。归属感是个体产生认同的基础，归属感的形成则是个体通过寻求与他者/他们之间的共同性的过程，个体以共同性为基础建构出"我们"的群体。认同一定的对象，即认同某一个或多个群体，其本质

---

① 张海洋：《中国的多元文化与中国人的认同》，民族出版社2006年版，第39页。
② Taylor Charles, *Multiculturalism*, Princeton：Princeton University Press, 1994, p.25.
③ 江宜桦：《自由主义、民族主义与国家认同》，台北：扬智文化事业股份有限公司1998年版，第10页。

就是要回答个体的归属问题,即"我是谁"这一问题。因此,可以说认同的实质就是个体寻求归属的问题,归属是认同的本质内涵。

认同还具有赞成、支持的含义,不论是基于自我前后一致性、连续性的确认,还是个体对归属感的追寻,认同的最终结果都是认同主体产生一种价值判断,即支持某种立场,从而彰显认同主体的存在意义或者说是人生意义所在。综合以上论述,可以说,认同的含义有三个层次,即自我的连续同一性、自我的归属感、自我的人生意义感。

## 二 身份认同及其分类

"我是谁""我属于何处""我的人生意义是什么""过去的我、现在的我、未来的我是否是同一个我""我们是谁""我们该往何处去""我们该怎么做"等,这些问题时常会出现在我们的大脑之中,对这些问题的回答,就是对身份认同的解答。根据前文对于"身份""认同"概念的分析,本书认为身份认同就是个体在时空跨度中对自身归属和人生意义的一种确认,是个体主体性得以确证的一个过程,是个体在与他者和社会互动的过程中建构起来的,其实质是一种文化或价值上的归属和认同。身份认同表现为个体对某种身份和归属的确信、对人生意义持续且明确的追求,自我人格的同一完整性。

身份认同的建构是一种定位的过程,定位既界定了个体所属的社会群体,也将其他群体标示了出来。姚建平[①]在其研究中指出,存在两种建构身份认同的方式,一是通过界定自己所属的群

---

① 姚建平:《消费认同》,社会科学文献出版社2006年版,第6页。

体并努力使自己进入这一群体;二是通过强调自己不属于某群体即反群体的方式。姚建平提出的第一种方式,是个体对"我们"的寻求,以及对"我们是谁"等问题的回答,这一方式体现的是个体的社会认同,而第二种方式,是个体对自身独特个性的展示,强调了个体独立且完整的存在感,其实质体现的是个体的自我认同。从身份认同的建构过程来看,本书认为,身份认同的内容包括自我认同和社会认同。身份认同首先是个体对"我是谁""我将成为谁""我想成为什么样的人"等问题的回答,个体在对问题回答的过程中确认自我的身份,对问题的回答也是个体自身本质力量的确证以及自我个性展现的过程,因此,身份认同首先表现为个体对自我的认同。人是社会中的人,人具有社会属性,个体获得自我身份的过程,是通过与他者的互动和比较完成的,也可以说人是通过社会性活动获得自我认同的,他人对"我"的看法以及"我"对他人眼中的"我"的看法也构成了自我身份认同的一部分,个体在回答了"我是谁"的问题的同时也回答了自己的归属问题,即"我们是谁",个体对"我是谁"的回答是在同他者所结成的社会群体的认识的基础上完成的,这一社会群体为个体成为"我"或"我们"提供了一套行为模式和规则,因此,身份认同还包括了个体的社会认同。

"自我认同是个体依据个人的经历所反思性地理解到的自我。"[①] 这是吉登斯在后现代视野中对自我认同的全新探索和深层反思。自我认同强调的是自我的身心体验,以自我为核心,是存在主义哲学、现象学以及启蒙哲学关注的对象。自我认同的哲学基础是实在的同一性,自我认同是个体对自我的界定和对自身文

---

① [英] 安东尼·吉登斯:《现代性与自我认同》,赵旭东、方文译,生活·读书·新知三联书店 1998 年版,第 175 页。

化属性的认同,是个体为内心塑造的自我形象在社会中的自我定位,是对个体历史在场性的证明,这种历史在场性具有跨越时空的连续一致性,即个体身份跨越时空的同一性。至此,我们可以给"自我认同"下一个定义,"自我认同"是指人有关其唯一性、个体性、完整性及在时空跨度中表现出的连续性的感觉,是个体反思性自我的形成。良好的自我认同的形成是个体获取归属感、存在感及实现进一步发展的重要心理基础。虽然自我认同强调的是自我在发展、变化对自身的肯定,但是自我认同"并不是在封闭的真空中形成和变化的,而是在与周围的人及环境的互动中形成的"[1]。因此,自我认同也包含有社会的内容,个体的自我认同与社会认同是互为前提、共生共存的关系,而不是互相排斥、互不相关的。

社会认同是个体对自身所属群体的肯定以及对自身作为该群体成员的承认。它是个体对自身归属于某一群体的这一事实的认识,进而将同自我有某种共同属性的他人与自我归为同类,而将与自我没有共同属性的人归为他者或他们。社会认同的形成取决于个体对所属群体的肯定程度以及群体给个体带来的情感价值体验。社会认同不仅指个体对所属群体的认同,同时也意味着所属群体对个体的认可和接纳,解决了个体身份的类同性问题,即个体与他者在何种意义上属于同一类,在何种程度上属于同类,又具有哪些相同的属性。具备某群体的属性,是个体身份定位的重要方式,个体在社会化的过程中融入某一群体,获得该群体的共同特征,最后被视为同类,这种个体的类化是个体获得归属感的必备条件。

---

[1] 伍庆:《消费社会与消费认同》,社会科学文献出版社2009年版,第22页。

## 第二节　消费主义对身份认同的影响

### 一　消费主义导致身份认同问题的产生

"在前现代社会，人们并不讨论'认同'和'承认'，这不是因为人们没有认同，也不是因为他们不依赖别人的承认，而是由于这些东西完全不成问题，根本没有必要把它变成一个探讨的问题。"[①] 根据人类学和社会学的研究，在传统社会中，个体的身份认同是固定的，坚实且稳定。在传统社会，人从出生其身份就是预先设定过的，其认同"是一种预定人的社会角色的功能，是一种传统的神话系统，它提供方向感和宗教性的支持，以确定人在世界中的位置，同时又严格地限制其思想和行为的范围"[②]。中国古代的奴隶社会、封建社会均是等级社会，由周代确立并流传下来的宗法制和分封制均显露出强烈的身份等级伦理精神。西方古代也是等级制社会，尤其是中世纪等级分明，中世纪的人们在观念中将整个社会分为三个等级——僧侣、贵族和平民，每个等级享有不同的特权，具有不同的责任。处于这样的等级社会之中，人从出生到死亡，其一生均受制于等级的规约，其身份是确定不变的，其生活轨迹是预先规定好的，人的身份和地位是生来就确定好的，人们不必担心找不到自己的位置。

进入现代社会以后，尤其是消费社会到来之后，整个社会充

---

[①] 汪晖、陈燕谷主编：《文化与公共性》，生活·读书·新知三联书店2005年版，第298页。

[②] [美]道格拉斯·凯尔纳：《媒体文化——介于现代与后现代之间的文化研究、认同性与政治》，丁宁译，商务印书馆2004年版，第231页。

满着混沌和剧烈的不确定性，个体的存在情景变得流动、多变，个体的身份认同是随着时间的推移不断建构的过程和结果，在这种流动多变的环境中，个体身份的多变性、不确定性便突出出来，严重阻碍着个体身份认同的形成，个体更无同一性可言，正如卡斯特所言：

> 然而在后现代浪潮中，诸多联结在一起的东西分离了。职业角色改变了，男女性别角色不再泾渭分明，若干价值观念失去了广泛约束力，似乎一切都不再一成不变，而是需要在相互磨合中重新定位。灵活机动成为时代的呼声，那些习以为常的、在生活中给予我们自我同一感和安全感的风俗仪式经历着变迁。长期维持某种关联已近乎奢望，每个人都不得不频繁适应新的陌生环境，多年积累的经验和资本也可能失去用武之地……这样的时代中，还有什么"自我同一性"可言吗？[1]

鲍曼指出，在后现代社会中，身份的不确定性、缺乏持久性是最根本的问题，他将这种身份的不确定性称为"身份的流动性"。吉登斯通过对比传统社会和现代社会中自我的形成条件，发现"自我"在现代性条件下生活风格发生了转变。传统社会中个体的生活秩序相对比较稳定，因此，个体的生活方式是可以预见的。在现代社会中，社会环境复杂多变，对个体生活方式的预见就变得比较困难，个体在复杂的社会生活环境中，要不断选择自己的生活方式。传统社会中，个体的身份从一出生就根据家

---

[1] ［瑞士］维蕾娜·卡斯特：《依然故我——自我价值感与自我同一性》，刘沁卉译，国际文化出版公司2008年版，第7—8页。

庭、群体、地域等被确定下来了，面对现代社会的流动多变，个体的身份充满了不确定性。"现代性是身份识别的大众危机：我们每一个人都面临着成为'人的本质的那种人'的需要。"[①] 传统的生活方式因现代性的出现而消解，现代的生活方式变得不确定起来，既有的生活方式受到了威胁，个体的身份认同也成为问题凸显出来。

在现代消费社会中，社会的流动性加大，消费主义泛滥，身份变得更为流动和多元化。消费主义将消费视为人生的最高目的和终极意义所在，推崇对物的大量占有和消费，鼓励人们尽可能多地消费，将消费视为衡量个人身份、地位的标准，通过消费追寻人类生存的意义，消费主义这种世俗化的价值观取代了人们先前的精神取向的价值观。在资本逻辑的驱动下，大众媒介和消费文化不断地刺激人们的消费欲望，扩大人们的消费需求，人成了消费的附属物。消费主义通过商品的符号化将消费变成了一种符号操作系统，为商品赋予了各种不同的文化意义，使商品本身扩展到能指的范围，致使商品不仅具有使用价值，更重要的是其符号象征意义。商品的符号意义成为人们消费的重点，商品不仅能够满足人们的基本需要，最根本的是彰显了消费者的身份、地位、品位，满足了消费者对荣誉、声望的需要。消费主义强调对物的大量占有和消费，无限夸大物的地位和作用，在消费主义话语中，消费不再是为了满足生存的需要，消费成为个体自我表达和自我确认的重要方式，消费成为人生的根本意义所在。"我消费，故我在"，人们在对物质的无限需求和占有中，就失去了对精神的追寻，而精神追求才是人生意义之所在。然而，现代人更

---

① [英]安东尼·吉登斯：《现代性与自我认同》，赵旭东、方文译，生活·读书·新知三联书店 1998 年版，第 53 页。

多地采取了消费主义价值观,在对物的消费和占有中寻找人生的意义,而随着产品的升级换代,人们对物的需要是永远都无法得到满足的,因此,在追寻物的过程中,现代人则成了一种精神的无根漂泊者。失去了精神追求的人生是无意义的人生,而对生存意义的追问是人认识自我的根本。消费主义的泛滥最终导致现代人身份认同问题的产生,"由于今天技术与财富的泛滥,对大多数人来说,生存已不再是唯一的奋斗目标。在这样的环境中,人们开始思考他们生存的意义和本质。这时,他们常常发现自己为这一类问题所困惑,诸如:'我是谁?我正走向何方?为什么我要去那里?我所干的一切意义何在?真的有必要吗?'"[①]

## 二 现代人身份认同问题的具体表现

在消费主义影响下,当代人将对物的大量占有和消费视为最高目的和终极意义。物的快速发展并不能为人们身份认同的建构提供一个坚实的基础,而人们在追寻物的同时也失去了对精神的追求,造成人的生存意义的丧失,最终导致身份认同问题的产生,具体主要表现在以下几个方面。

自我同一性的断裂。在消费主义价值观的影响下,人们将消费视为自我的一种表达,消费是对自我身份、地位、品位、个性等的展现,简单来讲就是,"我"就是"我"所消费的物品。由于物被消费社会赋予了具有象征价值的社会文化意义,个体所消费的物品就展现出了个体的身份、地位、风格、兴趣等,同时,消费不仅能够满足人的物质需要,也能带给人心理上的满足感,满足个体对荣誉、声望的需求,个体从消费中感

---

① 林方主编:《人的潜能和价值——人本主义心理学译文集》,华夏出版社1987年版,第400页。

受到他人对自我身份、地位的认同,这就使个体更加视消费为自我身份认同建构的手段和工具。但是,在消费社会,商品的更新换代十分迅速,人们通过消费某种商品刚刚建构起来的身份认同,会因为另一种新商品的出现而被否定、遗弃,在不断的商品更新过程中,人们不断地以新的商品构建新的自我身份认同,就这样,人们在身份的构建—否定—构建……中不断重新认识自我,结果导致个体对自我的认识不能形成一个前后一致的连续体,使人们不得不不停地追问"我是谁?",无法形成完整统一的自我认识。

　　自我归属感的匮乏。在传统社会,个体的身份取决于其所生活的共同体,个体身份从出生就由外在的东西规定好了。每个人的身份都由其生活的地域、血缘关系、社会等级、阶层等所决定,每个人的身份从出生就是固定的,不会发生改变,每个人也都很清楚自己所处的位置和社会地位。每个人都处于一定的共同体中,如血缘共同体、地缘共同体、职缘共同体等,共同体内的人具有相同或一致的价值目标、价值偏好,具有相同的精神追求取向,从一定意义上来说,每个人的身份都是由其所属的共同体决定的,共同体也给个体提供了稳定的归属感。然而,进入现代社会以后,尤其是消费主义的泛滥,社会流动性加大,传统的共同体衰落,人们失去了外在框架的约束,获得了无限的自由,同时,也失去了自我确认的根据。在消费主义影响下,人们通过消费构建自我认同,然而消费并不能给人们提供一个坚实的共同体组织。在消费社会,人与人之间的关系被简单的物与物之间的关系所替代,即使消费同一种商品的人们之间也不存在共同体关系,他们没有共同的价值原则、价值偏好,人们沉浸在物质享受之中,在不断变换的物质消费中,找不到真正的自我,更无法确认自我在社会中的位置和归属。

自我意义感的丧失。在消费主义文化的影响下，人成了消费的动物，为了消费而消费，为了消费而存在，人与物的关系被颠倒，物成为控制人的重要力量，在物面前，人失去了主体性和主动性。伴随着人的物欲膨胀的同时，人的精神生活发生了贬值和物化，在消费主义语境中，物被标榜为人生的最高意义，大量占有和消费物成为人们追求幸福、实现人生意义的重要途径。精神追求的意义被物的象征意义消解，使人失去了批判和超越的向度，成为只追求物质的单向度的人。随着外在权威的式微、当代人感性物欲的不断激发，人们只能在消费中寻找暂时的满足，对物的追逐成为生活的中心，人们依赖于物、受控于物，而忽视了精神生活的独立性，精神的物化导致人的精神生活的内在性、崇高性的瓦解。人们不再从外在的神圣世界中寻找人的价值源头、生活的意义，人们在物化的世俗生活中认识自我，精神生活也走向了世俗化，在物化的生活世界中，人的精神变得压抑、失落、无聊、孤独、迷茫等，人们陷入物化时代的精神焦虑之中，成为孤独的存在者、精神的流浪者，丧失了自我存在的意义。

## 第三节 青少年身份认同

### 一 消费主义产生之前青少年的身份认同

在消费主义产生之前，青少年的身份定位主要是依据其角色来建构的，即学生。作为学生，青少年在这一角色中既认识到了同一的自我，又找到了自我的归属，同时国家、社会、学校赋予了青少年学生一定的角色内涵，这一内涵为青少年提供了其自我存在的意义。国家和社会给青少年提供了一套既定的思想行为模式，在整个社会环境的影响下，青少年就将这种模式内化为自我的思想行为准则，在学习、实践的过程中按照模式塑造了自我的身份认同。

不同的时代造就人们不同的身份认同。现就以新中国成立到改革开放前这一时期为例。在那个时期，虽然也有极个别青少年表现出了严重的问题，自我定位不清，但主流是好的，大多数青少年都能正确认识自我，对自我有一个清晰的定位。当时物质还比较匮乏，青少年主要是通过对精神的追求实现自我的确认。这一时段可以说是英雄时代，对各种模范、英雄、榜样的大量宣传激起了青少年对要成为先进人物的追求，社会环境使青少年确立了高尚的追求目标，也为青少年追求目标的实现提供了精神支持。处于那个年代的青少年大都有崇高的理想和人生目标，将个人的命运与国家命运和前途联系在一起，将国家和社会利益置于自身利益之上，具有强烈的社会责任感，抱有"个人的事再大也是小事，国家的事再小也是大事"的态度，怀抱着改变社会的崇高理想投身于国家和社会事业中，强调个人对社会的贡献。对于社会、人类的相关知识，青少年具有强烈的渴求，他们认为自我担负着实现国家富强、民族振兴的重任，为了实现这一伟大理想而积极地学习知识，在为国家和社会服务的过程中追寻人生的价值和意义。总之，那个年代的青少年和社会通常会以政治出身、崇高的理想和人生目标、为国家和社会做出的贡献对个体进行身份建构，是以政治和精神追求为依据。

在消费主义产生以前的社会，物质处于匮乏的状态，人们受到一定社会制度或框架或某种外在精神信仰的约束，其身份是一种先在的存在，个体从一出生就是被规定好了的，青少年也是如此，受到外在的东西的规定和制约，其身份具有先在性，因此，一般不会产生身份认同的问题。而进入消费社会以后，随着消费主义的泛滥，人们对神圣的崇尚和对人生意义的追寻逐渐丧失了，人们只能在物质欲望中寻求暂时的满足。

## 二 消费主义影响下的青少年身份认同

（一）青少年消费现状

随着中国经济的发展，物质生活水平的提高，再加上90后大都为独生子女，父母长辈提供给青少年的可供其自由支配的零花钱越来越多。青少年新兴消费的倡导者和追随者，在现代信息媒介的推波助澜作用下，青少年在消费手段、消费方式、消费内容等方面均出现了新的特点。

1. 消费手段和消费方式

随着现代社会经济的发展，社会物质财富增长迅速，购物中心、快餐店、电话购物以及随着信息媒介的发展而产生的网络电子媒介购物等消费手段和方式获得了巨大的扩张，正如鲍德里亚所形容的，这些新的消费手段就像是癌症一样向全美国及世界其他地区扩散。[1] 新的消费手段的出现为人们的大规模消费的产生提供了可能，"从表面上看，各种消费手段以及它们的功能是相当仁慈和蔼甚至是非常积极的。但如果深究就会发现，它们只不过是以各种对于生产者和销售者来说非常有利的方式温和地（以及不是很温和地）引导消费者进行消费的一些消费手段罢了"[2]。青少年群体作为时尚潮流的领军者，易于接受新生事物，消费理

---

[1] ［法］让·鲍德里亚：《消费社会》，刘成富、全志钢译，南京大学出版社2014年版。
[2] ［美］乔治·瑞泽尔：《后现代社会理论》，谢立中译，华夏出版社2003年版，第309页。

念开放、前卫,这些新的消费手段和消费方式一经产生,便受到了他们的青睐。尤其是网络消费在青少年群体中非常普遍。

网络消费是指消费者通过互联网购买商品的行为与过程。网络消费具有物美价廉、省时、方便快捷、独立自主、个性、时尚、产品更新快等特点,网络消费打破了时空限制,引领时尚,实现了开放灵活的消费,成为一种新的消费途径。青少年群体是伴随着数字化的发展而成长起来的,对于媒体技术、互联网有着天然的亲和力,而且消费理念较开放、前卫。中国互联网络信息中心(CNNIC)2009年在关于中国网络购物市场研究的报告中显示,青少年群体已经成为网络购物的主要群体,青少年网购网民的比例高达53.3%。[1] 中国互联网络信息中心在《2015年中国青少年上网行为研究报告》中指出,截至2015年12月,中国青少年网民达2.87亿,占青少年总体的85.3%,而全国互联网的普及率为50.3%,报告显示,有89.1%的青少年大学生使用网络购物,在所有网民中青少年网购用户所占比例最高,已成为网购的主力军。[2] 青少年希望能够自己控制自己的生活,摆脱他人的限制,在网络购物过程中,他们通过商家对商品的描述,可以自由决定、自己做主购买内容和购买行为,这一特点契合了青少年要求独立自主的个性特点。青少年群体易于接受新生事物、追求独特新奇,在网络购物过程中,青少年有机会买到世界各地的各种商品,他们通过购买异域的商品来满足好奇心,以彰显自身的独特性。现在的青少年大都喜欢在互联网中消磨时间,在网络中,

---

[1] 中国互联网络信息中心:《2009年中国网络购物市场研究报告》(2009年11月),https://www.cnnic.net.cn/NMediaFile/old_attach/P020120612508476568822.pdf.

[2] 中国互联网络信息中心:《2015年中国青少年上网行为研究报告》(2016年8月),https://www.cnnic.net.cn/NMediaFile/old_attach/P020160812393489128332.pdf.

学习、工作、购物等活动可以同时进行，互不冲突，网络购物既节省时间，又不影响其学习、工作的进行，这也成为青少年青睐网络购物的重要原因。

2. 消费内容和对象

现代青少年的消费不仅仅是为了满足基本的生存需要，由于社会物质产品的富足，当代青少年对于用于满足生存需要的消费基本上是忽视的态度，他们大都无须为生存需要的满足而烦恼。在他们的世界里，消费主要是为了塑造更好的自我形象、实现与他人的交往、实现自我的发展与进步等，即身体消费、交往消费、自我发展性消费。

身体消费的概念有广义和狭义之分。广义上是指一切个体的消费，因为"消费作为人的行为，发生作用的对象及媒介都是人的身体，消费最终都要体现在人的身体上，一切消费都是为了身体的需要，所以说一切个体的消费均是身体消费"[1]。从狭义上来讲，身体消费即指直接作用于身体的消费，对身体具有改造、修复、重构的作用，能改变给予他人和消费者自身的视觉形象，也可说是视觉消费。青少年的身体消费主要是狭义层面上的身体消费，主要包括购买化妆品、美容等。

人是社会性的存在，社会关系是人的存在的一种体现，而交往关系则是社会关系的一种。青少年正处于社会化的过程中，渴望与他人、社会发生关系，希望通过人际交往生成并发展自己的社会关系。交往消费就是在人际交往的过程中产生的消费，青少年的交往消费主要包括直接消费和间接消费。青少年用于与同学、朋友之间的直接交往，如聚会、娱乐、用餐等属于直接消

---

[1] 刘金丽：《现代消费对青少年身份认同的影响》，《山东青年政治学院学报》2014年第6期。

费。青少年直接交往消费的种类繁多,给经济尚未独立的青少年造成了一定的经济负担。青少年通过网络、电话等方式与同学、朋友之间进行交流所产生的消费属于间接消费,主要表现为电话费、网络费。

青少年用于自我发展性的消费主要有两个方面,一方面是青少年为了完成学业或工作而进行的消费,如购买学习用品、书籍、资料等;另一方面是可选择性的消费,现代社会竞争不断加剧,青少年为了有一个好的未来,就要提高自身的各种能力和素质,提高自身竞争力,为就业增加砝码,如参加各种技能培训、参加各种等级证书的考试。

(二) 消费特点

现代青少年是伴随着消费主义的兴起和传播成长起来的,因此,其消费的特点具有比较明显的消费主义倾向,主要表现为炫耀性消费、超前消费、盲目消费、时尚个性化消费等。

炫耀性消费。凡勃伦在其《有闲阶级论》一书中首次提出炫耀性消费的概念,即指富裕的上层阶级不以满足基本生存需要为目的对物品的铺张、浪费和奢侈性消费,由此展示自我的社会地位、财富,从而获得荣耀和声望。[①] 随着消费社会的发展,炫耀性消费已不再局限于富人阶层,这一消费形式在社会各个阶层中流传。当代青少年由于自身身心特点,在消费中最易受到炫耀性消费的影响,在消费中更加关注商品的符号价值,通过商品彰显自我的个性、品位、身份。当代的青少年在消费中要面子、讲排场,其消费的目的并不是出于满足基本生存的需要,而是为了向他人炫耀、与他人进行攀比,以凸显自我的身份、地位、品

---

① [美] 凡勃伦:《有闲阶级论——关于制度的经济研究》,蔡受百译,商务印书馆2009年版。

位等。

超前消费。理性合理的消费是个人的消费支出与个人收入相适应，然而，一些青少年无视自身实际经济能力，购买商品时一味要求档次、价格、品牌、潮流等，认为只有高档次、高价格、大品牌的产品才能展现自我的身份、地位、个性、品位等，消费欲望不断膨胀，当其消费需求大于自身经济实力时，就走向了以负债为特点的超前型消费。很多青少年并没有看到超前消费对自身带来的负面影响，一味地追求物质享受，并以此向他人展示自我的时尚、新潮和个性。

盲目消费。青少年易受社会环境和他人的暗示，盲目地跟随时尚潮流，模仿他人消费，忽视自身的实际经济能力。青少年的盲目消费主要表现在对电子产品和服饰的消费上，易受到广告的影响。现代广告以具有震撼效果的视听方式将消费新时尚传递给广大消费者，激起人们的消费欲望和热情，青少年在广告的诱导之下，盲目地追风、赶时髦。以手机为例，手机原本只有通讯功能，这也是其本质功能，随着科技的进步，手机的功能不断向外延伸。为了追赶时尚，青少年频繁更换手机，从非智能到智能，从普通手机到 iPhone 手机，手机已不再是通信工具而是一种时尚玩具。青少年为了买苹果手机卖肾、抢劫甚至杀人的新闻频见报端，青少年在盲目跟从时尚消费的过程中已经迷失了自我，人生观、价值观极度扭曲，只关注自我的物质享受，忽视了精神的发展，使自我陷入迷茫、空虚的境地。

时尚个性化消费。"时尚是既定模式的模仿，它满足了社会调试的需要；它把个人引向每个人都在行进的道路，它提供一种把个人行为变成样板的普遍性规则，但同时它又满足了对差异性、变化、个性化的要求。"① 时尚不是一成不变的，时尚是流动的，而且时尚是短暂的，时尚具有向社会各个阶层不断扩散的特性，时尚的短暂性、流动性正是人们追逐时尚的动力。时尚的商品具有符号价值，时尚是消费者品位、个性、地位、身份的象征。作为符号的时尚商品具有两种功能，即示同和示异，示同是指时尚消费能够凸显消费者所处的社会地位、社会阶层，示异则是指对时尚商品的消费能够凸显消费者的个性、品位，由此将消费者与他人区别开来，"时尚的本质是由区分功能——再加上模仿功能——构成的"②。在现代社会中，青少年也通过时尚消费来展示自己的个性、品位、地位。青少年具有冒险精神，敢于尝试新生事物，喜欢张扬个性，喜欢追随时尚潮流，以此凸显自身的个性和品位，因此可以说青少年是社会时尚潮流的风向标。

（三）消费主义影响下青少年身份认同问题及表现

当代的青少年是在消费主义的影响下成长起来的，在文化日益多元化的今天，角色身份已经不再是青少年构建自我认同的主要方式，消费已成为青少年构建自我认同的重要手段。青少年在消费中发现、认识自我，通过消费确证自我认同，寻找自我的意义和价值，展示自我的情感，最终达到自我实现。然而，在消费主义的影响下，青少年以消费构建自我认同的过程中，出现了过度自我的取向，过分关注自我的物质享受，以商品的符号价值实现自我身份认同的建构，但商品符号价值的短暂易逝性导致青少年在对符号价值的追逐过程中，不断根据符号价值的变化更改对

---

① ［德］齐奥尔特·西美尔：《时尚的哲学》，费勇、吴蓓译，文化艺术出版社 2001 年版，第 72 页。
② ［德］齐奥尔特·西美尔：《时尚的哲学》，费勇、吴蓓译，文化艺术出版社 2001 年版，第 74 页。

自我的定位，导致青少年不能形成稳定的、具有高尚精神追求的理性身份认同，即产生了身份认同问题。

在消费主义的影响下，青少年通过消费构建自我身份认同而导致的问题不断凸显，首先从消费对象上来看，青少年在消费过程中更倾向于关注商品的符号价值，即商品符号的身份象征意义，青少年对商品符号的认同体现了其对自我的认同，然而由于商品符号的短暂易逝性，青少年需要不断构建对新的商品符号的认同，由此导致自我认同出现问题。其次从消费方式上来看，对于伴随着互联网的兴起和发展而成长起来的青少年，网络消费成为青少年消费的新方式。随着互联网技术的不断进步，越来越多的青少年沉溺于网络消费带来的快感之中，在虚拟的网络中寻求自我实现，导致虚拟自我与现实自我的混淆，对自我认同的建构造成干扰。最后从消费的后果上来看，在形象高于一切的现代社会中，青少年更加关注身体形象，在大众媒介的怂恿下，在明星、偶像的蛊惑下，为了塑造理想的身体形象，有些青少年通过整容、美容、瘦身等消费活动，重构自我的身体形象，将身体形象视为身份、自我的象征。然而，身体作为身份认同的外在依据，青少年在身体消费的过程中丧失了身份认同的外在基础，甚至付出了生命的代价，严重干扰了其身份认同的理性建构。

青少年在消费中突出的身份认同问题是在对以往研究结果整理的基础上提出的，这三个方面是青少年身份认同问题发生的比较集中且比较突出的几个方面，这三方面之间是并列的关系，首先符号消费认同是从青少年所消费的对象上来阐述的，青少年所消费的内容具有符号象征意义，对其身份认同造成一定的影响；其次网络消费是从青少年的消费方式上来讨论的，青少年以不同于传统的消费方式构建自我身份；最后身体消费是从消费的后果上来分析问题的，青少年通过改变身体形象构建自我认同，现代身体消费产生的后果是以往消费中从未出现过的，这直接导致了青少年身份认同根基的丧失，是一种无深度感的自我认同。

在当代飞速发展的社会，社会流动性加大，人的不确定性增强，青少年处于人生的转折点上，更加剧了其身份认同的不稳定性。消费主义的产生和发展，为青少年建构自我身份认同提供了手段和工具，同时也是青少年身份认同问题产生的根源。青少年身份认同问题表现在诸多方面，本书仅选取了比较突出的三个方面进行阐述，即青少年符号消费认同、网络消费身份认同、身体消费的认同，对这三个方面的发生、表现、作用、导致的问题等，本书将在后面的章节中展开论述。

# 第三章

# 符号消费对青少年身份认同的冲击

在当今中国，越来越多的青少年以自身所拥有的物品或所消费的商品所具有的符号意义进行自我界定，他们认为物品或商品的符号意义象征着个体的身份、地位、品位、个性等。青少年通过符号消费的差异性将自我与他者区分开来，体现出自身的个性化，青少年通过这种差异化的消费来建构身份、界定自我。依据鲍德里亚对符号消费的批判，符号消费是商家及厂家强加于人们的消费方式，是一种消费异化行为，由于商品符号的多样性和多变性等特点，个体通过符号消费来构建身份认同反而会加剧身份认同的危机。

## 第一节　符号消费

### 一　什么是符号消费？

符号消费是与使用价值消费相对应的一个概念。使用价值消费是传统经济学的概念，即在传统社会，消费是以消费商品的使用价值为目的的，消费是利用商品的使用价值来满足消费者自身的物质和精神需要的过程。在传统经济学理论中，消费是与生产相对应的,由于传统社会物质资源的贫乏、生产力的低下,人类社会物质产品一直处于匮乏状态,因此,生产在社会中占有重要位置。人们重视生产而轻视消费,经济学上对消费的探讨也以人的基本生存需要为出发点。因此,消费就被限制在"基本需要"的范围内,消费是维持人类生存的基本方式,是对物品的有用性即使用价值的消费。那些不是出于使用价值的消费,比如为了炫耀、攀比、展示自身的财富和地位或者品位、身份的消费,均被视为浪费。然而,进入现代工业社会以后,随着工业化大生产的发展,经济迅速发展,物质财富不断增加,而机器工业化模式的发展也使劳动者失去了进行自给自足的家庭生产的自由时间,在这样的条件下,物质商品不断增加,人们进入了物质丰裕的消费社会,生产的重要性开始下降,消费成为在社会中占主导地位的行为。在消费社会产生之初,人们消费商品仍然是以满足生存需要为目的,商品的使用价值仍然是人们消费的重点。福特制生产技术在工业化大生产中的应用,扩大了消费的范围和消费品的种类,商品的符号价值成为人们关注的重点。简单来说,人们对商品符号价值的消费就是符号消费。

符号消费这一概念最早是由法国社会学家鲍德里亚提出的。在《消费社会》一书中,鲍德里亚指出,马克思曾指出商品的交换价值和使用价值,而在今天,商品还具有符号价值。[①] 布希亚运用符号学知识指出了消费社会中消费的实质,"它是一个虚拟的全体(totalité virtuelle),其中所有的物品和信息,由这时开始,构成了一个多少逻辑一致的论述。如果消费这个字眼要有意义,那么它便是一种符号的系统化操控活动(activité de manipulation

---

① [法]让·鲍德里亚:《消费社会》,刘成富、全志钢译,南京大学出版社2014年版。

systématique des signes)"①。作为一种符号操作行为，其目的并不是为了满足生存的基本需要，符号消费所消费的是商品的符号价值、社会文化意义，是为了满足个体对自我身份、地位、品位、个性、财富、荣誉等的炫耀。其实在鲍德里亚之前就有学者已经提出了这种消费行为，如凡勃伦在《有闲阶级论》中提出的炫耀性消费，其实质就是符号消费，炫耀性消费的目的就是为了向其他社会成员显示并维持个体的身份、地位，是获得荣誉的手段，以此获得自我心理的满足；② 德国社会学家西美尔提出的时尚消费，是中产阶级为了提升自己的社会地位而进行的消费，时尚消费具有区分社会群体和社会阶层的功能，为了实现自我与其他群体的区分，中产阶层就不断推出新的时尚、风格，以此保持自身的社会地位。③ 炫耀性消费、时尚消费的实质均是符号消费，都是对商品的象征意义和符号价值的消费，从凡勃伦的炫耀性消费到西美尔的时尚消费再到鲍德里亚明确提出的符号消费，符号消费在现代社会中越来越凸显。所谓符号消费就是指，在消费过程中，商品的符号象征价值成为人们消费的重点，通过对商品符号价值的占有展现个体身份、地位等的一种消费模式。

## 二 符号消费的特征

在符号消费过程中，商品的符号价值成为人们关注的焦点，由此可知，符号消费的特征主要表现为对商品的社会文化意义的凸显，具有象征性、示差性、炫耀性等。

---

① [法]尚·布希亚：《物体系》，林志明译，上海人民出版社2001年版，第223页。

② [美]凡勃伦：《有闲阶级论——关于制度的经济研究》，蔡受百译，商务印书馆2009年版。

③ [德]齐奥尔特·西美尔：《时尚的哲学》，费勇、吴蓓译，文化艺术出版社2001年版。

首先,符号消费突出了商品的社会文化意义。符号消费的实质就是对商品的符号价值的消费,根据符号理论,符号是能指和所指的统一,能指是指符号的声音形象,而所指则是指符号所反映的事物的概念。作为符号消费对象的商品,同样具有能指和所指两个要素,所指是指商品本身,能指则是指商品本身所承载的社会文化意义即其符号价值。符号消费体现出了人们对商品的符号价值的追求,例如,现代人购买手机,手机不仅是满足人们相互联系的需要,更是一种身份、品位的象征,对手机品牌、功能、质量、大小等的选择,均体现了消费者的身份、品位、经济能力等。因此,在符号消费中,人们购买商品并不以商品的使用价值为依据,主要根据商品的符号价值即其所暗含的社会文化意义进行选购。

其次,符号消费具有象征性。商品具有能指和所指两个要素,商品被赋予了社会文化意义即能指,使其成为代表某种身份、地位、品位、生活方式的符号。符号消费能够为消费者创造快感、声望及权力,因此,消费就成为个体展示自我价值与身份、地位的手段和工具。在消费社会中,消费已经逐渐取代出身、血缘、种族、阶级等方式,成为人们识别自我、构建自我认同的重要方式。消费能够成为个体自我身份认同建构手段的依据正在于,商品被赋予了不同的社会文化意义,人们所选择的商品的符号象征意义和符号价值就是对消费者身份、地位等的反映,由此体现出符号消费的象征性。

再次,符号消费具有示差性。符号消费能够表达不同消费者之间身份、地位的差别,不同的消费者会选择不同的商品,不同的商品又具有不同的符号价值,因此,通过消费,不同个体之间的身份、地位等差别就显示出来了。比如,青少年购买运动服装时会选择不同的品牌，如 NK、AD、LN、XBL、KP、AT 等，不同的品牌就揭示出了青少年的个性、品位、经济能力等；再如，对于手机的选择，手机本身有智能机和非智能机之分，智能机又分为高端机和低端机，对不同手机类型的选择就反映了消费者之间身份、经济能力、个性等的差别。在购买具有相同使用价值的商品时，对商品的不同选择就显示出了消费者之间的差别，符号消费的特征就在于将消费者进行区分，表达消费者之间的差异。

最后，符号消费具有炫耀性特征。符号消费的实质是对商品符号价值的消费，凸显了商品的符号价值，符号消费所具有的象征性、示差性，这些都表明符号消费是对个体自我的身份、地位、个性、品位等的一种认可，是个体在向他人展示自我的身份、地位、财富、品位等，以获得他人的尊敬、羡慕，从而满足自我的虚荣心。炫耀性正是商品所包含的文化内涵的诉求，商品被赋予符号价值的目的就在于向他人展示消费者的身份、地位、财富，吸引着人们加入符号消费的行列，以炫耀自我的身份，凸显自我的不同。

根据符号消费的特征来看，在当代社会，我们大多数人都或多或少有过符号消费行为，然而，如果对这种消费不加以自觉控制，任其自由发展，就会陷入消费主义的深渊。

### 三 消费主义——走向极端的符号消费

符号消费是对商品使用价值的背离，而消费主义对商品符号价值的推崇使符号消费走向了极致，在消费主义影响下，消费者忽视商品的使用价值和自我的需要，只关注商品为其带来的身份、地位、个性等欲望的满足，消费主义是一种受到资本逻辑控制的严重异化的消费行为方式。

在消费主义语境下，消费不是为了满足个体的基本生存需要，而是为了满足不断被刺激起来的消费欲望，其实质是对虚假需要的满足。在消费社会，商品被赋予了各种具有社会文化意义的符号，通过对物品的消费和占有，个体的身份、地位、个性等被展现出来，因此，消费成为个人进行自我确证的工具和手段。消费主义主张物质享乐主义，提倡对物质的大量占有和消费，将对物的消费视为人生的崇高目的和终极意义所在，指出消费是人类实现幸福快乐和追求人生意义的途径。在消费主义和消费文化的影响下，人们竭尽所能地去消费，去占有尽可能多的商品，对商品的占有不是为了满足基本的生活需要，是因为"现代人具有贪婪地占有和使用物品的欲望，并理智地认为，这样贪婪欲乃是自己所向往的一种更美好的生活体现"[1]。创造更多的虚假需要成为消费主义刺激人们不断追求消费的动力，而对美好生活的描绘更是消费主义刺激人们消费欲望的手段，消费主义将消费解读为实现幸福、快乐、美好生活的方式，在无意识中实现了对人们消费欲望的操控。

消费主义实现了商品和社会文化意义之间的随意联结，赋予商品富含象征意义的符号价值，并借助大众传播媒介实现商品符号价值的传播。商品的符号价值和象征意义并不是到现代社会才出现的，而是在大众传播媒介产生以后，才大量生产出商品的符号意义，其符号价值才被传播开来。现代媒介将各种新的形象和文化特性与商品进行巧妙地连接，制造各种与商品无关的意象，使人们在商品和符号之间形成对接。媒体通过宣传将商品的符号意义充斥于人们的日常生活之中，使人们形成关于商品的意义幻

---

[1] ［美］埃里希·弗洛姆：《在幻想锁链的彼岸——我所理解的马克思和弗洛伊德》，张燕译，湖南人民出版社1986年版，第174页。

想，从而激发人们的购买欲望。当人们被符号堆砌的商品所包围，纯粹为了消费符号而消费时，人们就模糊了真实与虚拟的界限，习惯以符号指涉一切，此时，符号与真实物品之间的联系也不复存在，符号消费与商品的使用价值脱离，符号消费成为一种无深度感的消费，人们也变成了没有思考的人。人们接受大众传媒创造的商品意象，丧失了对符号消费的辨别和批判能力，陷入媒体制造、传播的商品符号之中。

消费主义遵循资本增殖的逻辑。在物质得到巨大发展的资本主义阶段，为了实现资本的增殖，资本家绞尽脑汁创造出各种商品，通过大众传媒的宣传引诱、刺激人们的消费欲望，改变人们的消费观念，提倡采用分期付款、信用卡等消费方式，不断诱惑人们"花明天的钱来圆今天的梦"。消费主义主要通过影响人们的消费需要和消费活动来促进资本增殖。人们的消费行为是由消费需要直接引起的，在具备消费能力的前提下，只有消费需要被激发出来之后，才会发生消费行为。消费主义的兴起正是大众传媒反复灌输、炒作、宣传的结果，大众传媒将享乐主义的人生观、价值观通过宣传潜移默化地传输给大众，在无意识之中操纵了大众的消费需求，将大众塑造成为资本循环中的消费机器，资本就实现了对人们的消费需要的控制，人类的休闲、娱乐等几乎所有的生活行为都被纳入资本循环过程中，服务于资本增殖的实现。

## 第二节　符号消费认同何以成为可能

### 一　物的社会意义——物向符号的转化

进入消费社会以后，商品具有的文化意义上的符号价值取代了其物质意义上的使用价值，成为人们考量物品的重要依据。人们在消费中所展示出的这种由强调商品的交换价值和使用价值转向强调突出商品的符号价值，反映出了消费变化的一种趋势，即物向符号的转化。事实上，商品的符号价值并不是现代社会的产物，商品从其出现就既具有使用价值和交换价值，又具有符号价值和象征功能。"事实上，消费从一开始就不是简单的、关于物的实践过程，即便是最初的基于生存的需要满足的消费也是具有文化意义的，因为需要的类型、对象、满足方式都是在特定文化中形成的。消费本来就是文化和社会的，因此消费品便总是具有意义的，只不过消费品的这种符号功能在现代社会和现代消费里得到特有的彰显而更加突出罢了。"[1] 使用价值是商品的客观属性，能够满足人的基本生存需要，商品的符号价值是人们赋予商品的社会文化含义，商品的符号价值内含着时尚、品位、身份等社会意义，象征着商品与个体身份间的内在关联，能够满足人的自尊需要和社会需要。在物质匮乏的社会里，由于商品的数量较少，仅仅能够维持人们的基本生存需要，其符号价值就得不到凸显。随着现代消费社会的发展，商品本身被赋予了更多社会文化意义，人们对商品符号价值的强调，使得商品的符号价值越来越凸显。

索绪尔将符号分为"能指"和"所指"，"能指"与"所指"是相分离的，"能指"与"所指"之间并不是一一对应的关系，它们被人们随意地联结在一起。索绪尔的符号理论被运用到消费之中，物质意义上的商品是一个所指，将各种意义附加于商品之后，商品就具有了符号价值、表征功能，商品就成了一种具有表

---

[1] 王建平：《中国城市中间阶层消费行为》，中国大百科全书出版社2007年版，第77页。

意功能的符号,即上升到了能指的范畴,同一个所指可以对应多种不同的能指。能指是对商品实体的替代,现实与想象之间的差别也因为能指领域的存在而消解,能指领域作为一种符号体系成为现代社会中人与人相互连接的中介和工具。①

最早将符号理论与消费社会联系起来的是哲学家、符号学家罗兰·巴尔特,他认为日常生活中的所有文化都可被看作是特定的符号。现实中的所有事物都被虚幻为一种特定的符号,而现实存在的事物则成了符号的表达载体,符号成了现实生活中各种活动得以运转的前提性存在。罗兰·巴尔特将大众文化看作是一种特殊的神话学说,并用符号理论解释日常生活中的不同现象。②鲍德里亚深受罗兰·巴尔特的影响,他曾说:"罗兰·巴尔特是一位我觉得非常亲近的人,我们的立场是如此的接近,以至于他所做的许多事,也是我自己可能会去做的。"③鲍德里亚深化了巴尔特的神话学说,并依据符号学对能指和所指的划分,将商品的价值分为使用价值和符号价值,即使用价值对应于所指,符号价值对应于能指。鲍德里亚指出对物的研究必须摆脱对其功用性的研究,才能深化对物的研究,这就要从物与人的关系角度进行研究,探究出人的本质及存在状态是如何通过物来显现和反映出来的,从而揭示人和物之间是如何发生关系的。鲍德里亚认为,在消费社会人们更看重物品所内含的符号价值,较少关心物品的使用价值,人们在消费商品的实质就是在消费符号,并依据所消费的符号界定自己。

---

① [瑞士] 弗尔迪南·德·索绪尔:《普通语言学教程》,高名凯译,商务印书馆1980年版。
② [法] 罗兰·巴尔特:《符号学原理》,李幼蒸译,中国人民大学出版社2008年版。
③ 仰海峰:《走向后马克思:从生产之镜到符号之镜——早期鲍德里亚思想的文本学解读》,中央编译出版社2004年版,第17页。

鲍德里亚结合符号理论和批判理论来理解和研究物，形成了其独具特色的符号批判理论，对社会中物的存在方式进行了分析考察。[1] 鲍德里亚认为，处于物体系中的物失去了其传统的功用性价值，成为一种具有符号价值的存在，这种以符号价值存在的物体系中的物具有区分功能，具有区分功能的物能够展示人们的社会地位、身份等，这就使消费与人的身份地位联结起来了，由于物所具有的身份象征意义，人则成了合乎物的存在方式的存在，人只有通过对物的占有才能实现自我的满足。物的区分功能是通过消费者的符号消费实现的，一方面是符号消费的求同，即消费者通过特定的符号消费展示与自己所认同群体的一致、相同，另一方面是示差，即消费者通过特定的物的消费将自己与他者区分开来。正如布迪厄在《区隔》一书中指出的，鉴赏者区分艺术品的过程也是对自身进行分类的过程。[2] 布迪厄认为，消费作为一种符号性的社会实践，"是联结主观存在与社会结构、联结符号体系与社会空间的重要桥梁"[3]。个体在社会实践活动中，通过对社会惯例及社会结构的吸收和内化而形成惯习，惯习是一个动态的结构，在社会实践活动中，惯习会随时随地发生变化，从而形成新的结构，即新的惯习，惯习与个体的家庭及所属群体相关，不同的个体和社会等级形成不同的惯习，惯习也具有了社会区分的功能。

正是由于对物的消费的区分功能，现代消费成了人们构建身份认同的重要手段。正如前文所指出的，商品的符号价值并不是到现代才有的，而符号消费也不是从现代才开始的，凡勃伦的炫

---

[1] [法] 让·鲍德里亚：《消费社会》，刘成富、全志钢译，南京大学出版社2014年版。
[2] Pierre Bourdieu, *Distinction*, Richard Nice & Tony Bennett, London: Routledge, 2010.
[3] 罗钢、王中忱主编：《消费文化读本》，中国社会科学出版社2003年版，第39页。

耀性消费其实质就是一种符号消费,"奢侈品的消费,其真正意义指的是为了消费者本人的享受而进行的消费,因此是主人的一个标志"①。这种消费本身就是在向他人炫耀和展示自身的地位、身份、财富等。西美尔在其著作《时尚的哲学》中明确提出"时尚是阶级分野的产物"②,并指出时尚具有示同和示异的双重作用,通过时尚消费,个体不仅获得群体所属感,即通过与自己所认同的某个社会阶层表现出一致性,同时个体又获得了自我优越感,即通过与他人的差异表现出来。西美尔眼中的时尚其实质也是一种符号,具有社会区分的功能。鲍德里亚指出,在符号消费体系中,人们的消费关系反映了人们之间的社会关系,而消费则体现了一个人的身份和社会地位。在消费中,人们将自身置于物的符号系统这一体系中,使自身得到不断的重复与肯定,同时对个体的身份认同进行不断的建构与重构。

正是物向符号的转化,使物的符号象征意义不断凸显,同时也使现代消费具有了以往消费所不具有的社会功能,即社会区分功能。在现代社会中,人们越来越关注物的社会意义,物所具有的符号象征意义成了人们进行社会区分、身份建构的依据,因此对物的占有就变成了对物的象征意义的占有,这就加剧了人们对物的符号的消费。符号消费其实质就是一种身份、地位的消费,是对物的社会意义的占有。

## 二 大众传媒——符号价值的塑造者与传播者

进入消费社会以后,物完成了向符号的转化,人们在消费时

---

① [美] 凡勃伦:《有闲阶级论——关于制度的经济研究》,蔡受百译,商务印书馆2009年版,第57页。
② [德] 齐奥尔特·西美尔:《时尚的哲学》,费勇、吴蔷译,文化艺术出版社2001年版,第72页。

更多地关注商品的符号意义,正如鲍德里亚所说的那样,物品必须成为符号才能成为消费的对象,商品成为一种符号系统控制着人们的生活。那么商品的符号化是如何实现的,商品又是如何变成具有某种社会文化意义的符号的呢?麦克拉肯用"意义转移"模式来解释商品的文化意义,他指出商品的文化意义是从文化世界中转移来的,而不是凭空产生的。[①] 麦克拉肯提出的这种意义转移模式经过两个转移过程和三个意义位置,即意义从文化世界转移到商品,再从商品转移到消费者。商品成了人与外在世界之间意义传递的媒介,这种意义的转移则是由现代大众传媒来完成的,"商品的生产,不但是通过技术化手段来制造使用价值的过程,同时也是通过符码化过程(如广告和时尚系统)来制造符号价值的过程"[②]。现代大众传媒一改传统上对商品信息及其功能的宣传,大肆宣扬商品的符号价值及符号消费,将商品的符号意义与人的身份、地位、品位、时尚等联系起来,商品的符号象征意义被凸显出来。大众传媒中的广告、时尚系统在将社会文化意义转移到商品中的同时,也将这种文化意义的价值赋予了我们的生活,而广告之所以能达到这一目的就在于其本身蕴含着文化因素。

现代大众传媒在塑造并传播商品的符号价值中起着举足轻重的作用,其形式主要有广告、电影、电视剧、娱乐节目、时尚杂志等,但是,对商品进行符号化包装并推销商品符号价值的最有

---

① McCracken Grant, "Culture and Comsumption: A Theoretical Account of the Structural and Movement of the Cultural Meaning of Consumer Goods", *Journal of Consumer Research*, No. 1, 1986, pp. 71 – 84;转引自张曙光《浅析商品符号意义的社会建构——兼评麦克拉肯的文化意义流动模型》,《河北经贸大学学报》(综合版) 2008 年第 4 期。

② 王宁:《消费的欲望:中国城市消费文化的社会学解读》,南方日报出版社 2005 年版,第 44 页。

效、最广泛的形式就是广告，而电影、电视剧、娱乐节目、时尚杂志等其实质是一种变相的广告。中国学者王宁在其著作《消费社会学——一个分析的视角》中对于广告创造商品的符号价值并操纵和诱导消费者也进行了分析。① 大众传媒在促进人们进行符号消费中的作用主要包括两个方面，一是创造商品的符号价值，赋予商品具有社会文化象征意义的符号；二是展现商品的符号魅力，向消费者推销商品的符号价值，引起消费者对商品的崇拜，创造消费的神话。

正是大众传媒为商品创造了丰富的象征意义，并吸引越来越多的人消费商品的符号价值，才使得符号消费成为现代社会人们的一种生活方式。广告在创造商品的符号价值中具有无可替代的地位，最初的广告是为人们提供商品的信息、功能、价格等服务的，随着消费社会的发展，广告越来越注重宣传商品的符号价值，夸大商品的社会文化象征意义，使消费者在看到商品时就能产生对某种社会文化意义的联想。麦克拉肯曾指出，广告在商品的符号价值的创造过程中具有决定性作用，同时也是广告的作用才使得商品的"意义"价值得以传播。② 广告是宣扬消费主义文化和商品符号化的最基本和最主要的途径，尤其是高档消费品、奢侈品的广告及大品牌的广告，这些广告所创造的商品的符号价值成为消费者构建自我身份、凸显自我个性与品位的手段，广告将商品与消费者的身份、品位、个性等联系起来。如 KB 羽绒服广告："KB 高级休闲羽绒服——与众不同！"突出了与众不同的个性；PEKD 服装广告："情趣高雅的人才喜欢我们的设计"，突

---

① 王宁：《消费社会学——一个分析的视角》，社会科学文献出版社 2001 年版。
② McCracken Grant, "Culture and Comsumption: A Theoretical Account of the Structural and Movement of the Cultural Meaning of Consumer Goods", *Journal of Consumer Research*, No. 1, 1986.

出了高雅的品位；FGLLS 高档面包广告："有身价的人吃有身价的面包"，凸显了人的身份和地位；再如一汽大众为某款汽车推出的系列广告，"咖啡时光""郊外时光"等，广告体现了汽车拥有者时尚与浪漫的个性和品位；OLY 化妆品广告，"你值得拥有"，体现出了商品对身份地位的象征意义。广告将商品与具体的情境、人物一同呈现给大众，反复再现，给商品贴上了身份、品位、时尚等符号标签，即文化意义通过广告转移到了商品上，在意义转移的同时商品的符号价值也被创造出来了；广告将商品的符号意义和符号价值传达给广大受众，使消费者在看到商品时就能联想到商品具有的符号象征意义，这一过程其实也是商品符号化的过程，即商品的符号价值的创造。

广告不仅为商品制造了丰富的符号象征意义，同时还是商品符号价值的传播者和推销者。现代广告之父阿尔伯特·拉斯克就曾指出广告是"印在纸上的推销术"。进入消费社会以后，社会的生产能力已超出了人们的基本需要，生产者要提高生产、增加利润，就必须扩大消费。生产者通过广告等大众传媒将商品制造成一系列的符号系统，向消费者灌输商品的符号意义，不断强化商品的符号价值，激起消费者的消费欲望。鲍德里亚指出，广告本身带有的意象能够激起消费者的共鸣，影响人的意识，从而成为消费者的消费对象。[①] 广告将商品放置于特定的理想图景中反复地呈现给消费者，使消费者在商品和其符号意义之间产生固定联想，广告给消费者提供一种具有极强震撼力的视听盛宴，将商品描绘成通往理想和希望的桥梁，暗示消费者拥有了商品就拥有了与之相称的身份、地位、品位等，引起消费者的心理共鸣，成

---

① ［法］让·鲍德里亚：《消费社会》，刘成富、全志钢译，南京大学出版社 2014 年版。

功地向消费者推销了商品和商品所代表的生活理念。

广告推销商品的最成功之处，就在于将商品制造成具有象征意义的符号和形象作用于消费者的无意识，使消费者在无意识之中接受新的消费理念，促成消费者的购物行为。广告对商品的推销首先体现在通过对消费者视、听及心理上的冲击引导消费者产生消费欲望，广告通过动听的语言、优美的画面刺激消费者，带给消费者视觉和听觉上的震撼，潜移默化地影响着消费者对商品的态度，诱发消费者产生购买欲望。其次，广告塑造并引领新的消费观念和生活方式，倡导消费者享受生活、追求消费带给人的意义，广告给消费者营造了一种只见符号价值不见使用价值的符号商品世界，大众被符号商品所包围，沉浸在符号价值给其带来的喜悦之中，大众消费的不再是商品而是商品的符号价值，其消费的目的也不再是满足基本的生存需要，而是为了展示自身的身份、地位、个性等，以赢取他人的羡慕，满足自尊心和虚荣心。再次，广告通过强化消费方式推销商品，广告强化消费方式的等级差异来诱导人们追求炫耀性消费，广告还通过展现极具视听冲击力的优美画面，制造各种流行时尚，诱导大众消费，在广告的刺激下，消费者迷惑于炫耀性消费和时尚消费带来的虚假幸福体验，在无意识中陷入了消费的"温柔陷阱"之中。最后，广告作为商品符号价值的创造者和推销者，也推动着消费主义价值观和生活方式的流行与蔓延，消费主义以对物质的占有或过度消费为特征，过度关注商品的符号价值，它促使人们由关注商品转向关注商品的符号象征意义，促使人们将符号消费作为自我身份建构的手段和方式。广告通过影响消费者的消费心理、消费观念、消费方式以及对消费主义价值观的推广，来促进对商品的推销，广告对消费者的影响和对商品的推销这两个方面是相互影响、相互促进的。

　　以广告为代表的大众传媒诉诸商品的符号意义，制造并操纵着商品的符号价值，使消费者在商品和某种社会文化意义之间形成习惯性联想，最终完成了对商品符号价值的制造和传播。广告将其塑造的能够引起大众共鸣的生活形态与商品所具有的隐喻价值，以极具视觉冲击力的形式展现出来，对消费者产生了极强的说服力，使消费者丧失了理性判断能力并主动迎合追赶着时尚潮流。在由广告所创造的商品符号价值构筑的世界中，物本身已不再是消费的目的，物的符号价值已成为人们竞相追逐的对象，人们如此狂热地追逐物的符号价值，以至于作为主体的人则成了物的俘虏，"一旦物质的东西在一个人的生活中占据了最重要的价值位置时，他本人也就变成了其占有物的一部分"[①]，人对物的符号的消费和占有，使人也成了具有各种符号意义的存在物，符号成了社会中人们之间进行身份识别和区分的一种体系。

## 三　符号消费认同——以符号消费为基础的社会识别体系

　　在消费主义的影响下，大众媒介通过对消费主义的宣传和对商品符号价值的制造及推销，为大众构建了一个消费主义的拟态环境[②]。李普曼将现实分为三种，即客观现实、主观现实以及大众媒介塑造的符号现实，人的行为与这三种现实之间有着紧密的

---

　　① ［波兰］奥辛廷斯基：《未来启示录：苏美思想家谈未来》，徐元译，上海译文出版社1988年版，第140页。
　　② 拟态环境这一概念是由李普曼在其著作《舆论学》中提出来的，所谓拟态环境是由大众传播媒介在传播活动过程中所形成的一种信息环境，它不是对客观现实环境的再现，而是大众传媒在对信息进行选择加工并重新对其结构化之后呈现给大众的以观念形态存在的环境，它是由大众传媒塑造的以各种符号为内容的虚拟环境，是一种可被人感知但无法触摸的虚幻的"影像"，不是一种真实的物质存在。（［美］李普曼：《舆论学》，林姗译，华夏出版社1989年版）

联系，主观现实决定着人的行为，而符号现实则通过拟态环境对大众产生涵化作用。① 涵化理论是由美国学者 G. 格伯纳提出的，他通过实证考察发现，由大众媒介塑造的拟态环境影响了人们对现实世界的认识和理解，而且这种影响是潜移默化的"涵化"过程，使人们在无意识当中改变着自己的现实观，大众传媒的"涵化作用"还表现在通过塑造当代社会"主流"的社会观与现实观，引领人们形成关于社会的共同印象，使大众将大众传媒塑造的拟态环境当成现实环境来接受。在大众传媒塑造的符号世界中，人们将消费主义视作现实社会的主流，并总处于"欲购情节"之中，同时将符号消费作为构建自我身份认同的手段和工具。

鲍德里亚明确指出，在今天，人被不断增长的物所包围，我们生活在物的时代，物成了人们生活延续的根据。② 这种对物的大规模消费，不仅改变了人们的生活方式和社会关系，改变了人们看待自身的基本态度，也改变了物在人的生活中的作用和地位。在现代消费社会中，人们在消费时并不再仅仅考虑物的使用价值，更多地考虑物之间的差异性，对物的差异性的消费彰显了个体之间的差异。现代大众传媒正是依据物的差异性塑造了物的符号价值，又通过大规模的信息传播将这些符号的意义传递给消费大众，使大众被各种各样的符号所包围，为人们创造了一个符号的世界。大众传媒通过广告、新闻等媒介运用符号来修饰人们的日常生活并引导人们的消费观念，使人们对商品的追求转为对符号所代表的价值、意境、感觉等的追寻，使人们对物品的消费变成了对符号的消费。人们普遍具有向较高阶层靠拢的心理，在

---

① ［美］李普曼：《舆论学》，林姗译，华夏出版社1989年版。
② ［法］让·鲍德里亚：《消费社会》，刘成富、全志钢译，南京大学出版社2014年版。

符号消费的过程中，这种心理就表现为追求能够代表较高阶层的商品与服务，体现了人们对社会地位的追求。正是在大众媒介塑造的符号世界中，人们迷失了自我，深陷于商品符号的海洋中，人们购买商品是为了占有商品以及商品为其带来的象征意义，以此表达自己的身份、地位、品位、个性等，展示自己与他人和社会群体的区分与融合。于光远将消费品分为四类，其中第三类是"显身货"，比如饰品、服装、住房等，显身货就是能够显示个体的地位、爱好、性格、审美等的东西。[①] 于光远这里所说的显身货其实就是具有符号象征意义的商品，对显身货的消费体现了个体的社会地位、爱好、性格等。尤其是大众传媒塑造并传播的商品符号价值的消费成为人们身份表达的重要途径。乔治·瑞泽尔在《后现代社会理论》中指出，"通过各种物品，每个个体和每个群体都在寻找着他或她自己在一种秩序中的位置……通过各种物品，一种分层化的社会开口说话……"[②] 大众传媒将商品塑造成为能够代表并区分人的身份、地位、阶层等的符号，将符号价值宣扬成为能够展示个体身份认同的标准，大众越来越多地通过符号消费进行个体身份认同的建构，于是，符号消费便构成了人们的一种新的社会识别体系。

## 第三节 青少年身份认同的符号转向

符号消费是对使用价值消费的背离，当这种背离达到极端的时候，即完全放弃真实世界中的使用价值消费而走向拟像世界中

---

① 于光远：《谈谈消费文化》，《消费经济》1992 年第 1 期。
② ［美］乔治·瑞泽尔：《后现代社会理论》，谢立中译，华夏出版社 2003 年版，第 110 页。

符号价值的消费，就会为个体带来一系列问题并导致社会的失序。青少年对符号消费的认同就是这一极端背离的表现。当代青少年喜欢标新立异、张扬个性，希望通过展示与众不同的特质吸引眼球、博得关注，得到社会和他人的认同及肯定。商品的符号价值作为个体地位、身份、品位、个性等的象征正契合了青少年的这一发展特点。对于青少年来说，符号消费的象征意义一方面体现了个体的内在精神世界，即个体的自我认同，另一方面则体现了个体的外在社会关系，即个体的社会认同。从现象上来看，符号消费是对消费者个性、身份的凸显，然而符号消费的实质却是大众媒介操纵下的系统行为，因此，符号消费所凸显的个性并不是个体真实的个性，而是大众媒介为大众打造的"个性"。在大量商品符号的包围中，理性思维判断能力本就尚未充分发展的青少年更是失去了其理性和判断力，被符号所驯化，消解了其主体性，深陷于符号所具有的身份、地位等的象征意义的旋涡之中，殊不知对符号身份的认同更偏离了其对真实自我的认识，丧失了其个性和自我。

## 一　青少年对符号的追逐

消费社会为人们提供了丰富的令人眼花缭乱的各种符号，符号成为人们竞相追逐和崇拜的图腾，不可避免地将人们引入消费的误区。对商品符号的追逐在青少年中表现尤其显著，在以消费作为身份认同建构手段的今天，青少年更是通过符号消费来凸显其自我和个性，主要表现在品牌符号的消费、对偶像明星的模仿消费、消费空间的选择、信用卡和电子消费方式的利用等。

### （一）品牌——身份的象征

在符号消费中，人们消费的是商品的符号象征意义和内涵，商品具有多层符号意义,首先是商品的造型、色彩、包装等外观上的示差符号;其次是商品所代表的地位、身份、个性等的象征符号;再次是商品消费的空间符号;最后是消费者在消费商品时享受到的服务仪式,也是一种符号。符号消费的集中体现就是品牌消费,在今天,人们将商品的品牌作为构建及维持身份的手段与工具,商品的品牌成为"图腾"和象征差异的符号,成为消费的对象。有一项调查报告指出,在对"品牌符号能标志出消费者的哪些特征"这一问题的回答中,选择"身份地位"的消费者高达50.7%。[①] 作为符号的品牌不仅意味着商品的档次、质量等,还表达了消费者的身份、地位、品位、个性等,也就是说,品牌不仅是物有所值的商品,它还具有潜在的巨大的附加值,即对消费者的社会地位和身份的宣示与确定。

当代青少年尽管仍处于无收入或收入甚微的状态,但却拥有令人不可小觑的消费实力和相当的消费决策权,品牌的符号价值成为青少年消费的主导性因素,对品牌的推崇和热爱甚至达到了白热化的程度。例如在用餐时间,肯德基、麦当劳里排队用餐的学生,统一的校服搭配各个品牌的限量版运动鞋,以及随身携带的iPhone、iPad,吃、穿、用无不凸显出品牌特性。早在二十多年以前就有学者指出中国青年消费的一大趋势将是"品牌消费追赶时尚"[②]。青少年在消费时更注重商品的文化象征意义和内涵,商品的品牌、时尚、潮流是青少年消费的首要条件。有调查指出,"超过一半的青少年消费时首先考虑品牌产品,非品牌产品

---

[①] 联商网:《名牌购物袋热销折射"符号消费"误区》(2012年2月22日),http://www.linkshop.com/news/2012196615.shtml.

[②] 黄志坚:《五年预测:中国青年消费八大趋势》,《中国青年研究》2001年第4期。

第三章　符号消费对青少年身份认同的冲击　93

一般不予考虑。在他们的心目中，'品牌代表品位'"[1]。青少年选择品牌产品主要在于其名气大、技术先进、品位高等特点（见表3-1）。该调查还指出，"六成青少年明确表示更喜欢国外品牌。他们认为'国外品牌代表着高品质、流行和时尚'，'用洋品牌更能得到朋友们的尊重'"[2]。

表3-1　　　　城市青少年认为品牌产品具有的特点

| 选项 | 比例 |
| --- | --- |
| 名气大 | 31.3% |
| 品质高 | 2.1% |
| 技术先进 | 34.1% |
| 价格高 | 16.3% |
| 品位高 | 17.7% |
| 历史悠久 | 18.3% |
| 特别的名字 | 5.4% |
| 文字、图案及组合特殊 | 9.6% |
| 广告量大 | 21.7% |
| 其他 | 5.6% |

数据来源：熊德：《城市青少年消费行为与品牌消费心理调研报告》，《中国青年研究》2006年第8期。

青少年的品牌消费行为促进了产品的优化升级，很多企业为占领青少年消费市场，在优化产品使用功能基础上，为产品注入了新的内涵和品牌精神。例如，歌手Z为Y通信公司代言的广告，"音乐盛典，到了我的地盘！M-Zone动感地带。我的地盘，

---

[1]　熊德：《城市青少年消费行为与品牌消费心理调研报告》，《中国青年研究》2006年第8期。

[2]　熊德：《城市青少年消费行为与品牌消费心理调研报告》，《中国青年研究》2006年第8期。

听我的！"体现了消费者的品位和独特个性；运动员 K 为运动品牌 A 代言的广告，"我选择，我喜欢。"突出消费者的个性；B 饮料用演员团体 F 做代言，体现其"年轻一代的选择"这一品牌内涵和精神等，诸如此类的品牌广告不胜枚举。这些品牌为青少年展现出了象征个性、时尚、品位、独特等的身份特征，品牌所蕴含的社会文化符号意义深深地吸引着青少年。在品牌消费中，其形式远大于其内容带给消费者的意义，品牌消费正应了这一推断，"我吃的不是汉堡包，而是麦当劳这种品牌；我喝的不是可口可乐，而是可口可乐这种品牌；我穿的不是西装，而是皮尔·卡丹这种品牌；我驾的不是汽车，而是劳斯莱斯这种品牌；我用的不是香水，而是 CD 这种品牌……"① 消费的不是内容而是品牌。青少年对品牌商品的青睐主要依赖于品牌商品的象征意义所具有的两个功能：它对外具有社会象征意义，体现着消费者的社会地位；它对内建构了个体的自我身份，满足了个体的归属需要。

  品牌商品不仅具有物质实用价值，还是社会身份、地位的象征。事实上，不论在任何社会，不同阶层的人所消费的商品都是完全不同的。在经济上处于较低阶层的人无力消费名牌商品，只能消费廉价的商品，而处于较高阶层的人有能力且也愿意消费品牌商品，因为品牌是社会地位、身份的象征。品牌消费的阶层区分这一功能也吸引着青少年群体，消费品牌产品不仅证明了其所属的社会阶层地位，还体现了其个人或家庭的社会地位和经济实力。在现代社会中，品牌消费已成为特定阶层人员的象征和标志，而青少年在消费中追求品牌和名牌已逐渐成为普遍现象，青

---

① 刘莉：《被编码的生活——广告》，云南人民出版社 2004 年版，第 42 页。

少年通过品牌消费对自我进行包装和社会定位，并依此对自己的未来做出规划。青少年在品牌广告渲染的享乐主义生活方式、时尚潮流消费的驱动下，竞相追逐品牌、名牌，炫耀摆阔，盲目追风，追求消费带给人的满足，丧失了对人生意义的价值追求，沉溺在消费所带来的虚假的自由、平等的幻想之中，自我的主体性丧失，人成了消费的机器，消费和占有更多的物成了唯一的目的，呈现出明显的物欲化状态。有些青少年习惯于用名牌、品牌武装自己，通过从头到脚的品牌叠加实现自我身份的外在认同，以此达到与其他不同群体区分的目的。青少年品牌消费的心理不仅体现了青少年对于自我价值的物态化取向，也反映了青少年无法适应因快速流转的时尚品牌带来的生活方式变化而产生的躁动心理。

青少年通过品牌消费不仅实现了外在他者对其社会阶层、地位的肯定与认同，还实现了个体对群体文化的认同，获得了群体所属感，找到了自我的归属。品牌消费具有显著的群体性特征，品牌成为个体区分所属群体和不同群体的依据。从表面上来看，品牌消费只是对所属群体成员消费的模仿，其实质则是个体通过消费表达其群体归属感。社会心理学的观点认为，青少年的品牌消费是一种文化崇拜，当这种崇拜发展到不可遏制的程度时，个体就丧失了自我的主体性，个体的消费行为就变成了对群体成员的盲目跟风。青少年在品牌消费中实现了精神和心理上的满足，却失去了消费的主动权，沦为商品的奴隶。在符号消费的文化语境中，品牌通过广告文本及影像向消费者传达其表征功能和象征意义，使人们认同这一文化身份与生活方式。青少年则因好奇、易受暗示等特点，更易于被品牌符号制造的消费欲望所俘获，深陷于品牌符号的身份象征功能陷阱之中，难以自拔。

## (二) 示范性认同——偶像效应

在《日常生活中的自我呈现》中，戈夫曼指出人的角色就像是面具，每个人都竭尽所能地呈现出与这个面具相符合的自我，使自我契合角色的要求，从而实现理想自我。① 理想自我是个体身份认同的核心部分。个体总是参照某个或某些自己喜欢和崇拜的理想群体作为参照群体，通过理想群体成员的示范，接受参照群体的认同框架，塑造理想自我，实现自我身份认同。青少年具有多变、易受外界影响和暗示的特征。他们在公共空间、学校、家庭之间游走，在传媒广告、同伴群体那里探索、发现可供选择的生活方式，为未来的独立生活做准备。青少年处于人生的转折期和身份认同形成的关键时期，其身心特点决定了青少年乐于接受新鲜事物、易受新生事物的诱惑。青少年心理的不成熟和认同的未定型也决定了他们易受传媒、同伴、偶像、榜样等的暗示和影响。由于青少年的身份认同正处于形成时期，而未来又是不确定的和开放的世界，他们就急切地寻找可以作为自身身份认同参照的理想群体，青少年最容易受参照群体在消费方面的示范效应的影响。青少年中的追星族就是最好的例证，研究证明，偶像、明星是青少年示范性认同形成的主要参照群体，明星、偶像成为青少年模仿的对象。

在当今社会，对青少年身份认同产生示范作用的群体中，影响最大的就是明星、偶像。有调查②发现，在被调查对象中，92.5%的青少年有自己喜欢的偶像；82%的青少年所崇拜的偶像

---

① [美]欧文·戈夫曼：《日常生活中的自我呈现》，冯钢译，北京大学出版社2022年版。

② 杨爽：《互联网影响下的青少年偶像崇拜调查》，硕士学位论文，东北师范大学，2012年。

是歌星、影星；选择偶像的依据主要在于其"优雅的气质和风度""独特的个性""俊美的仪表和容貌"，主要集中于偶像的外表和个性品质，并不太关注其价值观、人生观及受教育程度。这些数据为我们解释在青少年学生中哈韩、哈日、雅皮士文化、小资文化等的流行提供了依据。尼采在100多年前就写出了《偶像的黄昏》，但是在今天的社会，我们非但没有看到"黄昏"的降临，对偶像的崇拜反倒像是旭日朝阳，蒸蒸日上，唯一变化的是偶像的对象已转移为文体类明星。青少年通过偶像的示范性认同来构建自我认同的途径主要是消费，即偶像消费。青少年的偶像消费主要表现在两个方面，一方面是对偶像的隐私、动态、形象等内容的消费；另一方面是对明星代言的社会物质商品及服务的消费。

偶像明星之所以能够成为青少年身份认同建构的示范来源，就在于偶像明星在某种意义上来说也成了一种可供消费的符号。偶像明星在大众媒介的包装之下，成为代表某种生活方式的符号载体，经过媒介的正面包装、宣传，明星留给受众的印象就是美好、潮流、时尚、个性、现代等，明星也成了这些美好形象的符号。大众传媒在其商业利益的驱动下，通过与商家的合谋，将偶像打造成一种消费符号，大众媒介采用电视剧、电影、娱乐节目、广告、时尚杂志等方式，在无形之中为受众提供了消费主义生活方式的示范，诱导着受众的符号消费欲望。在大众媒介将明星打造成为大众的消费范式过程中，偶像崇拜、追星也成了一种流行时尚，在大众中产生一种偶像效应。偶像崇拜、追星也是大众对明星的符号化消费，表现出了大众消费的欲望与行为。大部分受众在追星的过程中并不仅仅限于单纯的媒介消费，还表现在因对偶像明星的认同而产生的与明星相关的一系列产品进行的消费，通过这种偶像消费寻求自我认同。

大众传媒在将偶像打造成消费符号的同时，将偶像与各种商品之间建立意义联结，扩大青少年的偶像消费空间。为了实现经济利润的最大化，大众媒介一方面通过对偶像的靓丽、个性等各种美好形象的呈现来吸引青少年，另一方面不断打造新的偶像，为青少年的偶像崇拜注入新的刺激，使青少年陷入这种无止境的偶像消费中。从某种程度上来说，与偶像有关的各种媒介商品以及偶像代言的商品，都附带有了偶像的符号特征，成了偶像的替代品，成为青少年了解偶像的重要方式。青少年在对这些商品消费的过程中，不仅获得了使用价值，还获得了各种符号意义，如快乐、时尚、自我认同等。通过这种偶像消费，青少年实现了自我表达，他们在偶像消费中追寻自我，获得了极大的心理安慰。但是，青少年在这种消费行为中，过分追逐商品的偶像符号价值，并将其看作是人生意义和价值的全部，如 YLJ 事件（华语乐坛 LDH 的歌迷），这种极端的偶像消费势必造成其自我的迷失和空虚。同时，大众媒介的商业化本质决定了其在对与偶像相关的商品进行宣传时，只注重宣扬商品的物质性、享受性、象征性等特征，体现了媒介文化的功利性、世俗性、肤浅化本质。因此，由大众传媒操纵的青少年偶像消费并没有为青少年构建自我认同提供一个坚实的基点，对偶像的示范认同使青少年趋向于物质化、碎片化的自我认同，更加重了青少年在身份认同建构过程中的迷茫和焦虑。

（三）消费空间的符号魅力

空间从产生之初就具有了社会意义，只是其意义在很多年以后才被人们重视。真正揭示出空间的社会内涵的是列斐伏尔，他认为空间是流动多变的，是多元的，是社会关系的产物同时也生产社会关系,"空间里弥漫着社会关系;它不仅被社会关系支持,也生产社会关系和被社会关系所生产"[1]。消费空间是社会空间的一部分,是人类活动空间分化的结果。在消费活动中,不同地位、身份、经济水平、消费观念的人形成了不同的消费中心,即不同的消费空间,不同的消费空间也展示了消费者不同的身份地位、品位等特征,因此,消费空间也具有了符号意义,成为商品的附加符号,甚至于出现了消费空间比消费的商品更重要(或更具象征意义)的现象。消费空间被冠以某种符号意义之后就显现出了其分类的功能,也就是说消费空间本身就具有社会区隔的功能。不同的消费者选择不同的消费空间往往就体现出了不同的身份地位、品位、个性等,消费分层这一规律也适用于消费空间。通过消费空间的差异强调个体归属于某群体,凸显出个体间的差异,消费空间的这种差异化实现了消费的社会标识功能。通过消费空间区隔功能的符号化,消费者不仅消费商品的使用价值和符号价值,还消费着空间的符号意义,从而进行自我身份的认同。消费空间可分为私人消费空间和公共消费空间,能够彰显出青少年身份的主要是公共消费空间的符号特征(在下文中若无特殊说明,消费空间即指公共消费空间)。消费空间主要包括大型购物广场、商业广场、大型超市、购物街、品牌店、专卖连锁店、餐馆、酒吧、娱乐休闲场所、旅游地等,消费空间的符号意义主要表现在两个方面,一方面是消费空间的构造具有符号色彩,不论是消费空间地理位置的选择,还是其内部的布局、装饰,以及对于品牌和商品的选择,都具有某种符号意义,品牌、商品的符号意义与消费空间产生某种联结,呈现出符号化的消费空间;另一

---

[1] 包亚明主编:《现代性与空间的生产》,上海教育出版社2003年版,第48页。

方面是，符号化的消费空间建构起来以后，得到人们的广泛认可，消费空间也成了人们消费的对象，消费空间本身也被赋予了某种符号价值，消费空间实现了向符号的转化。

"符号消费不仅仅表现为对单个商品符号价值的占有和展示，在一定程度上，它还意味着对商品空间的消费。"① 商品空间即消费空间，在消费社会中，消费空间也具有了符号意义和价值，消费空间的符号化赋予商品特别的符号意义，如一件商品，放置于大型商场与放置于街边小店，其象征意义就截然不同，不同的消费空间显示了消费者不同的身份、品位、时尚等特征，因此，从一个人的消费空间可以大致推断出一个人的身份特征。对于青少年来说，由于受经济能力限制，其实际购买力与消费欲望之间有很大落差。以青少年购物为例，一些大型商场、超市、品牌店等价格一般都比较昂贵，但这些消费场所还带给消费者各种时尚消费信息，这里有优雅的音乐，贴心的服务，在这里消费者真正体会到"顾客就是上帝"的感觉，"商场的设计和布置处处体现出一种由'奢华'所构成的高贵与优雅的氛围，从而使其中的商品获得了一种高贵的品位与社会象征意义"②。罗莎林德·威廉斯曾对现代商场的特征进行过描述，现代商场将丰富的商品信息呈现给消费者，消费者可以自由走动，可以自由决定购买行为，商场中商品具有固定的价格，免去了消费者与商家砍价的烦琐，在商场购物可以进行分期付款。③ 基于现代商场的这些特征，青少年可以自由进出、观看、选择以及自由决定买还是不买，商场还遵

---

① 班建武：《符号消费与青少年身份认同》，教育科学出版社2010年版，第113页。
② 班建武：《符号消费与青少年身份认同》，教育科学出版社2010年版，第114页。
③ Rosalind Williams, *Dream Worlds: Mass Consumption in Late Nineteenth-Century France*, Berkeley, Calif: Oxford University Press, 1982.

循着"金钱面前人人平等"的原则,因此不管是什么人、有没有经济能力,都可以观看甚至免费试用。所有人都可以免费逛商场、看商品,从这个意义上来说,青少年就是真正的"顾客"(看客)即只看不买或者很少购买商品。但逛商场本身也是一种消费,是对消费空间的符号价值的消费,尤其是对于一些女性青少年,漫步于梦境般的商场中,琳琅满目的商品以赏心悦目的景观、形象和符号呈现,给人带来快感。青少年由于经济能力有限,大多时候只逛不买,但逛商场本身也是一种消费活动,是对商品所代表的形象、符号的消费。同时,商品是流动的,各种新商品不断登场,这种不断流动的符号成为商场中新的景观,满足了青少年的视觉消费。

但也正是商品的流动性的增加,使青少年身份认同产生了困扰。现代城市已经成为各种消费空间的聚合地,各种消费信息包围着处于城市空间中的现代人。针对青少年的各种传播商品信息的广告、杂志等比比皆是,青少年的生活被各种诱人的时尚潮流信息所充斥,各种消费时尚不断兴起,面对如此多的消费信息、时尚信息,青少年必须对消费信息进行选择,从中找出与自身个性相符且能得到同伴群体成员认可的商品,通过对此类商品的消费建构自我身份认同。而城市消费空间中的商品价格相对较高,大型购物中心、商场中的商品展示给人的也是金钱至上、物质享受的理念,通过所消费商品的消费空间对消费者的身份地位进行区分,使青少年容易形成享受型人格,并倾向于以金钱等外在物质作为衡量一个人身份的标准。

## 二 青少年符号消费的特点

当代青少年对符号的认同是受符号消费影响的结果,符号消费满足的不是个体的需要，而是个体的欲求。在大众媒介的推动下，符号消费所传递的个性、品位、新潮、时尚等契合了青少年发展的特点及其需要，得到了青少年普遍的认同，符号消费成为青少年构建自我身份认同的手段。为了认识自我、建构自我身份认同，青少年占有大量的符号和商品，追逐时尚、个性、新潮，通过消费商品的符号象征意义占有符号，形成了对符号消费的认同。由于符号消费的流变性、物质享受性等特点，青少年在通过符号消费构建自我认同的过程中表现出了物质享受超前与精神发展滞后并存、追求时尚个性化与从众并存、人的自由与受物的控制并存等特点。

（一）物质享受超前与精神发展滞后并存

青少年通过符号消费确认自我身份认同，符号消费的物质性特点决定了青少年符号消费认同的物质享受性。通过符号消费占有商品的符号象征意义，是青少年进行自我表达和身份认同的主要形式及来源，青少年通过占有商品的符号象征意义，彰显自己的身份、地位、个性，实现自我身份认同，这已经成为青少年相互追赶的一种潮流，主要体现在两个方面，一方面青少年在消费实践中通过对符号的消费表达其社会认同，通过炫耀展现其自身价值；另一方面青少年利用商品符号附加意义的社会编码功能展示其地位、身份和品位，并通过社会编码系统展示其社会等级，利用符号消费进行社会交流和表现。青少年符号消费认同的物质享受性的最明显的表现就是通过超前消费进行攀比和炫耀，以此彰显个体的身份、地位等。当代的青少年虽然经济能力有限，却具有令人不可小觑的消费能力和消费潜力，为了凸显自己的身份、地位，不甘心落后于人，为了超越他人，青少年在消费时讲排场、比阔气，他人没的，自己要有，他人有的，自己更要有，对物质商品的攀比、炫耀消费日趋严重。

在当代"丰裕社会"中，大量的商品符号因其强烈的感官刺激对青少年产生了极大的诱惑力，致使青少年放弃了对自我意义与精神价值的追求，深陷于物质享受的旋涡之中。符号消费遵循的是享乐主义原则，在广告等大众媒介的推动下，人的消费欲望被不断制造出来，为了满足不断膨胀的欲望，人们拼命消费以追寻社会存在感和价值感。当今的青少年大多为独生子女，从小生活在物质丰富的环境中，追随时尚潮流的物质享乐主义，将对奢侈品、名牌等的物质占有作为自我夸耀的资本。尤其是一些家庭条件较好的青少年吃、穿、用均以名牌示人，甚至以家庭的经济收入、住房、私家车等来证明自己的身份、地位。在大众媒介的包装之下，时尚消费成为品位、个性的代名词，青少年为了展示自己的个性、品位，对时尚消费更是趋之如鹜。时尚消费是个体为了摆脱被标上"落伍""乡巴佬""土"等社会污名的恐惧，时尚消费作为一种符号消费，表达了个体的自我认同和社会认同，时尚消费是消费者"渴望被目标群体所接纳、与社会的目标形象要求同步的情感与需求"[①]的表达。很多青少年通过时尚、前卫、新潮、个性的消费方式获取自我价值及物质上的幸福感，并通过时尚消费显现时尚、个性的自我认同以满足自我的虚荣心，时尚消费将自我的实现与风格化、个性化的消费融为一体，使个体沉溺于物质享乐的消费怪圈中。

在享乐主义蔓延的今天，对符号象征意义的追逐，对物质享受的向往，以及现实的激烈冲突和社会流动性的加剧，使人们的斗志被消解在物质消费的泥潭中，在现实面前很多人放弃了理想

---

① 王宁：《消费社会学——一个分析的视角》，社会科学文献出版社2001年版，第207页。

和精神追求，向往一种物质享受型的生活方式。在物质享乐主义价值观的影响下，很多青少年将人生价值定位为对物质的大量占有、及时行乐，导致物质享受超前而精神追求滞后，一味地追求物质带来的感官刺激，丧失了精神追求的动力，人最终成了物的奴隶，在当下社会中，很多青少年处于这样的状态，只生存不生活，思想空洞，只注重对物质的占有而忽略精神的发展。从某种意义上来看，消费主义倡导的物质享乐主义成为消费者满足欲望的"鸦片"，因为它在挑起人们的消费欲望、引导人们消费至上、使人们沉浸在物质享受中的同时，麻痹了人的意志，使人成为消费的机器。当代青少年以"我消费，故我在"作为自我存在感的证明，奉行"能挣会花"的精神，在广告等大众媒介的推动下走向对物的崇拜，通过对物的占有和对物的符号意义的消费满足其欲望，展示其身份、地位及品位，将占有物的多少及其符号意义作为自我价值的标志，这种价值观腐蚀了人的心灵，忽略了人的精神需要和发展，出现精神沙漠化现象，对物的疯狂占有和消费正是对其内在空虚的精神世界的掩饰。在消费享乐主义的影响下，更多的青少年以追求和占有物质财富作为人生目的，以物质享受来衡量人的价值，认为在消费和享受中才能体现出人的价值和意义，造成"物质富有，精神空洞"的存在状态，成为马尔库塞口中的只追求物质利益的单向度的人。

（二）追求时尚个性化与从众并存

现代消费作为一种社会生活方式，已成为人们实现自我、展现自我的方式和工具。随着社会物质的极大发展，消费呈现出多样化趋势，消费尤其是符号消费的多样化为个体展现自我提供了更多的选择空间，也为个体对个性化的追求提供了更多的选择机会。青少年易于接受新生事物，其在通过符号消费构建自我身份认同的过程中，力求通过时尚、个性、奇异的消费特点彰显自我的身份、地位。青少年通过特立独行的时尚个性化消费显现自我认同的同时，表现出因害怕与大多数人表现出不同的行为而落单，造成心理压力，就迫使自己与大众保持一致，求同存异，随波逐流，盲目从众，紧追大众时尚潮流。因此，青少年在通过符号消费构建自我身份认同的过程中，同时表现出既追求个性、独立的时尚个性身份，又追求合乎社会潮流及规范、符合大众期望、同龄群体所认同的身份。

当今时代是大众传媒的时代，大众传媒不仅创造了商品的符号价值，而且利用其无孔不入的特点将消费的符号价值在人们之间进行传播和扩散。青少年由于其可塑性强、易于接受新生事物等特点，最易受到大众传媒的影响和暗示，大众传媒在潜移默化中影响着青少年的消费认知、消费态度及消费行为，使青少年将消费作为对自我进行定位及构建身份认同的手段和方式。当代青少年具有自信、独立、个性、张扬的特点，喜欢表现自我，展示自我与他人的不同，强调自我的独特性，青少年对时尚个性化身份认同的寻求正是大众传媒的渗透及偶像明星示范的结果。大众传媒通过对商品符号价值的创造和包装，将商品打造成时尚、个性、活力、青春等符合青少年特点的形象，吸引着青少年的眼球，引起青少年的心理共鸣，引导青少年通过对商品的符号意义的消费构建身份认同。当代青少年自诩为潮人一代，从着装、行为，到品位等，均显现出时尚的个性与潮流。他们对自我形象、个性、时尚有着独特的理解和认识，并注重自身形象的打造。例如 Y 通信公司某产品的广告"音乐盛典，到了我的地盘！M-Zone 动感地带。我的地盘，听我的！""我的地盘我做主"，服装品牌 MTSBW 的"不走寻常路！"等，有很多针对青少年的广告，都是对青少年独立、自主、自由、个性的形象的塑造，迎合了青少年个性化消费的需求，以此吸引青少年消费群体，青少年也借此构建个性化的自我认同。正是通过大众媒介的渗透影响及偶像明星的示范效应，青少年对符号消费这一生活方式产生认同，并在符号消费中张扬自己的个性、展现活力，紧追时尚消费潮流，通过对富有鲜明个性和独特风格的商品的消费，以各种方式和途径展示自己，凸显其时尚个性的身份特征。

在心理学中，从众指的是一种群体的规范形式，它指的是个体在群体的压力之下，会采取与大多数人一致的行为而放弃自己的意见。人具有社会性，在社会中，人以群居的方式生活，为了维护群体的稳定和利益，群体会形成一定的舆论、风气等行为规范，给人产生一种无形的心理压力，迫使人做出符合规范的行动。从广义上来讲，日常生活中的"随大流"也是一种从众行为。例如，青少年为了获得同伴群体及其他群体的认同，模仿同伴群体的消费行为就是一种从众行为。当代青少年通过符号消费塑造时尚个性化的身份特征，同时，他们也希望能够得到同伴群体及其他社会群体的认同和接纳，在求同心理的作用下，青少年在符号身份认同的构建过程中又表现出从众的特征。青少年的自我主体意识较强，在人生中身份认同形成的重要阶段，通常会以同伴群体作为身份定位的参照群体，依据同伴群体的消费认同获得身份认同和群体归属感。青少年在通过符号消费构建自我身份认同的过程中，为了避免因过度"另类"而被他者视为"异类"，避免被他人和群体排斥，就会尽量购买与大众一致或相似的商品符号来构建自我身份，即表现出从众的特性。

（三）人的自由与受物的控制并存

在当今社会，青少年被丰富的物所包围，面对琳琅满目的商品，青少年有了更多自由选择的机会和权利，可以自由选择商品、自由选择购买与否，在消费活动和消费行为中，青少年表现出了极大的自由性特征。然而这种自由并非真正的自由，也并未带给人幸福和满足，是一种表面现象，在符号消费中，商品符号成为人的身份的象征，个体看似自由地选择活动，其实是受商品的符号控制的，商品的符号象征意义控制着人的商品选择和购买行为。因此可以说，在符号认同形成过程中，既表现出人的自由的表面性，又表现出物对人的控制。

符号消费社会中，物的极大丰富和多样性给人们提供了更多的选择机会，也为人们提供了更多表现自我的方式，这些正好契合了青少年追求自由、独立个性的特点。"我选择，我喜欢"就是对当代青少年愿望的真实表达，在消费领域，"顾客就是上帝"，不分年龄、性别、种族、贫富……青少年在消费中更能使其主动性得到有效发挥，通过消费展现其兴趣、爱好、个性，自由选择自己所喜欢、中意的商品，满足自己的各种需求和欲望。在消费中，对于消费的内容、范围、方式、类型等，消费者均可以自由选择、自由决定，可以完全遵循自己的爱好、目的和意图进行自由消费，甚至可以自主设计自己喜欢的产品，给消费者的消费提供了广阔的自由空间。

从一定意义上来说，消费是对个体的个性、品位、身份的展现，也体现了个体与社会之间的交流沟通。然而，如果因此将对物的追求和占有作为人生的目的和意义，人围绕着物转，物处于整个生活的中心，那么物与人的关系就颠倒了，就成了本末倒置，物成了人的主宰，人则成了物的奴隶。人作为一种社会存在物，不仅是一种事实存在更是一种价值存在，正是人的价值性存在体现出人对意义世界和人生价值的追寻，才凸显出人类的独特性。人生的意义和价值主要就体现在个体对社会的作用和意义，主要表现为人在实践中的创造性价值。然而，在消费主义的影响下，当代人往往将对物的占有和消费视为人生的意义和价值所在，当对物的占有以及占有的多少成为人们衡量自身价值及身份地位的标准时，物就成了控制人的工具，物被神化了。这时，人与物之间的关系就发生了根本性的颠倒，人对商品展开了疯狂的无节制的追求，得到的却是"物的世界的增值同人的世界的贬值"①。物不再为人而存在，相反，人则是为了商品而活着，物因其作为一种社会文化意义的符号象征性存在而成为控制人的一种隐形手段和方式。

## 第四节 符号消费认同对青少年身份认同的影响

当代青少年通过符号消费建构起来的符号消费认同对其身份认同产生着极大的冲击力和影响。青少年符号消费中最具有代表性的就是对品牌符号的消费和对偶像的消费，然而，符号具有任意性，符号价值是广告媒介在符号和商品之间的任意联结，符号与商品之间既不具有逻辑上的关联，也不具有理论上的意义关系；同时符号还具有流变易逝性，商品的发展不断推陈出新，更新换代相当迅速，商品符号的这些特征决定了青少年通过对符号的认同来构建身份认同的过程中，不易形成自我的同一感或自我的一致连续性，导致自我的碎片化或自我同一性的断裂。当代青

---

① 马克思：《1844年经济学哲学手稿》，人民出版社2018年版，第47页。

少年忽视精神的发展，缺乏精神追求的动力，将人生的意义和价值视为对物的大量占有，使其产生物质财富丰富而精神沙漠化的存在状态，导致自我意义感的丧失。青少年在符号消费中追求新异、个性、独立等，然而个性消费不过是商家欺骗消费者的一种高级手段，其实质是一种"伪个性"，当青少年识破这一骗局之后，又会投入新的"个性"消费之中，就这样陷入这一怪圈循环之中，为了凸显自我却永远无法达到自我认同的实现。

## 一 自我同一性的断裂

自我同一性又称自我连续性，是指个体在时空演进过程中通过自我发现、自我思考、自我接受而形成的自我认同，是个体的过去、现在和未来在本质上保持连续一致、持续性的状态。自我同一性本身具有一定的稳定性。青少年时期是个体自我认同形成的关键时期，青少年通过对符号的认同来构建自我身份认同，这对其身份认同最大的影响就是造成青少年自我同一性的断裂，即产生碎片化的自我。这种碎片化的自我既是符号消费社会的多元化、流动性造成的后果，也是对符号消费社会多元化、流动性的现实反映。

在符号消费推动下的时尚、品牌的内在动力就在于其不断地自我否定和更新，这种自我否定和更新组成了一系列转瞬即逝的时尚消费潮流，流行时尚的短暂性构成了现代符号消费的重要特征。正如前文所述，商品的符号价值是大众媒介在商品和符号之间的无限联想和嫁接，商品和符号本身并没有必然的联系，商品的符号价值的创造是商家和大众传媒为了引诱、促动消费者进行消费的手段。这就意味着必须赋予商品各种不同的新的文化象征意义，商品也因此而显得更为高贵、上档次。流行时尚的短暂性决定了商品的符号意义的不稳定性和短暂性，为了迎合消费者的消费潮流，就要推出具有新的符号象征意义的商品，即新的时尚潮流。在坎贝尔看来，这里新的含义有三层，第一是与旧的、过时的东西相对的新事物；第二是与产品的效率的提高和新技术的应用有关的新发明；第三是不熟悉的或者新奇的、古怪的事物。①

青少年在通过时尚、品牌消费构建身份认同的过程中也表现出了对坎贝尔所说的三种新的时尚潮流的追逐。例如，有些青少年以个体所占有物品的新旧程度来判断一个人的金钱地位，以不断占有新产品和丢弃旧物品作为展示其自身或家庭金钱资本地位的手段，获得相应的社会身份，引起他人的羡慕。当代的青少年生活在物质丰裕的时代，他们从小较少受到节俭思想的影响，而是不断地占有新的物质产品，打开他们的衣橱，有些简直就可以开一个小型的衣服商店了，很多衣服都没怎么穿过，有些甚至吊牌还在，只是因为过时了、不喜欢了，就被闲置了，不断地追求、购买新的时尚、新的品牌服装。还有一些青少年热衷于购买高新技术产品，在高新技术迅猛发展的今天，各种高新技术产品更新换代的速度非常快，以青少年经常使用的手机、电脑为例，手机从原来的非智能机到智能机，电脑由原来的台式机到笔记本等，有些青少年对这些电子产品的迷恋到了常人难以理解的地步，不管自己使用的产品是否过时、破旧，只要市场上出现新的产品就一定要买，最有代表性的就是"果粉"（苹果手机的忠实消费者）的存在，从 iPhone 一直追到 iPhone 6。对第三种新事物的追逐是青少年对新潮流的追逐中最为明显的，一旦社会上出现某种新奇的、古怪的商品，最先对其消费的一定是青少年，也最

---

① ［英］柯林·坎贝尔：《浪漫伦理与现代消费主义精神》，何承恩译，新北："国家"教育研究院 2016 年版。

先在青少年群体中流行开来。在大街上川流不息的人群中，最为显眼的一般都会是青少年人群，他们要么身着奇装异服，要么以奇特、古怪的小饰品对自我进行修饰，其典型就是"朋克"① 风潮，通过塑造"另类""异类"的形象，青少年用自己独特的方式诠释对时尚的认识和理解。

青少年对新的时尚产品的追逐既体现出了产品存在的短暂性特征，也体现出了时尚产品的多元化、流动性特征。新的事物不仅具有文化内涵，同时还意味着新潮、时尚，是身份的象征，青少年对新事物的追求体现了他们对自我身份的一种定位和追求。然而，符号消费过程中时尚、品牌的流动性也为青少年身份认同带来了危机，由于品牌内涵的更新或者新品牌的出现，导致青少年对在原有品牌的基础上刚刚建立起来的自我认同进行自我否定，以新的品牌作为构建自我认同的根据，在这种品牌的不断更换中，青少年的身份认同也处于建构—否定—建构的动态之中，造成青少年形成一个个片段的、碎片化的、零散的自我认同，不利于青少年形成稳定的前后一致的自我认同。例如，NK 品牌之前的广告语是"just do it"，其文化内涵是鼓励青少年勇敢去做与众不同的事情，传达的是一种想做就做的自主意识，而现在的广告语改为"I dream"，其含义为要敢于去想，这种理念的转换对青少年自我身份的定位就产生了一定的冲击和影响。在符号消费

---

① "朋克"起源于 20 世纪 60 年代初的英国，最初是一种具有叛逆性的摇滚音乐类型。这种音乐提倡简单，不刻意雕琢，反对当时的音乐流行化和偶像歌手，体现下层社会的现实等。这种音乐很快发展成为一种文化，主要是反对越来越物质化的社会，并宣扬无政府主义。这种文化的拥护者亦被称为"朋克"。"朋克"的服装风格来自其反主流的精神。他们瞧不起那些每天穿得干净整洁，工作挣钱，买车打高尔夫的人。在很大程度上，他们"以丑为美"，不洗澡，住在破房子里，故意佩戴一般被认为丑的饰物，用破旧的物品来提醒社会：不是所有人都一样，不是所有人都认同社会主导的价值观。这种风潮在当时特定的历史背景下，在欧美地区都得到了大量青少年的效仿，最终形成一种"朋克"运动。

的推动下，各种新的更能体现个体个性和身份地位的符号商品源源不断地展现在消费者面前，青少年在各种符号的诱惑之下深陷符号消费的陷阱之中，致使青少年在符号消费中难以形成具有内在意义的、稳定的自我认同。当代青少年对偶像明星的消费和模仿消费就是最典型的例证，偶像明星在商业的包装、炒作之下，不断被赋予各种新的文化内涵，极大地诱发出青少年的消费欲望。品牌内涵的转换以及新旧品牌时尚的更替势必造成青少年品牌认同的迷惑、混淆、中断，从而深层次地影响青少年自我认同的一致性，造成青少年自我同一性的断裂。

## 二 自我意义感的丧失

社会对每一个角色都寄予一定的期待并赋予其一定的价值意义，对社会角色的正确认知和实践是个体获得自我实现的途径。青少年对人生意义和本质的物质化错误理解，致使其在这个物质丰裕的社会里迷失了自我，产生无方向性的无所适从感，甚至找不到之所以为人的根据，在行为上表现出盲从、偏激、随意的特征，其实质是找不到人生价值所在，即人生意义感丧失。青少年自我意义感的丧失不仅是一种心理问题，也是丰裕的消费社会发展的结果。

摆脱了物质匮乏的人们进入了物质丰富发展的当代社会，在消费主义的影响下，人们越来越把占有和消费尽可能多的物质产品作为个人幸福和自我身份确证的手段和方式。从根本上来说，消费主义遵循的是资本的逻辑，为了实现资本的增殖和利益的最大化，消费主义借助现代大众传媒不断制造需求、刺激人们的物质消费欲望，鼓励人们从消费活动中寻找人生的意义和价值。在大众传媒的作用下，商品逐渐被一个个的符号所代替，人们消费的不再是商品用以满足人们基本生存需要的使用价值,而是将商品当作符号来消费,获得商品的符号意义。在消费社会,消费变成了系统化的符号操作行为。正如尚·布希亚所论述的,"消费并不是一种物质性的实践,也不是'丰产'的现象学,它的定义,不在于我们所消化的食物、不在于我们身上穿的衣服、不在于我们使用的汽车、也不在于影象和信息的口腔或视觉实质,而是在于,把所有以上这些[元素]组织为有表达意义功能的实质(substance signifiante);它是一个虚拟的全体(totalité virtuelle),其中所有的物品和信息,由这时开始,构成了一个多少逻辑一致的论述。如果消费这个字眼要有意义,那么它便是一种符号的系统化操控活动(activité de manipulation systématique des signes)"①。根据符号学理论,具有特定功能的商品是相对固定的所指,一旦商品被赋予了各种社会文化意义,商品就上升到了能指的领域,作为能指的商品就成为现代社会中能够操纵人们消费的重要力量。大众媒介尤其是广告将各种文化特性巧妙地融入商品之中,改变了商品的原始内涵,为商品披上了具有不同的符号意义的外衣,不仅刺激着人们的消费欲望,也使商品具有了超越其使用价值的符号价值。

正是由于商品的符号价值超越其使用价值,对人们产生了更强的吸引力,消费才变成了一种系统的符号操作行为,成为人们构建自我身份、地位的重要方式。正是商品对人的身份、地位的象征功能的产生,促使人们越来越通过占有和消费尽可能多的商品来彰显其身份、地位,满足其自尊心和虚荣心。人们在满足自尊的同时,更加强化了将消费当作幸福生活来源的观念和思想,

---

① [法]尚·布希亚:《物体系》,林志明译,上海人民出版社2001年版,第223页。

无限夸大物对人的价值，将物作为个体获得身份认同的重要方式，甚至于将对物的消费作为人生的根本目的和人生意义所在。人生的意义和价值被限定为单一的对物的占有和消费，人自身的丰富性及对精神的追求带给人的意义感早已被人遗忘，对物的消费和占有不仅成为人们认识自身、构建自我身份认同的依据，更成为人们实现人生意义的载体和工具。然而，人们忘了对物的消费和占有满足的仅仅是人的动物性需要，如果将对物的占有作为人生的全部，那么其实质就是将人与动物等同起来了。人不仅是一种动物性存在物，人还是一种价值性存在物和目的性存在物，人不仅要满足基本生存需要，更应该思考诸如什么样的人生才是值得过的人生、什么样的人生才有价值和意义、人生的价值和意义何在、应该如何去实现崇高的理想等这样的问题，只有在现实生活中认真思考并通过实践实现人生的意义和价值，才称得上是有意义的人生。然而，在消费主义崇尚物质享受的价值引导下，人们更多地将幸福看作是占有物的多少和占有物的等级高低，倾心于物带给人的快感，将人生的意义视为人对物的满足。这样，人们陷入了物的丰富包围圈之中，遗失了心灵的精神家园，崇高的人生价值和人生目的被庸俗的物质享受所取代。

　　在消费主义的影响下，人生的价值和目的丧失了，人们在物质变换的世界中寻求物质欲望的满足。然而，人的消费欲望是大众媒介刺激的结果，大众媒介不断制造新的刺激，商品不断更新换代，人的欲望也不断升级，人的消费欲望也永远无法得到满足，为了实现人生的意义，人们就陷入了对物的无限追求之中。青少年由于其人生观、价值观尚未定型，可塑性强，易受外界暗示和影响，因此，容易陷入物质享受主义当中，通过物质消费构建其生活意义，停滞对人生价值和理想的追求，忽视精神的发展，导致其出现精神空虚、空洞的现象，找不到人生的目标和方向。自我方向感的丧失，使青少年那种特有的青春活力、向上的激情、奋斗的精神也随之而去，最终导致自我意义感的丧失。

### 三 虚幻的自我个性化

在消费社会中，消费主义不仅是一种价值观，更是一种生活方式，消费者通过消费展现自我的个性。符号消费所宣扬的张扬个性、凸显自我这一表象，正好契合了青少年追求时尚、独立、个性、自我的特征。在符号消费中，尤其是对时尚、品牌的消费，个体不仅获得了身份、地位的确认，也展现了独特的个性，消费对个体个性的表达体现出了符号消费的差异性原则。

在消费社会中，不同商品的文化象征意义外化为符号之间的差异性，个体通过对商品符号的差异性的消费来展示自我的独特个性和品位。而商品的符号意义和符号价值，正是广告等大众传媒制造的，广告将各种不同的符码意义任意地嫁接到商品之中，人为地将商品包装成各种身份、地位等的表征，而消费者则在广告媒介的引导下追寻能够凸显自我身份和个性的商品。为了追求时尚潮流，凸显与众不同的个性，人们就必须接受并消费广告传媒所制造的一个接一个的符号。然而，时尚是人为制造的，个性也是大众传媒强加给大众的，当大众普遍接受了这种个性之后，广告中所宣扬的时尚、个性就成了最无个性的虚假的个性，成了大众的共性，时尚的流行剥夺了个体的个性。通过某种符号消费建构的个性自我只不过是商家与传媒合谋为商品贴上的符号意义罢了，当这种符号成为一种流行时尚，每个人都可以通过对这一符号的消费获得"个性"时，这种个性也就成了阿多诺所说的"伪个性"，"个性自我"也就成了悖论，个体为了"个性"而消费之后，却发现所有人都消费着同样的"个性"，"个性"被淹没在"共性"之中，自我迷失在大众共同接受的"个性"潮流之中。追求个性、独特的青少年，在由广告等大众媒介操纵的符号消费中也不能幸免，陷入了大众媒介为其编织的"虚幻个性"之网中。

# 第四章

# 网络消费对青少年身份认同的影响

当代青少年的成长期,正是网络新媒体崛起并扩张的时期,先天的社会环境为青少年进入"网络社会"提供了便利条件。对于青少年来说,手机、电脑、网络的吸引力无可比拟,手指轻轻一点就进入了一个全新的世界。有人形象地将当代青少年称为"衔着鼠标出生的一代"。网络为青少年带来了丰富的信息,满足了其交往的需求和自我表现的需要,带给青少年许多与现实生活不一样的体验和感受,满足了青少年在现实中无法实现的欲望和需求,为青少年提供了体验不同角色和身份的机会。然而,网络世界里也并非充满着阳光,网络在给青少年提供了大量的消费信息并赋予青少年自由言论的权利时,也造成了一些青少年网络依赖和主体的缺失,甚至有些青少年在体验到虚拟身份带来的满足和快感之后,不愿面对现实生活,或者无法区分现实与虚拟,为其社会化的实现和身份认同的建构造成负面影响。

## 第一节 网络消费与消费主义

### 一 网络消费——网络技术与消费的联姻

网络消费是网络技术在消费领域的发展和应用。所谓网络消费，从广义上来说，一切上网的行为都是网络消费，只要我们连接上网络，不论是浏览网页、阅读、看视频、上社交网站与他人互动，还是购买实体物品和虚拟货币充值等，这一切都属于消费行为。具体来说，网络消费就是指人们借助现代网络技术来满足自身物质和精神需要的过程。网络消费的实现既需要借助网络技术这一工具，又需要人们根据自身需要为网络消费提供目标导向，网络技术和人们的消费需要共同促进网络消费的巨大发展进步。

计算机电子网络的发展为网络消费的出现提供了技术支持。三次信息技术革命的发生为网络经济的形成提供了前提条件，同时信息技术的发展也直接导致了网络消费的兴起。信息技术通过数字化革命将物转换成1和0的组合，实现了物的数字化。信息技术的又一大革命就是使光纤通信变为现实，实现了信息在全球范围内的即时传播和共享。第三次信息技术革命就是计算机应用的普及，计算机成本不断下降，计算机在人们日常生活中的普及得以实现。物的数字化使得任何物品都能够在网络中显现，通常人们喜欢这样来形容网络上物品的丰富性，"没有你找不到的，只有你想不到的"，"现实中有的它有，现实中没有的它也有"，从这两句俗语中足以可见网络上物品的丰富性。网络通信速度的提升将处于世界不同地方的人瞬间联系在一起，扩大了人们的消费空间以及消费品的种类，同时也节省了人们的消费时间。计算机成本的降低则扩大了网络的应用群体，从而为网络消费提供了更多的消费者。

网络技术不仅为网络消费提供了技术基础，网络技术更导致交易成本的降低，这是导致网络消费发展的根本原因。在网络消费中，商家的店铺是处于网络中的一种虚拟店铺，是一种虚拟空间，与实体消费相比，网络中的商家能够节省店铺的租金，这就降低了其商品的成本，成本降低就会导致交易价格的降低。还有一些生产企业直接在网上售卖商品，避免了中间商环节，这就降低了商品的流通成本，从而能够降低商品的交易价格。交易价格的降低吸引了越来越多的消费者，这就促成了网络消费的不断发展壮大。

互联网自产生之时起就对社会、个人、组织带来了巨大的利益，创造了一个又一个商业神话。互联网促使一个世界性市场的形成，这一市场的规模是以往任何时代都难以达到的，为商家、消费者和生产者提供了一个广阔的交易平台，网络技术的不断进步，使这一交易平台不断完善，促进了网络消费的不断发展。总的来讲，网络技术的发展促进了消费品信息的传播、拓展了人们消费的空间、降低了产品的交易价格，从而打开了消费的市场，为商家和消费者提供了一个广阔的消费平台，促进了网络消费的发展。

网络技术在促进网络消费的形成和发展的同时，人们的消费需求也为网络消费的发展起着导向作用。有需求才有市场，有消费需求的消费者是网络消费的引导者。网络技术为消费者自由表达消费需求、寻找所需商品、对消费实践的自由反馈提供了平台，消费者在网络中可以自由表达自己的消费需求，消费者的消费需求为商家提供了产品生产的方向，能够有效满足消费者的需求，强化消费者进行网络消费的行为。同时消费者在消费之后做出的评论，既为其他消费者提供了借鉴，也为商家改进商品、提升服务指明了方向，有助于商家提供更贴心周到的服务，从而吸引更多的消费者。因此，消费者需求的满足与否，也决定着网络消费的发展。

由以上分析可知，网络消费作为一种不同于传统消费的形式，其兴起和发展是网络技术与消费者共同作用的结果，没有网络技术的发展进步就不可能产生网络消费，而没有消费者的大力支持，网络消费就不会发展壮大。

**二 消费主义影响下的青少年网络消费**

网络消费是在现代消费社会中产生的，必然会受到消费主义和消费文化的浸染。青少年是对网络消费这一新生事物接受最快、使用最多的群体，在消费主义价值观的影响下，网络消费所带来的新奇、时尚、享受等吸引了越来越多的青少年，而青少年在网络消费的过程中更加追求物质享乐主义。消费主义促进了网络消费的发展，网络消费则促进了消费主义的传播，因此，青少年在网络消费中表现出了独特的消费主义倾向。

消费主义不断刺激青少年的消费欲望，青少年的网络消费表现出不断扩大的趋势。随着3G、4G大屏高端手机的上市，网络消费已经不再局限于在电脑上完成，只要能连上网络的地方，用手机随时随地都能实现网络消费。青少年学生生长在互联网发展的时代，对于电子产品尤其敏感，网络消费在手机上也能完成，这一新的网络消费工具带来的便捷性更是受到青少年的热捧，这无疑扩大了青少年网络消费的实现方式。随着网络消费平台的技术不断进步，今天在网络上我们能够买到任何想要的东西，由最初的简单实物小商品发展到充值缴费等虚拟产品，衣食住行等所有的商品都能在网上买到，使青少年网络消费的范围不断扩大。随着社会经济的不断发展，以及网络消费的不断发展成熟，青少年花费在网络消费中的金额也在不断上升，青少年由最初只在网上购买小金额商品，渐渐地发展为大额度的消费新动向，随着高端电子产品的出现,以及网络宣传和网络促销的影响,青少年开始在网上购买大额的数码、电子产品,消费金额不断提高。

  青少年自身发展并未成熟,易受外界环境影响,在消费主义文化的影响下,网络消费的便捷性等特点,给青少年提供了更多的消费机会,使青少年出现了非理性、盲目从众、攀比炫耀、追求物质享受等不合理的消费现象。青少年由于受到消费主义享乐价值观的影响,只要连上网络,就会情不自禁地浏览各种消费信息,根本不考虑自身是否需要,只要喜欢就下单付款。多数青少年在网络消费中出现盲目从众行为,看到别人有的、别人在网络上消费的,自己也要购买,尤其是在节日促销时段,如"双十一""双十二",商家抓住了青少年从众的心理,通过让利打折活动,激发青少年的购买欲,使青少年丧失理性,盲目抢购自身可能并不需要的商品。青少年在面对丰富的网络消费信息时,往往并不明确自身的需求,只为追求网络消费带来的快感,盲目从众,丧失了消费理性。有些青少年为了追逐时尚,不顾自身家庭的经济能力,超前消费,在消费中青少年追求时尚、品位,比如对运动鞋的需求,大多青少年会要求名牌、大牌甚至会要求代购,因为经济支付能力有限,极少部分青少年就会选择分期付款甚至信用卡透支来满足自己的需求,过度追求时尚而采取超前消费是十分危险的一种消费观,一旦消费欲望出现极度膨胀,就会导致青少年出现违法犯罪行为。网络的快速发展、社会的极大进步,青少年已不满足于基本的生活需要,攀比、炫耀成为他们进行消费的目的。在当代青少年眼中,个性、品位更能凸显自我,显示出自我的与众不同,为了突出自我的独特性,青少年在网络消费过程中不仅追求新奇、时尚、潮流,还相互攀比购买的数量和价格,这种扭曲的消费观正是对青少年扭曲的个性的真实反映。消费主义崇尚物质享乐主义，主张对物的大量占有和消费，这一特点在青少年的网络消费中表现得淋漓尽致。青少年网络消费的内容主要集中在服装、鞋帽、饰品、化妆品、食品、电子产品、娱乐等，很少有青少年在网络中购买帮助精神提升的书籍类商品，即使偶尔出现购书热潮也大多是在教师和家长的安排下进行的消费，这一特点表现出青少年网络消费中重物质享受、轻精神发展的问题，这一特点也潜在地说明了当代青少年对人生思考的欠缺。

随着越来越多的青少年参与到网络消费，部分青少年在网络消费过程中的道德失范现象也引起了人们的关注。部分青少年学生在好奇心的驱使下，在网络中消费黄色、暴力、淫秽产品，青少年处于生理、心理发育高峰期，然而，如果青少年自身不能够正确看待和处理这一问题，将会导致严重的社会后果，甚至导致青少年走上违法犯罪的道路。有些青少年在网络消费的过程中使用不文明语言，不仅贬低了自我，也污染了网络消费的环境。更有一些青少年以好玩、恶作剧为理由，在网络消费之后给商家恶意差评。这些现象都说明了青少年在网络消费中的道德约束能力低下，也从侧面反映了一个人的人生观问题。这也是网络消费由于其监管存在漏洞给青少年发展造成的负面影响，如果不对青少年加以引导，必将影响青少年的人生发展。

## 第二节　网络空间的蛊惑：青少年网络消费行为及其分类

网络空间是与现实生活空间相对的一个概念，它是由以虚拟技术为基础的互联网架构起来的对现实生活空间的模仿和超越。网络空间又称为虚拟空间,在网络空间中,人们可以自由地搜索信息、浏览网页、购物、交友、阅读、在线观看视频、玩网游、聊天等,网民在网络中所进行的这一切活动的总和就是网络消费行为,其实上网本身就是一种消费行为。网络文化则是指在互联网中,满足网民在搜索信息、交流、休闲娱乐和商务活动等多种需求的以符号消费为主要方式的文化形态。根据中国互联网络信息中心(CNNIC)发布的《2013年中国青少年上网行为调查报告》,截至2013年12月,中国青少年网民规模达2.56亿,占网民总体的41.5%,占青少年总体的71.8%,较2012年增长了5.4%。[①] 这些数字说明,越来越多的青少年"触网",成为网络的主力军,有被网络"一网打尽"的发展趋势。网络使日常生活变得简单、便捷,拉近了人与人之间的心理距离,正如世博志愿者的口号一样"世界在你眼前,我们在你身边"。对于渴望新鲜事物、具有探索未知精神的青少年来说,网络既为他们提供了各种海量信息和视听盛宴,满足了他们对新生事物的渴望,又为他们提供了对未知进行探索的机会和平台,使青少年的生活变得多姿多彩。而网络文化所具有的开放性、虚拟性、自由平等性、独立自主性等特点,对于求新、求异的青少年来说,就像是精神鸦片,令人难以抗拒。青少年游走于网络之中,沉浸在网络文化带来的狂欢中无法自拔。然而,长时期地沉浸在互联网中,就会失去对现实的准确把握,对网络产生依赖心理,导致网络沉溺。网络沉溺的产生固然与青少年的身心特点不无关系,然而,网络文化本身的特性,以及网络空间为受众提供的丰富内容、虚拟满足

---

① 中国互联网络信息中心:《2013年中国青少年上网行为调查报告》(2014年6月11日),https://www.cnnic.net.cn/n4/2022/0401/c116-762.html.

感和幸福感、虚拟的成功和自我实现则是导致网络沉溺的直接原因。

## 一 青少年：网络文化的促进者和消费者

20世纪60年代美国军方为了防止核打击而发明的阿帕网（ARPANET）被认为是网络诞生的标志，随后，网络技术被应用到其他社会领域，而最早应用网络技术的就包括大学。早期的网络就是在青少年中的"嬉皮士"和"黑客"的"观照"下迅速发展起来的。正是青少年这一特殊群体借助互联网络进行自我表达、自我呈现的同时，又将互联网引入各个领域使其成为人类生活的重要组成部分。即使在今天，提起网络文化，就会使人联想到青少年，网络成为青少年展示个性的舞台，青少年不仅是网络文化的最大消费群体，青少年也在有意无意中创造了自己的网络文化，促进了网络文化的发展。

青少年作为网络空间文化的消费者和促进者，最突出的表现就是网络语言的创造和应用。网络语言是指青少年在网络交流、互动中所使用的且仅限于网络适用的独特语言形式。网络语言反映了青少年自我表达的方式、能力和特点，青少年通过创造和运用网络语言来表达情感、实现自我呈现。简单随意的网络语言不仅能够有效地传达大量信息，而且赋予使用者新潮、个性感。青少年思维活跃，充满好奇心理，追求创新，网络语言这一独特、随性的表达方式既帮助青少年有效地传达了自身的情感、信息，又突出了其与众不同的身份特点。因此，伴随着互联网的发展而成长起来的青少年就喜欢利用各种符号、图案等网络语言来增强其语言的传递能力，利用独特的网络用语表达情感、展现自我。当前比较流行的网络语言可以分为以下几种类型：一是象声词，如

"大虾"指大侠，"果酱"指过奖，"whoru"指 who are you 等；二是象形词，如 Zzzz……指睡觉，{|||}指拥抱，O（∩_∩）O 指哈哈笑等；三是缩写词，如 GF 指 girlfriend，MM 指美眉，BT 指变态等；四是借意词，如拍砖指持批评、不同的态度，潜水指只看不发表意见者，菜鸟指水平差等。网络语言是一种开放性的语言符号系统，既包含有传统的文字，也包含数字、符号、字母、图片等，网络语言的作用在青少年的运用中发挥到了极致。青少年将其掌握的有限的语言在网络语境中进行无限的运用，既高效地表达了青少年的内心情感，又凸显了青少年的独特身份。

在当代的网络空间文化构成的盛宴中，青少年既是最大的消费主体，又充当着舞台表演的主要角色。借助网络技术，青少年创造出各种各样自娱自乐的文化艺术产品，并在互联网上传播以娱乐他人，青少年这种平民的草根文化的产生促进了网络艺术的飞速发展，正是青少年对网络艺术的参与和传播，网络文化才焕发出勃勃生机。青少年借助网络这一大众平台展示其文艺天赋，以网络文学、网络视频、网络音乐等形式向世界传递其真情实感、展现其真实的自我。网络为青少年提供了一个自由的、摆脱了纸质刊物版面限制的发表阵地，他们热衷于这种几乎匿名的网络艺术的创作，没有任何外在的目的，仅仅是纯粹的喜好，正是这种无约束性和单纯的无目的性给青少年带来了很大的创作想象空间，成就了大批网络创作家。比如网络音乐，青少年通常借助音乐表达情感、发泄情绪，很多网络音乐曾经火爆一时，如《老鼠爱大米》《孤单北半球》等，很多网络歌手如某香、某刚等也成为网络上的人气歌手，网络给有艺术梦想的年轻人提供了公正的平台和实现的机会。再如曾风靡各大高校的 Flash《大学生自习室》，曾引起高校师生的共鸣和反思。这些丰富多彩的网络艺术文化本身就出自青少年网民，又受到青少年的追捧，引起了青少年的共鸣。青少年以独特、夸张、搞笑、戏谑等表现手法将其在生活中的喜怒哀乐通过网络艺术的形式呈现出来，并通过创作者和观看者之间的交流互动，对艺术作品进行再加工，赋予艺术作品新的意涵。

## 二 网络空间的狂欢——青少年网络消费行为

### （一）网络消费与狂欢理论

巴赫金通过对狂欢式生活历史的追溯，提出了两种世界、两种生活的划分，并在此基础上提出了著名的狂欢理论。巴赫金指出狂欢式的生活自古就有，在中世纪人们的生活中每年有 1/4 的时间是狂欢生活，在狂欢生活时段，人们可以自由自在地生活，在这里，不存在神圣也没有权威，所有人都是自由平等的，人们可以随意交往，所有的事情都可以跟随自己的内心去做；其余时间则处于常规生活中，在这一时段，人们要严格遵守社会等级秩序，要对神圣和神明保持虔诚、崇敬的敬畏之心，严格服从权威的命令和要求，生活被教条、恐惧和压抑所充斥。[1] 巴赫金认为，中世纪的狂欢广场式生活是对常规生活的一种公开的反抗、对抗。在狂欢生活中，那些常规生活中的法令、禁令都暂时失去了效力。狂欢式生活打破了等级、阶级、财产、年龄、身份等的区分，所有人都能够平等地对话、游戏、交往，所有的神圣物都被亵渎、歪曲、嘲弄、戏仿，生活于狂欢式生活中的人们实现了真正的平等、自由，人们可以尽情地释放自我，展现自我最真实的一面，也因此狂欢式生活被视为人们真实的存在方式。巴赫金认

---

[1] ［日］北冈诚司：《巴赫金——对话与狂欢》，魏炫译，河北教育出版社 2002 年版。

为，两种不同的生活导致了两种不同的世界感受和世界观，一种是由常规生活所造成的官方的世界感受和世界观，在常规生活中，人们遵照严格的等级和社会秩序，人与人之间是不平等的，人是不自由的，官方和等级秩序拥有绝对的权威，不可冒犯和动摇；狂欢式生活中人与人是平等的，人是自由的，反对一切教条和权威。在狂欢式生活中，最重要的就是主奴、中心与边缘等二元关系的丧失，不再有特权阶级，人与人之间的关系变得纯粹，体现出了真正的人性，人回归到了人自身，在这里，乌托邦的东西与现实的东西融为一体，这种乌托邦式的生活呈现出了完整意义上的人。狂欢语言制造了狂欢的气氛，狂欢式生活的展现形式主要有改变身份、角色，脱冕与加冕，不流血的身体攻击，顺口溜等，正是这些语言造成人的狂欢感受。

从哲学视角来看，狂欢反映了对权威的反抗，展示出一种反抗霸权的力量；狂欢使人们获得了战胜神圣物的力量，获得了反抗权威和霸权的勇气，是大众对不满情绪的宣泄、对神圣和权威的颠覆。从古至今，不论东方还是西方国家，始终存在着反抗、解构官方文化的大众诙谐文化，而官方文化也一直在压制、消解大众诙谐文化。从本质上来说，"狂欢"实际反映了大众对平等自由世界的追求。狂欢节只是一个短暂的时间段，狂欢过后，人们又要回到常规生活中，人们在不满情绪得到尽情释放之后，反而加固了原有的等级体系，由此可以说狂欢扮演着解压阀的作用。与此相似，网络空间为当代人提供了狂欢的场所，网络消费成了当代人摆脱外在束缚的狂欢仪式。

网络消费在某种程度上契合了狂欢的特征。首先，网络的自由、平等、开放等特征契合了狂欢的全民性特征。网络向所有用户和所有文化形式开放，网络的出现，消除了人们之间的时空距离，使地球成了"地球村"。在狂欢节中，每个人都既是观众又是演员，大家相互影响。在网络传播中，每一个人既是信息展示的主体，又是信息接收的客体，网民之间能够互动交流，网民之间是平等的关系，大家同时共享信息，平等地享有发表个人意见和观点的机会。网民是网络狂欢的重要主体。其次，网络的虚拟性，给个体提供了重塑身份、选择不同角色、匿名上网的机会，网民在网络中摆脱了现实生活规范的约束，在网络中可以随意改变身份，塑造理想的自我身份。网络中人们之间的交往暂时超越了现实生活中由于社会地位、受教育程度、经济等因素所形成的障碍。这与狂欢节中人们打破阶级、等级、秩序的区分而自由平等地对话、交流，有一种天然的相似性。再次，狂欢节的平等对话精神是对网络传播内在要求的体现。在狂欢式生活中，人们对一切神圣物充满了嘲弄、亵渎、歪曲，官方的权威和教条在此失去了效用，人们可以尽情地释放自我的情绪。在网络中，人人都有发表自己意见的自由，人与人是平等的对话关系，每个人都不可以排斥或压制他人的意见。最后，在狂欢节中，人们摆脱了现实等级秩序的束缚，以自我的本来面貌进行交往、游戏。在网络中，由于自由、平等、匿名等特征，个体在其中可以释放压抑、无奈，展现真实的自我，寻求心灵的寄托，获得身心的愉悦，最终实现本我的回归。然而，网络狂欢不同于狂欢节的最重要一点就是，网络狂欢没有时间限制，如果主体自控能力较差，又没有一定的目的性，就会陷入对本我欲望和冲动的满足的快感之中，沉溺于虚拟空间带来的满足感和幸福感之中无法自拔，远离现实生活，对个体的社会发展造成负面影响。

（二）青少年的网络消费行为分类

根据 CNNIC 发布的《2013 年中国青少年上网行为调查报

告》，截至 2013 年 12 月，中国青少年网民规模达 2.56 亿，占网民总体的 41.5%，占青少年总体的 71.8%，较 2012 年增长了 5.4%。[1] 该报告对青少年网络应用行为进行了分析，发现青少年上网主要是为了信息获取、交流沟通（即时通信、微博、博客/个人空间、社交网站）、网络娱乐（网络音乐、网络游戏、网络视频）、商务交易，青少年大学生在各项网络行为中的占比均高于全国平均水平（见表 4-1）。本书沿用该报告的分类方法，在此对青少年网络消费行为进行简单的描述。

表 4-1　各互联网应用在青少年大学生网民中的普及率

| 类别 | 应用 | 大学生 | 类别 | 应用 | 大学生 |
| --- | --- | --- | --- | --- | --- |
| 信息获取 | 搜索 | 91.0% | 网络娱乐 | 网络音乐 | 91.3% |
|  |  |  |  | 网络游戏 | 63.5% |
|  |  |  |  | 网络视频 | 81.9% |
| 交流沟通 | 即时通信 | 97.7% | 商务交易 | 网络文学 | 61.2% |
|  | 微博 | 76.7% |  | 网络购物 | 77.0% |
|  | 电子邮件 | 68.7% |  | 团购 | 43.0% |
|  | 论坛和 BBS | 30.6% |  | 旅行预订 | 50.1% |
|  | 博客/个人空间 | 86.5% |  | 网上支付 | 70.3% |
|  | 社交网站 | 60.0% |  | 网上银行 | 70.4% |

数据来源：中国互联网络信息中心：《2013 年中国青少年上网行为调查报告》（2014 年 5 月），https：//www.cnnic.net.cn/NMediaFile/old_attach/P020140611557842544454.pdf.

信息获取。信息获取是指网络使用者利用网络提供的信息和服务所进行的对信息的搜查、选择、储存、接受、认识、利用和表达、加工等行为。当代青少年被戏称为是"衔着鼠标出生的一

---

[1] 中国互联网络信息中心：《2013 年中国青少年上网行为调查报告》（2014 年 6 月 11 日），https：//www.cnnic.net.cn/n4/2022/0401/c116-762.html.

代",他们从小受到网络的影响,早已习惯使用互联网查找感兴趣的信息,获取知识和各种信息。青少年信息获取的方式主要表现为浏览网页、查看新闻、看广告、利用搜索引擎、查阅并下载资料、阅读电子文本、网络课堂、在线学习等。

交流沟通。网络中的交流沟通,是指以网络为中介,利用网络超越时空、低廉的传输方式进行一对一或一对多的情感、信息等的获取和交换行为,交流的双方可能是熟人、朋友,也可能是陌生人。个体通过网络交流而形成一定的社会关系,组成网络团体、虚拟社区。用于交流沟通的网络工具有很多种,在青少年中比较流行的有电子邮件、即时通信(如 MSN、QQ、网易泡泡、移动飞信、微信等)、论坛和 BBS、微博、免费的个人网页、社交网站(如人人网)等。网络交流与现实交流相比,有其独特的优越性,首先,网络交流超越了时空限制,突破了种族、阶层、文化的约束,拓展了个体交往的时空及交往对象的范围;其次,在虚拟空间中进行交流时,个体的自主性得到提高,个体可以按照自己的意愿塑造自己的身份、地位、情感等个性特征,可以选择以真实身份示人,也可以扮演理想中的角色,个体还可以自主选择交流的时间、对象,不受现实社会交往礼仪的约束。当代青少年注重个人隐私,又因现代社会的快速发展而承受巨大的压力需要向他人倾诉,网络交流凭借其跨越时空性、匿名性、功能强大而受到青少年的青睐。

网络娱乐。网络已经成为青少年群体休闲娱乐的首要方式。当代青少年背负着生活、工作、学习的重压,很少有时间参加传统的各种娱乐活动。网络为青少年提供了娱乐休闲的机会和平台。目前青少年喜欢的网络娱乐方式主要有网络游戏、网络视频、网络阅读、网上直播等。网络游戏是青少年放松心情、释放情绪的主要方式，听音乐、看视频、在线看电视电影、在线观看综艺节目也已成为青少年生活的一部分。

商务交易。商务交易主要是指青少年通过网络对商品进行买卖的交易行为。主要包括网络购物、旅游服务、支付业务等。网络消费具有方便、快捷、价格低廉、送货上门等优点，在青少年群体中网络消费行为十分普遍。

## 第三节　青少年在网络消费过程中的身份认同建构

**一　从镜像到拟像：网络虚拟身份形成的理论支持**

镜像是拉康精神分析理论中的一个核心概念。拉康的老师弗洛伊德认为，现实生活中的自我是按照"现实的原则"组织起来的意识实体。拉康则有着自己的观点，他认为自我实际上是由一系列异化认同构成的伪自我，是外在他者组成的镜像的总和，其实质是一种超现实的幻想。[①] 具体来讲，在人处于婴儿时期，这个镜像是指个体在镜子中的影像，随着年龄的增长，这个镜像就发生了变化，变成了周围人（包括同伴、父母、长辈、大人等所有"我"周围的人）的目光、面相、形体行为所反射出来的形象，自我就按照这种他人反射的镜像生活，而不是按照自我的意愿生活，自我实际上在无意识中成为他人操控的对象和结果，自我也在无意识中认同他人反射的镜像，并将这一镜像作为真实的自我存在。在现实生活中，自我时时都在寻找着摆脱他者压制的

---

① ［法］雅克·拉康：《拉康选集》，褚孝泉译，华东师范大学出版社2019年版。

挣脱力量。虚拟的网络社会出现以后，个体虽然仍然要受到他者的包围和压制，但网络因其本身的虚拟性、匿名性特征为个体摆脱他者的压制、找回真正的自我提供了可能性的反抗力量，本真的自我则从镜像走向了拟像。

　　拟像是鲍德里亚阐释符号消费社会中的一个重要概念，拟像论为我们理解网络社会中的虚拟身份认同提供了理论支持。拟像没有本源，成了没有反映对象的符号，符号生产新的符号，符号之间进行交换，符号与现实不再发生联系，这样，由纯符号构成了一个纯虚拟的拟像世界。这正好契合了网络社区的虚拟符号特征。网络是一个虚拟的数字化空间，网络中的一切均是由 0、1 组成的 bit 串构成的虚拟物，呈现为各种不同的符号。处于虚拟社区中的人也以符号的形式呈现出来，但这些符号并不是一种简单的记号或标记，它是人类对自身的理性重建，符号成了支撑虚拟社区的基础，人则变成了符号的存在物。在虚拟网络中人与人之间的交往互动是通过符号完成的，并从中寻找隐含在符号背后的意义，在虚拟社区中，符号成为一切活动的载体和工具。个体在虚拟社区中塑造的符号化自我与现实生活中的自我之间并不发生关联，呈现出断裂性，这样，符号化的自我就成了一个没有本源且与现实不发生关联的拟像。这种拟像化的自我比现实自我更真实，拟像完全摆脱了现实的束缚和压制，即成为完全不受他者束缚的、没有本源的超真实。超真实意味着真实与非真实之间界限的消失，它比真实还真实，超真实成为人们断定真实的依据。

　　所谓的超真实，"这个词的前缀'超'表明它比真实还要真实，是一种按照模型生产出来的真实。此时真实不再单纯是一些现成之物（如风景或海洋），而是人为地生产（或再生产）出来的'真实'（如模拟环境），它不是变得不真实或荒诞了，而是变得比真实更真实了"[1]。超真实是对虚拟社区中虚拟自我状态的最恰当的描述。在虚拟社区中，伪自我走向了拟像即超真实的本真自我，这种拟像化的自我是个体在现实中一直追寻的理想自我，是本我的实现。当自我由镜像走向拟像，呈现出超真实的本真自我时，一方面，个体由于摆脱了现实世界的种种束缚而获得自由，在网络空间中进行自我的"狂欢"；另一方面，没有了外在约束的个体，如果不能自我控制，一味沉浸在网络带来的虚幻的满足感和幸福感之中，迷恋于虚拟的角色、身份之中不能自拔，就会对其现实身份认同的形成及其社会化的发展造成负面影响。

## 二 青少年在网络消费中的身份认同建构——以网络购物和网络游戏为例

在消费主义影响下，消费成为人们构建自我身份认同的重要手段和工具，网络消费作为一种新型的消费方式更成为青少年标榜自我、形塑自我的手段。由于网络的虚拟性，网络中个体的呈现并不严格依赖于现实中的自我，青少年往往以现实自我为蓝本对网络中的自我进行重新塑造，打造出一个理想的虚幻自我。在消费社会中，消费已成为自我证明的手段，网络消费的出现，为青少年提供了一个构建自我认同的手段。网络消费这一手段本身就成为青少年建构身份认同的方式，青少年往往通过网络购物凸显自我的个性、品位、时尚等。在网络游戏、社交网站的消费中，青少年往往会塑造一个完美的虚幻的自我替代现实中的自我，在游戏、交往的过程中获得他人的尊重，实现自我的价值，以虚拟的成功满足自我的虚荣心，在虚幻的网络中实现自

---

[1] [美]斯蒂文·贝斯特、道格拉斯·凯尔纳：《后现代理论：批判性的质疑》，张志斌译，中央编译出版社1999年版，第153—154页。

我价值，并对虚拟的自我产生认同，导致对现实自我的否定，造成自我认同的危机。下面就以青少年比较热衷的网络购物和网络游戏为例，对青少年在网络消费中的身份认同建构进行简单探讨。

(一) 网络购物与青少年自我认同的建构

1. 网络购物的特点

网络购物之所以能够在较短的时间内实现飞速发展，就在于其与传统购物相比所具有的优越性，即方便快捷、商品丰富、经济实惠。

网络购物的第一大特点就在于其方便快捷性。因这一特点网络购物吸引并积累了诸多粉丝。网络购物不受时间、地点的限制，不论什么时间、什么地点只要能够连上网络，就能实现网络购物，网络打破了时空的限制。同时，网上的商品可谓是应有尽有，十分丰富，只要是你想要的都能在网络上买到，而且不受地域、国界的限制，在网络中，人们可以随时随地购买到任何地区、任何国家的任何商品。网络购物的方便快捷还体现在购物的过程上，只要打开网络，从商品挑选、下单到付款都是在网络上完成，足不出户就能买到商品，而且还可选择货到付款，还有快递人员送货上门，可以说是省时省力。

网络购物的第二大特点就是拥有丰富的商品及信息。人们经常用一句口头禅来形容网络上商品信息的丰富性，"没有你找不到的，只有你想不到的"，只要用心去寻找，总能找到自己要找的东西。网络消费能够使人们在短时间内找到自己所需的商品并获得大量消费信息，这是传统消费所无法想象的。同时网络还能根据人们的不同兴趣、爱好、产品要求、价格等信息帮助人们筛选商品，在较短的时间内让消费者精确地找到自己所需的商品。

因为网络商品信息的丰富多样性，消费者可以同时搜索到多家同类商品，对之进行比较，找到最具性价比的商品。同时，网络还能为我们找到现实中有时难以买到的商品，比如反季商品、地方特产、稀有产品、国外的产品等，商品品种之多、品牌之丰富，这些都是传统购物难以实现的，丰富的商品实现了消费者一站式购物的梦想。

网络购物的第三大特点就是经济实惠。在网络中开店与传统实体店铺相比节省了很大一笔开支，网络店铺无须缴纳店面租金，有些网络店铺是厂家直接销售，减少了中间商环节，降低了成本，成本降低，商品的销售价格就会随之降低，这也是网络购物优于传统购物的重要特点。

2. 青少年在网络购物中对自我的建构

在消费主义影响下，消费已经成为当代青少年构建自我的重要手段。互联网一向被视为年轻人的天地，网络购物更成为年轻人的专利，青少年更成为网络消费的主力军。有些青少年甚至以网购达人、时尚潮人等对自我进行群体归类，构建自我的群体认同。有些青少年在网购的过程中，寻找奇特、怪异、新奇的商品以彰显自我的独特个性，还有一些青少年在网络购物的过程中，会挑选一些能够显示出自己品位的独特商品或者购买一些以提升自身品位的商品，向他人展示自我的品位，由此实现个体的自我认同。

消费方式既是对个体个性的塑造，同时也是对个体个性的彰显。在现代消费社会，消费的目的已不仅仅是为了满足基本的生存需要，更重要的是彰显自我的独特性，展示自我与他人的区别。当代青少年是一个敢于张扬个性、表现自我的群体，网络购物这一新的消费方式正是对青少年个性的展现。首先，网络购物这一新的消费形式就是对个体个性的表达，青少年是在互联网技术的发展中成长起来的，他们对于网络技术有着天生的亲和性，网络购物一经产生就受到青少年的关注，青少年是最早接受和推广网络购物的群体，这就显示出了青少年易于接受新生事物、喜欢创新、追求新奇刺激的个性特点，很多青少年喜欢以网购达人的身份自居。较早接受网络购物的青少年已经将网络购物视为自我生活的一部分，是将自我与那些不使用网络购物的人区分开的重要形式，而对于一些刚刚接受网络购物的青少年而言，网络购物是一种时尚，是对个性的彰显，不论是将网络购物视为生活方式还是时尚行为，这两者都是以网络购物这一形式塑造自我的个性、身份，强调自我的与众不同。其次，青少年在网络购物中所购买的物品本身也是对青少年个性特点的鲜明阐释。青少年之所以热衷于网络购物，最主要的原因就是网络购物能够满足青少年的个性化要求。网络消费能够为消费者提供特色产品定制服务，生产具有个性化的商品，满足了消费者的消费需求。青少年通过网络找到新奇、独特的符合自身个性要求的商品，通过商品展现自我的风格、个性等特征，塑造理想中的自我。然而，个体的自我认同是一个不断发展的动态的过程，这就意味着只有不断消费和占有物，才能不断地证明自我的存在和独特性。

　　网络购物不仅为青少年提供了个性化存在的证明，还是青少年进行群体区分、获得归属感的重要方式。消费是个体自由选择的行为，这种选择是受个体意识主导的，而个体的意识是在群体意识的长期影响下形成的价值观念，因此，价值观相近或一致的人才会结成群体。坎贝尔通过研究指出，当人们认同某群体时，就会选择与群体内部成员一致的消费方式。青少年首先确定网络购物者的身份，寻找其周围的网络购物者形成网络购物群体，并以敢于尝试新生事物、乐于分享、追求新奇等为群体特征，从而实现自我的身份认同。

网络购物虽然以不同于传统购物的方式为个体自我认同建构提供了平台，但是它仍然是以消费这一基本形式来实现的。在消费主义影响下，网络购物为青少年提供了更多的商品信息，以视听同时呈现的方式将商品呈现给消费者。青少年在网络购物中面对更多的商品信息，由于其自身易受环境暗示等特点，青少年很难保持理性消费，因此，在网购的过程中，就会出现非理性消费，以至于买回来的商品成为"鸡肋"，派不上用场只能闲置，这是消费主义在网络媒介中传播的必然结果。在网络购物中，大众媒介不断制造消费热点，宣传及时享乐的消费观念，激发人们的消费欲望，处处体现着消费主义的烙印。而青少年在网络购物的过程中也必然受到消费主义的影响，沉迷于网络购物所带来的快感中，忘记了现实自我的存在。

（二）网络游戏与青少年自我认同的建构

1. 人类的游戏情结和游戏的意义

游戏是随着人类的诞生而产生的一种文化现象，游戏对人类的发展具有重要意义。我们每个人都体验过游戏的乐趣，孩童时代游戏留下的美好回忆伴随着我们快乐地成长，成年之后，在闲暇之时也会通过游戏来缓解工作的疲劳、释放自我的情绪，游戏是人们调节生活的润滑剂。人类生来具有休闲、娱乐的需要，游戏是为人类提供休闲、娱乐的重要形式，游戏的休闲、娱乐功能决定了人类对游戏的依赖，也导致了人类的游戏情结。人类在古希腊时期就认识到了游戏对于人类的重要意义，甚至将游戏视为神为人类创造的生活方式，柏拉图在《法律篇》中曾指出，人是神创造的玩物，人应当遵从神的心灵去过与人相适应的生活，即一种最高尚的游戏。席勒发展了柏拉图关于游戏的思想，在其《美育书简》中提出了游戏本能的概念，并以游戏的行为主体为划分依据，将游戏分为"自然的游戏"和"审美的游戏"。一切存在物之中都存在自然的游戏，而审美的游戏则是人所独有的，以创造美的生活形式为最终目标。在席勒看来，游戏展示了人的完整本质，是人的自由、解放的真实体现。在游戏中，人才能满足本能欲望，才能实现潜能的发挥，才能够展示人的真实、全面的本质。人的本质就是要实现人的自由全面发展，人类的一切活动都是围绕人的本质的实现这一最终目的进行的，游戏对人的本质的体现这一功能决定了人类的游戏情结。

历史上关于游戏的研究，涉及领域十分广泛，包括心理学、社会学、生物学、哲学等，每一领域都根据自身学科特点建立了相对独立的理论体系。比如，在心理学研究中，早期的心理学者大都认为游戏的意义在于游戏带给玩家的愉悦体验，表现为一种主观体验和感受，仅从主观方面探索游戏的意义。而弗罗姆在其著作《寻找自我》中则认为，玩家在游戏中的愉悦体验不仅是一种主观体验，更是玩家与游戏中的客观条件交互作用的结构，由此，弗罗姆提出了游戏意义生成的主客观决定论。[1] 在对游戏的意义的研究中，荷兰现代文化史学家胡伊青加实现了从人的本体论的高度来研究人与游戏的关系，在胡伊青加看来，游戏是发生在特定时空中的一种自愿的、无利可图的娱乐活动：玩家自愿接受游戏规则，同时必须严格遵守；玩家在游戏中体验到一种不同于现实生活的既愉快又紧张、全身心投入的巅峰状态。[2] 根据胡伊青加的观点，游戏建构了某种社会结构，游戏中存在固定的行

---

[1] [德] 埃里希·弗罗姆：《寻找自我》，陈学明译，工人出版社1988年版。
[2] [荷] 胡伊青加：《人：游戏者》，成穷译，贵州人民出版社1998年版。

为规则并构成一种文化秩序，游戏承载着玩家对日常生活的重建，使玩家在不同于现实生活以外的游戏空间中实现暂时的自我认同。游戏的这种文化建构和体验特征在当代互联网时代更为凸显，网络游戏为人们提供了一个类似于现实生活的虚拟的社会结构系统，在虚拟的空间中建构一种虚拟的社会存在情境，现实的人们进入虚拟的网络游戏世界中，塑造一个虚拟的、想象的角色代替自我，在游戏中追寻对虚拟自我的身份认同。

2. 角色扮演网络游戏：青少年的个性化舞台

角色扮演网络游戏（Massive Multiplayer Online Role-Playing Game，MMORPG），是指在虚拟的网络世界中，提供多用户能够同时进入的特定虚拟游戏场景，在虚拟场景中用户可以操作一个或几个具有某种社会特性的游戏角色，同时能与其他用户控制的角色进行实时互动的游戏。在人类历史长河中，游戏对人类的成长具有重要的意义，游戏有助于人类自我意识的发展、健全人格的形成、自我同一性的形成。人具有趋乐避苦的本我欲望，然而，现实社会的习俗规范和角色期望压制了人的本我欲望的实现，为了发泄原始欲望，人们就在生活中寻求补偿措施以满足人类本性的需要。角色扮演网络游戏的出现为人们实现被压制的本性欲望提供了舞台。在角色扮演网络游戏中，人们可以随意自由选择不同的角色形象，摆脱现实社会规范的束缚，满足人们在现实中不能实现的愿望。

CNNIC 发布的《中国互联网络发展状况统计报告》显示，截至 2013 年 12 月，中国网络游戏用户规模达到 3.38 亿，使用率达到 54.7%。[①] 而 CNNIC 发布的《2013 年中国青少年上网行为调查

---

[①] 中国互联网络信息中心：《中国互联网络发展状况统计报告》（2014 年 1 月），https://www.cnnic.net.cn/NMediaFile/old_attach/P020140305346585959798.pdf.

报告》显示，截至 2013 年 12 月，青少年群体的网络游戏使用率高出全国平均水平 11 个百分点，即达到 65.7%。① 由此可见，青少年群体已成为网络游戏的主力军，对于相当数量的青少年而言，网络游戏已经成为他们生活的重要内容。根据已有文献资料，多数研究指出角色扮演网络游戏因其角色扮演性、匿名性、自由选择性、互动性、自主性、内容丰富等特征而成为青少年群体中最受欢迎的网络游戏。青少年在角色扮演网络游戏中能够褪去在现实中的伪装面具，展现真实的自我，还能够体验在现实中无法实现的不同的角色身份，然而，如果青少年长期沉浸在角色扮演网络游戏中，必将对其社会化的发展、自我同一性的形成产生负面影响。

3. 网络游戏中的角色扮演：青少年虚拟身份的建构

身份认同的形成不仅有赖于职业、受教育程度等个体自身因素的规定性，还与个体在社会群体中的角色、地位以及同他人的互动有关。同样，在网络游戏中的角色扮演，也对个体的身份认同产生规范作用。不同的是，由于网络的匿名性，个体的真实身份、职业、地位、年龄、相貌等暂时被隐匿，在网络空间中，身体、身份的缺场，个体凭借自己的想象可以任意创造 ID 代码作为自己在网络中的身份，这样，个体在网络中扮演的虚拟角色就可能不同于其现实角色，甚至与现实角色身份产生冲突，同时，在网络中，个体还可以同时扮演多个角色。因为没有了现实社会角色规范的束缚，个体在网络中所塑造的虚拟的自我身份更有利于个体真实情感的表达，使个体被压抑的本我得以呈现。网络空间是一个不同于现实生活的真实的虚拟社会空间，它是一个虚拟的

---

① 中国互联网络信息中心：《2013 年中国青少年上网行为调查报告》（2014 年 5 月），https://www.cnnic.net.cn/NMediaFile/old_attach/P020140611557842544454.pdf.

存在，然而，人们在其中却可以展开真实的互动、交流。在其中，人们可以任意扮演不同的角色，甚至可以同时扮演多种角色，在这里，人的想象力有多丰富，可扮演的角色就有多丰富，借助于想象，人们可以扮演在现实中无法实现的角色，可以扮演自己理想中的角色，实现理想自我的呈现。角色扮演的匿名性给个体在网络中的角色身份提供了可选择性，个体可以根据自己的意愿隐匿自身现实身份中存在缺憾的个体属性，塑造一个完美的自我形象。网络游戏中的角色扮演，其实质是个体塑造虚拟身份认同的过程，虚拟的身份认同给个体带来了满足感、幸福感、成就感，虚拟身份的塑造遵循的是非理性原则，完全是根据个人偏好、意愿、审美观等主观想象的产物，从其产生的过程来说，虚拟身份本身是流动、多变的，流动多变的虚拟身份在带给个体虚拟的满足和幸福之余，必将影响个体现实身份认同的建构和实现。

　　本我的浮现。精神分析学派创始人弗洛伊德将人格结构划分为本我、自我和超我三个部分。本我奉行快乐原则，即追求快乐，逃避痛苦，本我是人格结构中最深层的部分，是个体最真实的心理存在，它包括人的原始冲动、本能和欲望，是人类活动的内在驱力。自我是从本我中分化出来并通过后天的学习得到发展的部分，自我遵循现实原则，自我一方面要克制本我的欲望和冲动，另一方面要服从超我的道德监督。超我是后天形成的，是道德化了的自我，遵循至善原则，是社会文化传统和道德规范的卫道士，主要功能就是监视自我。按照弗洛伊德的人格理论，人格具有多重性，即每个人都具有多重人格。在现实社会生活中，由于社会规范的约束，人们所呈现出来的只是符合社会角色身份要求的人格部分，即自我。个体因受到社会规范和道德伦理、法律制度等的约束，其本我则处于被压抑的状态，无处释放。而在MMORPG中，青少年的现实身份被数字符号所替代，MMORPG为青少年提供了一个"去身份化"的角色扮演的舞台，在这个虚拟社区中，青少年避免了现实社会规范带来的压力和束缚，可以尽情地扮演多种角色，展现其人格中被压抑的部分。青少年正处于生长发育的高峰期，思维活跃，想象力丰富，追求个性，喜欢标新立异，总会产生各种各样让常人无法理解的冲动和欲望。然而，受到社会规范和各种客观条件的制约，这些冲动和欲望在现实中是无法实现的，而MMORPG则为青少年提供了释放欲望冲动的大舞台。通过角色扮演网络游戏，青少年既实现了对自身能力、身份的确证，又在其中展示了多元自我，展现在现实中被压抑的本我，可以自由、真实地表达自我的欲望和冲动，释放和发泄在现实世界中被压抑在潜意识中的自我的非理性的一面。例如在前面提到的王子公主情结、英雄美女情结、以异性的身份示人，如果在现实中去实现个人的这些情结、欲望等，必定会遭到他人异样的眼光甚至会给个体的现实生活世界带来混乱，然而在游戏中，以娱乐的形式帮助个体实现这种个体的本能欲望，既缓解了个人的压抑感，也为个体真实情感的表达提供了发泄的渠道。青少年沉浸在网络游戏带来的本我欲望的满足感和幸福感之中，更加肯定其在网络游戏中的角色身份，同时也提高了其对游戏升级的身心投入，游戏角色在升级的过程中带来虚拟成就感的同时更加强化了青少年对虚拟身份的认同。MMORPG对个体本我欲望的满足也是导致许多青少年网络游戏成瘾的重要原因之一。

理想自我的实现。人本主义心理学家马斯洛提出了著名的需要层次理论，他将人的需要由低到高分为五个层次，即生理需要、安全需要、归属和爱的需要、自尊需要、自我实现的需要。

人的最高理想便是自我实现，其本质是使人性得到充分的发挥，使人的力量得到充分的展现。马斯洛认为，一个人通常在低层次的需要得到满足之后才会产生较高层次的需要，对于中国当代青少年来说，其生理需要、安全需要、归属和爱的需要的满足均由父母和家庭实现，对于他们而言，其最大的需求就是自尊和自我的实现，青少年大都要求独立、自主，他们期望得到成人世界的承认，希望社会和父母家庭能够给他们一个自我实现的舞台和空间。然而由于青少年身心尚未完全发育成熟，再加上现实社会中各种社会规范、习俗、道德规范的限制和束缚，青少年很难找到一个充分发挥自我才能的舞台，达到理想自我的实现。网络游戏中的角色扮演为青少年实现理想自我提供了机会和平台。在网络游戏中，青少年可以选择任何自己喜欢的角色，扮演在现实中无法实现的角色身份，例如扮演异性，体验在现实中无法实现的新鲜感。网络游戏中的虚拟自我是个体按照自我的理想加以塑造的结果，其人格特征和属性均是理想化的，虚拟自我的年龄、身份、性别等个人资料和信息均是对个体理想自我的塑造。网络中个体对虚拟自我的理想塑造大都是由于现实社会的压制或自身的缺憾而导致在现实中无法实现的自我的一面，因此可以说，虚拟自我是自我想象和期待的产物。在网络游戏中，青少年通常会选取符合理想自我形象的角色进行扮演，之后就会进入游戏中去。在游戏中，玩家需要分析游戏的复杂规则机制，了解游戏中的虚拟社会系统及其内部工作方式，玩家通过不断地探索规律，破解迷局，解决困难，使其塑造的角色成为游戏内在系统的组织成员，从而形成个体的虚拟身份认同。借助于网游，青少年可以自主创造自己的故事，可以结交朋友，炫耀自己的才能和技术，满足心理上的自我支配感。在个体虚拟身份认同形成的过程中，个体需要不断解决各种困难、解构游戏规则，实现升级或通关，在游戏中，个体有时面临的困难要比现实中面临的问题严重很多，但个体的全身心投入，最终使个体解开迷局、冲破关卡，实现问题的解决、个体虚拟地位的提高、经验值的升高等，在游戏中体验到虚拟的成就感，享受着主宰世界的感觉，实现了其在现实中无法获得的自我实现的快感和体验。

自我的重新塑造。在 MMORPG 中，由于身体的缺场、角色扮演的匿名性，个体可以扮演想象中的角色。在对角色的塑造中，个体可以避免现实自我的弱点，或以弱点的反面塑造虚拟自我，例如，在网络中，经常会出现扮演异性的现象发生，还有一些人在现实中腼腆、内向而在网络中却表现出外向、幽默的一面。网络游戏中的角色在某种意义上可以说是玩家在虚拟世界中的替身，它承载着玩家的情感需求。玩家在游戏中不仅可以自由选择角色，对角色的性别、年龄等属性和特征均可以自我设定，玩家在塑造自我的同时，也控制着其他玩家对自己身份的印象。在网络游戏中，人们暂时忘记了现实的肉身，通过操纵数字、符号，重新塑造另一个自我，这一自我既没有了现实自我的缺憾，又被赋予了现实自我所不具有的优点，当个体塑造的新自我出现瑕疵时，个体又可以修改或重新塑造自我。个体还可以同时在多个游戏中穿行，同时扮演各种不同的角色，这就意味着个体对自我的塑造具有多重性。自我的重新塑造在游戏中为个体带来了虚荣心的满足，弥补了其现实身份的缺憾，使个体体验到前所未有的自我满足，强化了个体对自己塑造的虚拟自我的认同感，与此同时，自我与虚拟自我之间不断渗透，也重塑了个体的现实身份认同。

在网络游戏中，青少年所塑造的角色，在一定程度上可以说是其在现实社会中因为社会因素制约，或个体缺憾而无法实现的或无法呈现出来的自我的某些部分。网络游戏为青少年这种被压抑的自我提供了展现的平台，青少年通过对游戏中虚拟身份的建构和认同进行自我心理调节，释放在现实中被压抑的情感，实现本我欲望的释放、理想自我的体验、完美自我的重塑。然而，青少年沉浸在游戏中虚拟身份带来的虚拟成就和幸福之中，陷入游戏中角色的超现实性和无约束性所带来的快感之中，如果不能实现虚拟向现实的身份转换，则为其现实身份认同危机的产生埋下伏笔。

## 第四节　网络虚拟身份认同对青少年身份认同的冲击

易观智库 & 腾讯 QQ 联合发布的《中国 90 后青年调查报告 2014》[①] 指出，90 后是"孤独"的一代，他们大都是独生子女，整个童年都笼罩在孤独的阴影之中。与互联网共同成长的他们又受到互联网的诱惑，习惯于虚拟社区中的关系互动，却对现实中的交流机会视而不见，我们经常见到这样的情景：一群青年人相约聚在一起，然而聚会中每个人却都低头忙着手机刷屏，大家面对面却在网上交流，聚会成了集体的孤独。网络成了 90 后生活的一部分，他们在网络中获取各种资讯、信息、知识，也在网络中寻找自我的兴趣所在、寻找自我的归属。青少年在网络中寻求自我的实现，在虚拟的符号世界中获得现实世界中难以实现的快乐，通过网络中的虚

---

① 易观智库：《中国 90 后青年调查报告 2014（简版）》（2015 年 2 月 12 日），https://www.analysys.cn/article/detail/169.

拟的成功获得对自我肯定的满足感和身份认同感,并流连于网络世界中以强化自我身份认同感,然而,这种虚拟的身份认同并不能代替现实生活中的自我,最终导致个体主体性的丧失和自我的异化,自我消散在虚拟的网络空间中,呈现出多重的自我、虚拟的自我、不确定的自我等,产生自我身份认同问题。

## 一 自我同一性的混乱和消解

埃里克森指出,形成稳定的自我同一性,避免同一性混乱是青少年时期的主要任务。[①] 青少年时期自我同一性尚未完全确立,可塑性极强,易受外界的影响。对于数字原住民[②]的当代青少年来说,网络已经成为他们生活的一部分,网络中虚拟身份的多元性、隐匿性等特征必将对青少年自我同一性的形成产生影响。

在现实世界中,个体总是处于与他人的一定的社会关系中和历史的联系中,社会和他人的存在是个体生存的实现条件。正如马克思所指出的,生活于共同体中的个人,只有通过自己的联合体才能实现真正的自由,联合体控制着个体自由发展的条件,同时这种联合体又为个体的生存和自由发展提供了保障。在现实世界中,人正是通过共同体感受到人的存在并在其中展开活动,在活动的过程中逐步确立自我的认同感。当代信息技术的发展改变了人的现实生存方式,人的生存由现实单一生存走向了现实生存和虚拟生存并存的双重生存样态,而虚拟生存在人的生存中占据着越来越重要的位置。在虚拟的网络世界中,人以虚拟的数字化

---

① [美]埃里克·H·埃里克森:《同一性:青少年与危机》,孙名之译,浙江教育出版社 1998 年版。

② 数字原住民这一概念由 Marc Prensky 于 2001 年提出,意指从出生就面临网络世界的青年人。

形式存在，人与人之间的交往也表现为虚拟的数字符号，人的虚拟认同所指向的也是由虚拟数字符号构建的虚拟自我。作为现实身份认同基础的身体在网络世界中的缺场，以及网络空间的虚拟性、匿名性、网络角色扮演的多重性和自由性，给个体提供了一个摆脱现实社会规范约束和现实身份角色限制的自由舞台，个体借助数字符号可以任意重设"自我"。在虚拟的网络空间中，个体只要愿意，可以任意设定"自我"，可以任意规定这一"自我"的性别、年龄、职业等信息，这种自我的塑造不受任何外在规范的约束和限制，只受到个体的想象力、知识层次、人生阅历等自身条件的限制，正如网络中的那句名言那样：在网络中没有人知道你是一条狗。这样，通过在网络中设定不同的角色形象，个体就同时拥有了多重自我，而自我也就不再是稳定的、整体性的存在了，"自我在各个方向上分裂开来"[①]。

网络身份塑造的匿名性和随意自由性，带来了网络行为的去抑制性，失去了外在社会规范和道德标准的制约，个体在网络中尽情地释放自我的情感、情绪，在网络的无限可能性中体验多样化的自我，在多重的自我幻象中叙说自我，而这种多重的自我叙说又无法为现实自我提供确认，即虚拟自我和现实自我发生了矛盾、冲突。在自我认同建构的过程中，由于多个虚拟自我与现实自我发生了矛盾，或者是多个虚拟自我之间产生了冲突，造成了自我的分裂，自我被分化为一个个互相矛盾甚至冲突的虚拟的自我碎片，导致了片面性和流动性的自我的生成，消解了个体的整体性和稳定性，"我分裂了我的心灵……我可以看见我自己被分成若干个自我。当我从一个视窗跳到另一个视窗的时候，我就启

---

[①] Sherry Turkle, *Life on the Screen: Identity in the Age of the Internet*, New York: Simon & Schuster, 1995. p. 258.

动了我的心灵的一部分"①。自我的分裂使个体缺乏一个支配和指导自我行动的统一自我,自我的分裂消解了自我的同一性。自我同一性的消解必将影响个体完整自我概念的形成,这就不可避免地造成虚拟与现实之间的价值冲突,如虚拟的网络空间给人一种类似于真实存在的体验和感受,有些人可以区分虚拟感受和真实感受,而有些人则沉溺于虚拟感受中无法自拔,丧失了自我。Annalee Newitz 在其《互联网与自我认同》中指出,人们在网络中的自我即虚拟自我,既与现实自我不同,也不是真实的自我,网络自我是介于现实自我和真实自我之间的,它有时会隔断真实自我与现实自我之间的关联,甚至会给自我和社会带来危害,是一种危险的自我。网络中的自我是个体想象的、去中心化的自我,网络技术本身具有无中心、去等级的特点,个体在网络中将自我虚拟为任一 ID 或任一角色,就是将自我消解成了数字、符号,隐藏了真实的自我身份,也解构了主体的自律性和工具理性,使身份变得流动起来,并以电子书写的方式不断重构着主体的身份,由此,就形成了"不稳定的、多重的和分散的主体",个体就陷入了"多重的、分散的、极度碎片化的生存状态"②。自我同一性的消解以及多重的、碎片化的生存状态导致主体成了一个没有统一不变基础的个体,又过于沉迷于网络中多重的、碎片化的自我,必然导致自我认同的混乱。

### 二 自我归属感的迷失

身份认同是一个建构的过程,个体身份认同的形成不仅是个

---

① 王成兵:《当代认同危机的人学解读》,中国社会科学出版社 2004 年版,第 78 页。
② [美]马克·波斯特:《第二媒介时代》,范静晔译,南京大学出版社 2000 年版,第 47 页。

体对自我的确认，更包含着他人和社会对自我的肯定，这就说明认同本身是对人与人、人与社会、人与其自身关系的表征。个体总是通过与他人的交往来确认自我的存在。在交往中，个体不仅实现了本质力量的提升，还通过他人之镜认识自我，确立自己的归属感。现实生活中，每个人都拥有相对稳固的社会交往关系，在其中个体能够明确地认识到自己所属的群体，并能够获得自己的角色定位，易于形成同一稳定的自我。在现实交往中，个体因身体的在场而处于其社会关系网中，在其关系网中，个体能够清楚地确定自己的身份，他人也能清楚地判定个体的身份，身体的稳定性决定了个体身份具有相对的确定性，身份的确定性就为个体提供了明确的归属群体，使个体获得稳定的归属感。

而在虚拟的网络世界中，个体之间的交往是虚拟身份之间通过电子文本进行互动而实现的。虚拟交往颠覆了人的现实交往，在虚拟世界中，人的身份也成为问题而被提了出来。网络空间中的人不再是现实中身体在场的存在，而是由数字和符号重新组合的自我，自我不仅被虚拟化、数字化了，还实现了多重自我身份。以数字、符号形式运作的虚拟网络世界，导致了虚拟和现实之间的复合和混沌，给个体的生存带来了更多的不确定性和复杂性。网络身份是个体自由进入网络交往平台的凭证，因网络身份塑造的自由随意性、匿名性，很多人认为网络世界中人的交往是在面具之下进行的。在这种面具之下，不同国家、地区、文化、民族、阶层、年龄、肤色等的人之间实现了交流的平等性，人的交往范围也得到了空前的扩张。同时，在虚拟的网络空间中，网络技术打造了超真实的虚拟交往场景，使个体认同这种戴着面具的自由的虚拟交往，在交往的过程中个体就对虚拟自我即面具产生了认同，并将其作为自我认同的一部分，有学者将这种现象称为"我向幻觉行为"①。在前文中我们提到虚拟自我与现实自我之间存在冲突和矛盾，这种幻觉行为的出现，会导致虚拟自我对现实自我的排斥以及个体对现实生活的疏离。同时，网络中的虚拟交往是一种流动的、不稳定的、片面的交往，虚拟的人际关系都是暂时性的，每个人对他人没有必然的责任和义务，虚拟交往本身就是对身体、性别、年龄等现实的逃避，它无法给人带来一种稳固的社会交往结构。一旦个体将虚拟的网络世界视为生活的全部或目的世界，沉溺于虚拟的网络空间中无法自拔，变成了被网络技术绑架的、异化的"电子人"，就会减少现实中与他人直接交流、沟通的机会，导致现实人际交往的淡化、人际关系的疏离。同时，虚拟自我对现实自我的排斥也必将加重个体现实人际关系的淡化。在虚拟空间中，稳固的社会关系结构的丧失，再加上身份的多样性、流动性和碎片化，最终导致个体无法确定自身归属而引发身份认同问题。

### 三 人生价值的异化

在现代社会中，理性的技术替代了传统社会中价值和信仰的角色，被发展成为一种非理性的信仰，成为人们崇拜的对象，导致技术拜物教的产生。人成为技术的奴隶，人丧失了自我，成为异己的"他者"，在现代社会最典型的表现就是作为主体的人对虚拟的网络世界的沉溺。这些人只有在网络世界中才能焕发出生活的激情，一旦回到现实世界，就会产生失落感。网络技术的快速发展使人的精神以电子般的速度从肉体中"脱域"出来，造成人的精神与肉体之间的巨大落差。技术的发展对人的自由、

---

① 段伟文：《网络空间的伦理反思》，江苏人民出版社2002年版，第73页。

信念、尊严等根本价值提出了挑战,"现代科技专家只充当了'半个上帝'……即如何像全知全能的上帝那样创造出前所未有的工程或奇迹。而那本古老《圣经》的另一半,那与人的文化遗产、生活意义、生存目标和价值有关的另一半,反倒成了与现代生活无关的、陈旧的东西"[①]。网络本身就具有分散性、不均衡性、不确定性,个体对网络中虚拟身份的认同也导致了个体的多重自我的出现、自我的不确定性的加剧、自我主体性的丧失,从而使个体失去了承载自我意义和人生价值的根基。人类发展了科学技术,创造了网络世界,作为人类理性技术产物的网络,拉近了人与人之间的时空距离,给人类带来了大量的信息,为人类的生存提供了便利条件。然而,有些青少年却表现出对网络信息技术的严重依赖性,沉浸在人类编织的信息网中,在主宰网络信息的过程中反而成了网络技术的奴隶。网络信息技术将五彩缤纷的感性世界变得简单化、数字化、符号化,甚至人类主体也被简化为数字、符号。一些青少年沉迷于脱离了现实社会规范和道德伦理束缚的网络世界,畅游于虚拟化、数字化的网络符号世界中,抛开了人的德性、情感等人文特性,将自身幻化为数字、符号工具,丧失了人的本性,成为被信息技术绑架的异化的人。

人在网络信息技术中异化的实质是个体的人生意义的丧失和人生价值目标的错位。人与网络技术的关系是目的与手段的关系,网络技术是作为个体生存的手段而产生的。然而有些青少年却将网络视为生活的全部,沉浸在虚拟的网络世界中,沉迷于虚拟世界对自我本能和欲望的满足,混淆了虚拟与现实,忽视了现实生存和现实生活实践。受到符号世界异化的青少年,将虚拟的

---

[①] 李河:《得乐园·失乐园:网络与文明的传说》,中国人民大学出版社1997年版,第193页。

一切应用于现实生活中，以虚拟世界中形成的价值观念指导和评价现实生活实践，导致了个体价值观的冲突、价值取向的迷茫。以很多新闻媒体报道的事实为例，一些青少年在现实中以网络游戏的方式杀人或为了寻求刺激或为了体验英雄、大侠的豪爽，将杀人视为游戏，对生命表现出漠然的态度。网络空间中自我呈现的多重性、流动性、不确定性，又使个体无法控制和预测自己的行为，既找不到现实中同一的自我，又无法构建一个完整的自我，对自我产生不确定感，找不到自我的方向，丧失了基本的事实与道德判断能力，也失去了作为人应有的价值目标和理想追求。

# 第五章

# 身体消费对青少年身份认同的塑造

## 第一节 消费主义与身体政治的兴起

身体政治是指身体和权力之间的双向斗争,即权力对身体的规训和身体对社会权力的反抗。关于身体政治的研究可追溯至柏拉图时期,然而身体在传统哲学研究中并未得到应有的重视,传统的西方哲学一直遵循着身心对立的二元论观点,将意识作为哲学研究的重要对象,而身体则被视为欲望、罪恶的源泉,造成身体的"缺席在场"。真正将身体提高到哲学高度的则是尼采,在尼采看来,权力意志就是身体,身体就是一切。至此,在哲学研究中,身体由幕后走向了前台。尼采的思想影响了福柯关于历史、权力、身体等方面的研究,福柯堪称身体政治研究的集大成者。福柯指出传统社会中重视灵魂、精神、意识而否认身体的做法是不可取的,身体是权力运作指向的对象,各种社会权力均是通过身体作用于人,实现对人的规训和控制。[①] 福柯的研究使身体在哲学研究中达到了空前的盛况。然而,身体政治研究的兴起

---

[①] [法]米歇尔·福柯:《规训与惩罚:监狱的诞生》,刘北成、杨远婴译,生活·读书·新知三联书店2003年版。

和发展是有着复杂的社会经济和文化背景的。近代西方向工业社会的转型，社会结构的极大变化，尤其是消费社会出现以后，消费文化对身体意象的突出、清教伦理思想的销蚀、消费享乐主义的兴起、生活方式的变化、休闲时间的增加等，这一切使身体正在变成欲望的载体。这表明身体地位的凸显是一系列社会、经济、文化各因素转型的后果，而以制造和满足欲望的消费主义作为一种新兴的身体规训力量，更将身体塑造成为个体自我的象征，由此引起全民对身体的关注。

## 一 西方哲学中的身体研究理路

### （一）传统哲学中失落的身体

在尼采之前的哲学史中，由柏拉图开创的将人的身体和灵魂分割的身心二分法成为影响哲学研究的主流传统。在身心二分的哲学研究中，身体的正当性和合法性完全被灵魂所剥夺、压抑和遮蔽。柏拉图在《美诺篇》中对人的灵肉分离及作用并未做出合理的解释，但是柏拉图通过苏格拉底对美诺的问题的回答，提出了灵魂不朽和灵魂先天具有知识的观点。灵魂的不朽是灵魂具有知识的前提，而灵魂会失去原有的知识，因此，人需要学习知识，学习就是对原有知识的回忆的过程。灵魂为什么会失去知识呢？柏拉图在《裴多篇》中记述了苏格拉底与弟子辛弥亚和格贝的对话，对话讨论了哲学家对待死亡的态度，由此柏拉图指出灵魂失去知识的原因在于肉体。苏格拉底在对话中指出，哲学就是在为"死亡"做准备。肉体会将灵魂引入歧途，因此真正的哲学家应该厌弃肉体，而死亡则会将灵魂与肉体分离，使灵魂成为独立的存在，只有脱离肉体成为独立存在的灵魂才能认识真理，由此，身体与认识能力也割裂开来了，同时也从哲学上否定了身体的地位。在《裴多篇》中，柏拉图指出理性是灵魂的唯一特性，激情和欲望则是肉体的特性。苏格拉底认为，人之为人的关键就在于人具有灵魂，人是灵魂的存在，人只有认识了灵魂的理性，才能得到智慧。柏拉图继承了苏格拉底的灵魂说，并进一步提出了肉体的生命和灵魂生命两种生命说。肉体的生命使人沉迷于人世间的享乐生活，是生命跌入苦难的原因，是短暂的、易逝的、低贱的；灵魂生命则向人展示生存的希望和终极的幸福，是永恒的、高贵的。在柏拉图看来，灵魂容易受到肉体的干扰和欺骗，影响灵魂对真理的认识和把握，灵魂只有摆脱肉体的束缚，才能认识真理、获得智慧、实现永生。灵魂与肉体的分离、理性与感性的对立，成为柏拉图哲学中最基本的理论前提，正是柏拉图开创了身心二元的哲学理论传统，西方哲学也由此长期受到崇尚灵魂贬抑身体这一理论传统的影响。正是这一哲学传统，制造了精神与肉体的分离，夸大了精神在人类认识世界、改造世界中的作用，否定了人的欲望等非理性因素的价值和作用，同时也强化了精神对肉身的控制，将身体排斥在真理之外，身体完全处于从属地位。

从柏拉图之后，身体在哲学研究中就陷入了漫长的黑夜之中。在中世纪，柏拉图的信奉者奥古斯丁发现《圣经》与柏拉图的思想具有一致性，他修正了哲学与基督教之间的分歧，对柏拉图主义进行了神学上的修改，形成了基督教神学。实质上，在中世纪哲学成了基督教神学的婢女，哲学只是为基督教神学中的各种教条存在的正当性提供说明服务的。基督教神学宣扬上帝、推崇灵魂，表现出了明显的重灵魂轻肉体的哲学倾向。在中世纪，教会是上帝在人间的代理者、是真理的源泉，教会具有至高无上的权威，人要恭敬地服从、顺从教会，人要接受教会教授的真理并以此作为自身的信仰，信仰居于至高无上的地位，而个体的欲望和身体享受则被视为邪恶的而受人鄙视。在奥古斯丁的基督教神学中，上帝代表着永恒，上帝是一切存在的根本，上帝代表着最高的道德准则，而人天生就是罪恶的，人的罪恶源于肉体的欲望，因此，人要接受上帝的惩罚，为自己赎罪，以得到上帝的谅解。要实现自我救赎，就要压制人的欲望，放弃物质世界的享受，进行精神上的忏悔。奥古斯丁再次使人远离了自己，而中世纪基督教主张的禁欲主义则将身体推向了黑暗的深渊。在中世纪教会占据统治地位的时代，人们被教会死板的教义所束缚，压抑着身体的欲望，人的身体在黑暗的社会中被放逐。

　　进入文艺复兴时期之后，经院哲学逐步退出历史舞台，教会权威地位被动摇、摧毁，个人逐渐摆脱了宗教的束缚。文艺复兴运动宣扬理性和科学，个人从宗教束缚中解脱出来，确立了个人作为理性主体的地位。上帝不再是真理的代名词，人们开始利用理性知识认识并解释自然、宇宙及人自身的各种现象，自然科学开始得到发展。而这一时期的哲学的主要任务则是摧毁神学，宣扬知识和科学。自然科学和哲学对理性、科学的鼓吹、宣扬，使人的身体在摆脱了基督教神学的束缚之后，又陷入了理性的控制之下。古希腊哲学家柏拉图虽然提出了身心区分，崇尚灵魂，贬低肉体，却总还注意到了身体的存在，然而文艺复兴时期之后，身体则被看成了物体，而与灵魂或意识无关，身体被遗忘了。笛卡尔将世界的构成分为两种实体，即物质实体和心灵实体。笛卡尔认为，心灵和身体分属于两种不同的实体，他将身体视为物质实体，认为身体是机械的、无生机的、纯粹生理性的实体。在笛卡尔看来，人的身体的许多活动就像动物的机械活动一样，灵魂只能引导身体活动的方向，灵魂是脱离肉体的独立存在，灵魂是永生的。人主要是属于心灵、精神的范畴，而身体则处于从属的地位，笛卡尔以自己的身体进行了近乎癫狂的身体试验，最终得出了"我思故我在"的经典命题，将灵魂视为人的本质存在，身体与灵魂彻底分离，身体仅仅是一种物质实体，身体陷入了被遗忘的状态。笛卡尔在其自身试验中创立了灵魂说，指出思维是人类的独有特征，这一特征使人类获得了理性推理的能力。在笛卡尔的理论中，人类的思维过程具有灵魂性，身体不再是思维存在的必要条件，同样，身体作为物质实体也可以离开思维而存在。文艺复兴时期，科学击败了神学，理性取代了上帝，人的理性主体地位得到了应有的重视，然而，贯穿这一时期哲学的主题却是对理性的运用，在理性取代上帝的过程中，"意识和身体的伦理关系转变成了意识和存在的工具关系"[1]，身体总被看成一种感性存在而屈从于灵魂或心灵，理性被推上了至高无上的地位，对科学的宣扬导致人们对理性的崇拜，也使人们忽略了自身的感觉，这种对理性的崇拜也带来了人的地位的下降。自笛卡尔之后的很长一段时间内，身体在哲学中一直处于一种被遗忘或遮蔽的状态，直到尼采的出现逆转了这种状态。

（二）尼采哲学中的"身体转向"

柏拉图把灵魂、智慧视为人的本质存在，中世纪基督教则将信仰视为人的本质存在，在启蒙哲学中人成了理性的存在，其共同点是将人视为理性的动物，理性是价值设定的基础与标准，而人要摆脱动物性，就要排斥作为其动物性基础的身体。正如上文所述，在西方传统的身体哲学中，灵魂、心灵、理性成为身体哲学思想的主导，与感性的现实世界越来越远，极大地超越了人的

---

[1] 汪民安、陈永国：《身体转向》，《外国文学》2004年第1期。

身体的非理性，身体哲学也因此与人的现实感性生活之间产生巨大的张力。被世人称为"狂人和疯子"、又被誉为后现代主义哲学鼻祖的尼采打破了这一张力。尼采的"要以身体为准绳""一切从身体出发"等观点颠覆了身心二元的传统哲学，解放了人的身体的动物性。

尼采结束了身体被贬抑、遗忘的历史，将身体提高到具有决定性作用的至高的地位，指出意识是该收敛的时刻了。尼采认为身体是审视一切的依据，认为世界是身体的透视性解释，是身体和权力意志的产物。柏拉图主义的理念说、基督教的上帝、文艺复兴时期的理性，均对身体表现出压制或漠视，而尼采则将身体视为权利意志，嘲笑身体、意识的二元对立。尼采激烈地批判身心二元对立并将身体推到了至高的位置上，身体与灵魂是不可分的，身体也并不比灵魂低贱，身体是存在的基础和依据。尼采认为，身体是现实世界中唯一真实的存在，而灵魂、意识只不过是身体的发明而已。"在你的思想和感情的背后，有一个有权力的王，一个不知名的圣哲——它叫'自己'，它居住于你的肉体，它便是你的肉体。"[①] 在尼采这里，身体摆脱了被意识驱动的可悲的被动处境，身体成为万事万物的主宰，身体代表着一切。传统哲学中蔑视身体的人往往将心灵、灵魂视为大理智，将身体视为小理智，这种做法完全是本末倒置，身体才是真正的大理智。人就是身体的存在，此外无他，身体本身就是最高的存在，因此尼采要求一切从身体出发。

尼采将身体推向至高无上的地位，将身体视为重估一切价值的起点，并赋予了身体新的内涵：权力意志。所谓权力意志即作

---

① [德] 尼采：《尼采文集：你与一个巨人心灵的对话》，楚国南等译，改革出版社 1995 年版，第 148 页。

为创造性的本能来运用、行使权力等。然而，人的身体究竟是什么呢？尼采将身体回归到动物性方面，并将它们都等同于权力意志。尼采将权力意志视为人的基本属性，等同于权力意志的人的动物性方面自然也就成了人的存在的根本规定性。尼采的权力意志首次将人的身体和动物性推向了至高无上的位置，取代了理性的至高无上性。人的存在首先是身体的存在、动物性的存在，理性、智慧、灵魂等只是身体的附属产物，身体而非灵魂成为人与动物的根本性差异的依据。在尼采这里，身体是积极的、强健的、有力的、上升的，身体总是寻求支配他人与世界，寻求欲望的实现，同时创造着一切——道德、文化、艺术以及哲学理性。身体—权力意志成为尼采哲学的核心结构，以此来对抗传统的道德理性和形而上学，尼采通过对身体—权力意志内涵的揭示，有力地批判和颠覆了传统的意识哲学。

尼采在继柏拉图、奥古斯丁、笛卡尔等哲学家之后，将被摒弃、遗忘的身体推上至高无上的位置，以其身体—权力意志颠覆了以往的价值体系，将身体视为一切事物的起源和标准，呼唤人们信仰身体，以身体重估一切价值，批判了传统的理性、道德伦理对人的压制和规定，将身体推向了历史性的高度。

（三）福柯的身体政治

尼采以身体取代理性，视身体为万事万物的主宰，由此扭转了传统哲学崇尚灵魂、理性而贬低身体的思想倾向，而福柯则真正将身体引入了研究视域中。福柯在尼采的影响下，揭示了身体被规训的历史。福柯以身体为基础构建起社会理论和谱系学，对身体和历史的复杂关系进行了重点分析。在福柯看来，各种权力通过身体作用于人，实现对人的规训和控制，这正是身体的重要性所在。福柯将身体作为书写历史的载体，分析权力、知识、性、道德对身体的塑造，以书写"一个完全为历史打满烙印的身体，和摧毁了身体的历史"[①]。权力的运作机制一直是福柯关注的重点，他认为身体作为权力运作的对象和目标是从古典时代开始的。福柯在《规训与惩罚：监狱的诞生》中曾明确指出，"世间的各种权力技术，各种历史的悲剧、喜剧，都离不开身体，都将身体作为一个关注的中心，都对身体进行精心的设计和规划。身体成为各种社会权力展开角逐的对象，权力在生产它，试探它，挑逗它，控制它"[②]。福柯认为，身体之所以不断地受到社会、文化、权力的塑造就在于身体的流动性和可变性，各种权力持续不断地监管、规训、惩罚着身体。

福柯的权力理论不同于传统上的权力理论，传统上的权力一般被理解为君主权力或法律权力，具有压制性。福柯反对这种将权力视为为国家机器和阶级服务的宏观理论，他认为权力关系存在于社会存在的各个层面，自由的人的存在是权力关系的前提，权力是生产性的而非压抑性的。由福柯的这一积极的、生产性的权力观出发，"性"就成了传达权力关系的重要方式，性是由权力生产出来的。由于性与生命的密切关系，权力就成为促进与激发生命的力量，而生命权力正是管理、控制、繁殖、提高生命的积极权力。生命权力作为一种新的权力模式，是以身体为中心，将人的身体整合到知识和权力的领域中，使之成为符合各种规范的主体。在福柯看来，是权力在生产并改变着身体，我们的身体中布满了权力的烙印。权力与知识组成了庞大的权力规训体系，

---

[①] 汪民安、陈永国编：《尼采的幽灵：西方后现代语境中的尼采》，社会科学文献出版社2001年版，第123页。

[②] [法]米歇尔·福柯：《规训与惩罚：监狱的诞生》，刘北成、杨远婴译，生活·读书·新知三联书店2003年版，第58页。

身体成为权力规训的对象和目的，身体不再是受到惩罚而是受到规训。在现代社会，身体之所以成为权力规训的对象，在于身体是联系权力和知识的中介。规训权力产生于18世纪，君主权力对于危及个人财产的非法行为缺乏有效的控制，于是产生了刑罚改革，在改革的过程中便出现了规训权力，规训权力在身体这里找到了解决这一矛盾的方法，由此，身体成为规训权力发挥作用的支点。福柯将边沁的"全景敞视式"监狱视为现代规训权力的理想模式，其快速、有效、轻便的规训机制逐渐渗透并覆盖整个社会，造成规训社会的形成。人处于规训社会中，各种规训权力不停地在生产、规训着身体，使身体越来越驯顺。

福柯认为规训身体是对现代社会权力运作的基本特点的体现。权力关系具有生产性的能力，权力是不同社会关系相互联系的纽带。规训权力对身体的规训集中体现在身体的生产上，以生产身体的方式训练、征服身体，使身体陷入权力关系的网络中，约束了身体中的不安分的力量。福柯的身体是被政治、经济、权力所利用、塑造、驯服的身体，在现代规训社会中，身体受到无所不在的权力的支配、控制，身体成为被动的承受者，权力则成为主动性的存在，身体也由此丧失了自主性、稳定性。身体在被动地等待权力的判决，权力则是积极主动的生产者。对于尼采将身体视为评估一切的标准这一观点，福柯并未传承。福柯的身体受到各种权力的支配和控制，是被压制、被生产的被动身体。

尼采和福柯的研究将身体问题推向了现代学术中的重要位置，使身体成为许多学术领域进行新的理论架构和研究的新视角。从柏拉图、奥古斯丁、笛卡尔、尼采的研究来看，西方哲学对身体问题的研究是一个由隐到显、由边缘到中心的漫长过程，对这一漫长过程的考察，显示出当代身体问题的凸显并非偶然的、一蹴而就的，而且也表明了身体研究蕴含着巨大的可能性和理论价值。

## 二 消费主义推动下的身体消费

（一）何谓身体消费？

在消费文化几近普及的当今社会，为了实现自我、展现自我、寻求理想的自我认同，人们持续不断地进行着身体消费，同时也消费着身体。身体消费的概念有广义和狭义之分，广义上是指一切个体的消费，因为消费作为人的行为，人的身体是消费的媒介和作用的对象，消费最终都要体现在人的身体上，所有消费的目的都是满足身体的需要，所以说一切消费均是身体消费。狭义上的身体消费，即直接作用于身体的消费，对身体具有改造、修复、重构的作用，能改变给予他人和消费者自身的视觉形象，也可说是视觉消费，即个体为了维护其外在形象而进行的消费，包括美容、化妆、健身、整容等。在消费文化中，身体的外在形象成为自我认同和社会认可的评判依据，不完美的身体遭到自我的否定、社会的排斥。为了获得理想的身体形象，人们进行大量的消费以打造身体形象，如美发染发的出现、医学美容整容的发展、器官移植技术的进步等，身体在消费社会中受到前所未有的款待，而人类控制身体的能力也在飞速增长。"现在我们具备了手段，能够对身体实施程度前所未有的控制。"[1] 在现代科技发展的作用下，身体正成为拥有多种选择可能和选择权利的现象，人们控制身体的潜力不断激发出来，同时也为外部他人控制个体身体提供了机会和可能。在这个充满不确定性的时代，身体也被看

---

[1] [英]克里斯·希林：《身体与社会理论》，李康译，北京大学出版社2010年版，第3页。

成一个处于不断形成的过程，身体也成为不确定的、可以打造的一种规划。当身体成为现代人的一项规划，也就意味着身体的外形、尺码、体型甚至性别等，都可以依照个体的意愿，对身体进行重构和设计。在现代社会，人们将身体视为个体自我认同的组成部分，这也推动了人们对身体的规划，而身体的规划又有助于人们形成理想的自我认同。

对身体的规划最为常见的就是对个体身体健康的观照，然而现代社会中的个体对自我身体的规划更为重要的是，使自己的身体给自我和他人带来良好的形象。身体的外表和对印象的管理设计在消费文化中具有特殊的重要性。费瑟斯通认为，在消费文化中，身体越接近青春、美丽等理想的身体意象，其交换价值就越高。费瑟斯通以"身体形象""身体维护""身体资本"对身体消费的轮廓进行了概述，个体要想维持较好的身体形象，就要通过整容、美容、健身等方式对身体进行维护，"'身体维护'这一名词揭示了身体好比机械这一比喻的深入人心。像汽车和其它消费品一样，为了保证高效率的运作，身体也需要服务、定时护理和关照"[①]。身体维护不仅使个体获得了更好的身体形象，也增加了身体资本，有助于提升个体的价值。消费文化对身体形象的打造和宣传，促进了身体消费的诞生，而现代科技的发展为身体消费的发生提供了可能，大众传媒激起的大众对理想身体形象的追求则使身体消费由可能变成了现实。

（二）身体消费兴起的原因

1. 作为身份认同建构手段的身体消费

身体在哲学史上的逆转也推动了在社会、政治、文化实践中

---

[①] 汪民安、陈永国编：《后身体：文化、权力和生命政治学》，吉林人民出版社2003年版，第338页。

的"身体转向",尼采所开启的身体转向在当下社会中得到了极大的体现。在传统社会中,宗教和社会伦理控制、规训着人的身体,如宗教通过禁忌和教义实现对身体的压制,理性和灵魂处于至高无上的主宰一切的位置,而身体、欲望则被抑制、贬抑;中世纪基督教提倡禁欲苦行,信仰上帝,而身体则是生来有罪的,因此身体要接受惩罚,承受苦难;社会中的伦理道德对身体行为也起着规制作用。然而,随着经济、技术的发展,消费社会的到来,后现代主义思潮的兴起,压抑、控制身体的宗教精神逐渐衰弱,身体逐渐摆脱了理性、灵魂的抑制和控制而变得越来越自由了。在传统社会中,个体的生存确定性和本体确定性通过宗教框架和社会伦理得以建构和维护,然而,随着这些框架的衰微,现代个体不再像以前那样生来就是确定的,人们失去了对宗教权威的信仰,无法再从这些外在框架中获得清晰的自我认同,人们必须从日常生活中寻找自我确定的依据和要素,身体具有相对的稳定性,因此现代性中的人们更加重视通过身体构建自我感,米尔斯就曾用"外表拜物教"一词充分表达了身体外表对人的重要意义。尤其是消费主义文化的兴起,使身体获得了前所未有的关注,形成了盛大的身体文化景象,越来越多的人愈益关注自身的外表、体型等,将身体视为个体认同的表达。在消费主义和大众传媒的合谋之下,身体成为消费的主体,同时身体也成了被消费的商品。费瑟斯通在对文化的研究中认为,在消费文化中,大众媒介为大众提供了大量富有风格化、个性化的理想身体形象。[1]大众传媒不断强化大众对这种身体形象的认同,使身体成为被消费的主体,使身体成为商家实现其商业利益的工具,同时也使身

---

[1] [英]迈克·费瑟斯通:《消费文化与后现代主义》,刘精明译,译林出版社2000年版。

体成为当代审美的载体，甚至成为个体确认自我、实现自我的手段。感性的身体受到最大限度地肯定与开发，身体还被赋予了身份、地位、品位、时尚、财富等符号意义，由媒介所塑造的"理想的身体形象"——青春、靓丽、性感、苗条等成为大众竞相追逐的目标，身体的外表成为自我的象征，拥有理想的身体形象也因此成为当代个体自我认同的重要内容。

2. 消费主义对身体消费的激发

在消费社会，商品被赋予了更多的文化象征意义，功用性价值不再是人们消费的关注重点，人们更加关注商品的符号象征价值。商品成为人们彰显自我身份、地位、品位的象征和标志，人们沉浸在物质消费带来的快感神话之后，丧失了对人生意义的追问，深度意义感的丧失成为消费文化的最主要的特点。在消费狂热的当代社会，人们丧失了思考的时间和能力，人们不再关注物质的功用，人们的思维停留在商品的符号价值以及商品带来的视觉效果上。正是各种商品符号和视觉图像，激发了人们内心的欲望，满足了人们的好奇心。在所有的商品图像中，身体成为最醒目的符号，身体突破了传统的伦理束缚，由幕后走向前台，成为消费与文化关注的焦点。身体作为一种肉体性的存在，内含着人的基本本能冲动并担负着对本能的实现的功能，身体的实质就是欲望机器，身体是欲望不断生产和消费的载体，在消费社会中，作为肉体与欲望象征的身体进入了人们的视线，并成为人们关注的焦点。身体成了可消费物，身体既是目的又是手段，消费最终止于身体的享受，身体通过消费实现享受，消费又通过身体实现其自身的传播与发展。在经济利益的驱动下，身体被卷入消费文化领域中，成为消费的中心，身体刚挣脱了禁欲主义的压抑和控制，又陷入了消费享乐主义之中。正如鲍德里亚所说的，消费社会是身体欲望极度膨胀的时代。

在消费主义语境中,消费的幸福神话主要通过身体消费得以展现。消费社会的来临,使身体成为社会瞩目的中心,身体被列入了消费的计划和目的之中,身体欲望急剧膨胀,消费成了身体进行自我表达最方便且最具实效性的方式。在资本增殖逻辑的驱使下,消费文化不断制造着身体消费的需要,刺激身体消费的欲望。费瑟斯通曾指出,在消费社会,"身体维护"是道德的体现,个体不得不维护、保养身体,否则就被视为懒惰或者自卑的表现,甚至被视为道德上的失败,健康、美丽、年轻态的身体是道德的身体,反之病态、丑陋、老龄则被视为身体道德的失败。在这一逻辑推动下,人们就通过节食、健身等保养自己的身体,由此带动了身体产业的兴盛。消费主义语境下的身体负载着沉重的内涵,是幸福与快乐的承载者,身体成为消费社会中最美的景观,身体被重新规划、设计,身体本身也成了消费品,具有特殊的符号意义。在消费文化中,享乐主义盛行,身体被突出出来,消费者通过消费对身体进行着自恋式的投入,身体消费是对享乐主义最直接的回应,"身体之所以被重新占有,依据的并不是主体的自主目标,而是一种娱乐及享乐主义效益的标准化原则"[1]。然而这种自恋式的身体投入并不以健康的身体或高尚的灵魂为目的,而是为了得到理想的身体形象,吸引他人的关注。在这一过程中,身体之所以成为最美的关切之物,在于身体是"心理所拥有的、操纵的、消费的那些物品中最美丽的一个"[2]。在消费文化

---

[1] [法]让·鲍德里亚:《消费社会》,刘成富、全志钢译,南京大学出版社2014年版,第123页。

[2] [法]让·鲍德里亚:《消费社会》,刘成富、全志钢译,南京大学出版社2014年版,第123页。

作用下，身体已然成为最美的消费品，并被赋予个性、品位、身份、地位等标签，身体已成为消费对象、消费目的中的应然之物。

3. 大众媒介对身体消费的操控

在消费主义的推动之下，消费文化与时尚产业对身体的表面尤为重视，强调要对身体的表面进行操控、规训。在鲍德里亚看来，身体成了消费社会中最美、最珍贵、最光彩夺目的物品，其本身所具有的意涵深不可测。在摆脱了清教禁欲主义的控制之后，身体获得了解放，被人重新发现。大众广告、流行文化给身体套上了营养学、卫生保健学、医疗学的光环，并通过消费形式向人们宣传美容、塑身等改变自身形象的方法和手段，使青春、美貌、阳光等成为时刻萦绕人们心头的梦想和追求，开展一系列真人秀和表演，使身体成为仪式的客体，人的身体形象也成了一种商品化的存在而具有了特殊的符号价值，成为人们竞相追逐的对象，这一切真正使身体取代灵魂成为人自身的救赎物品，成为人们自我确证和自我实现的手段和工具。

在消费社会中，消费文化关注的是身体的审美价值及观赏价值，消费文化为大众制定了身体形象标准并提供了理想的身体意象供大众参考、模仿，以打造理想的身体外形。大众媒介在吸引大众关注身体形象的过程中起着重要的作用，尤其是广告，广告信息是促使大众迷恋身体的主要操纵者。在广告中，明星、偶像、模特的身体形象常常被标定为理想的身体形象，电影、电视、报纸、杂志中呈现的各种广告影像、图片生产者标准的身体图像。提供标准身体图像的明星们为了保证拥有消费文化打造的标准形体，通过化妆、整容、健身等消除或掩饰自身的不足，通常还要遵守严格的饮食和训练。很多青少年将这些明星的身体形象视为模仿的样本，也采用化妆、整容、健身等方式来规划、重构自己的身体形象。广告在不断地为大众塑造一个又一个身体形象标准，使大众为自己的身体形象的不足感到自卑，进而产生焦虑，此时广告又不失时机地告诉大众，身体形象的不足是可以改变的，身体形象是可以重构的，由此促进消费者的身体消费。广告的作用就在于为大众创造一个完美的身体形象世界，在这里，个体将自身与这种完美形象进行对比，在发现自身的不完美性之后通过身体消费来改造自我身体形象。然而，每个人都知道没有什么东西或者人能够做到或实现完美，但广告却在极力劝说消费者只要通过特定的保养就能得到理想的身体形象。明星们也在不停地炫耀其完美的身体形象，然而，明星们的身体形象并不是自然状态下的存在，而是通过我们未能看到的化妆、整容、健身并在广告过程中辅以数字图像处理技术等处理之后的形象，他们所展示的完美形象已不属于他们本人，是不真实的，是一种模式化的理想身体模型，是大众媒介精心打造的身体标准的视觉范式。在与理想身体形象的对比下，以及在大众媒介的指导下，消费者对身体形象美的崇拜和追求就渐渐转变成了一种消费行为——身体消费。

（三）身体消费对当代人的消费的影响

身体是一个人身份认同的本源，人通过身体获取人生的主旨要义并将其传达给他人。在消费社会中，个体的身体表征与感觉已经取代出身、信仰、职业等特征成为个体确立自我身份认同的核心。现代社会对身体的特别关注，使身体成为自我的代言，身份与身体、形象已经很难分开。在消费文化的影响下，身体也不再像传统社会时那样真实、可靠，身体也需要不断的改动，今天的身体犹如一纸草稿，需要不断的设计、重构，对身体的改造、规划正是人们对理想自我的塑造。随着身体与自我认同之间的联系越来越紧密，人们越来越重视自己的身体形象，人们不断增加对身体的投入，以提升对身体的控制，获得良好的自我感觉。随着整形美容等医疗技术的发展，越来越多的现代人依据自己的需要和意愿来设计、重构、包装自己的身体。正如戈夫曼所认为的那样，个体对于身体的常规化控制影响着个体的自我认同以及他人对自我的评价。① 技术的发展和专家的知识已经侵入人的身体，节食、锻炼、护肤、美容等方面的通俗书籍也越来越多，人们控制身体的能力不断增长。在现代医学技术的作用下，越来越多的人选择通过整形等现代技术来改变自己的身体形象，以大众媒介创造的身体标准来塑造自己的身体。

在消费主义和消费文化的影响下，大众传媒不断宣扬理想身体的标准及拥有理想身体形象的重要性，潜移默化地将理想身体的意象植入人们的意识当中。许多现代人已经将身体视为自我认同的基础，并将身体视为可塑的、可重构的。关于身体的这种意识的形成，对当代人的生活产生了重大的影响。布迪厄认为，对身体外表的关注和身体消费在新中产阶级范围内尤其受到重视，然而，近些年来，身体消费已经突破了这一范围限制发展成为一种全民运动。② 身体消费的兴起导致现代很多人以保持青春、美丽、性感等良好的身体形象作为消费的目的，并以各种偶像、明星、模特的身体形象作为参照来审视自己的身体，试图通过身体消费来弥补自身的不足。现代技术的发展为改变身体形象提供

---

① ［美］欧文·戈夫曼：《日常生活中的自我呈现》，冯钢译，北京大学出版社 2022 年版。

② Pierre Bourdieu, *Distinction*, Richard Nice & Tony Bennett, London: Routledge, 2010.

了可能性，更促进了大众的身体消费，越来越多的人走进美容院、养生会所、足疗馆、健身中心等机构，为使自己变得更显男人味、女人味、年轻态、健康态等投入更多的身体消费。人们一方面自由选择美容、整形等来改变、维护自己的身体形象；另一方面，又在时尚、媒体的作用下，不断改变自己的审美观念。人们利用各种整形、美容技术来改造自己的身体，对自己的身体进行各种手术，使之更趋于完美，人们却忽略了手术的风险。在一些大中城市，减肥、整容已经成了继房地产、电子通信之后的消费热点，尽管整容所要付出的金钱成本极高并且要忍受着常人难以想象的疼痛，媒体、报刊也常常报道整容失败导致毁容甚至导致死亡的事件，还有一些人在手术过程中感染各种疾病，然而，这些都阻挡不了人们爱美的脚步，依然有很多人义无反顾地躺上整形医院的手术台，抱着极大的希望，渴望获得一个令自我满意、符合社会审美标准的身体形象。足以证明身体消费在人们生活中的重要性。

　　社会进入崇尚身体消费的时代，身体的表现欲和窥视欲不断膨胀，在尼采、鲍德里亚等学者的身体理论的推动下，身体获得了解放和自由，欲望、本能等在当今社会均找到了发泄的途径。尤其是青少年这一具有独特个性的群体也不断追求着身体的解放，将身体视为表现自我、展现自我的途径，更将身体视为实现自我认同的基础，通过身体消费展现自身的个性特点，希望得到他人和社会的关注，获得良好的自我感觉。青少年身心发育尚未成熟，易受外界暗示和影响，在消费主义和大众传媒的共谋之下，青少年选择用身体去表现和消费，在以身体实现自我言说的同时，其追求自我的心灵也受到了无尽的折磨。在当代消费文化的影响下，青少年更加关注自身的身体形象，于是整容、健美、节食等产业迅速崛起。然而,青少年在通过身体展现自我、表达自我的同时又受到了消费主义的规训,消费主义对身体的规训在很大程度上是青少年自愿接受的而非强制性的,在这种规训体制下,青少年一方面时刻关注着自己的身体,发现其与理想身体形象的差距;另一方面,通过各种技术如隆胸、染发、减肥等规训自己的身体。青少年在理想形象的吸引下,主动接受规训,其结果是人受到物的奴役,青少年在追求身体自由的同时反而受到物的压制和束缚。"而今天的历史,是身体处在消费主义中的历史,是身体被纳入到消费计划和消费目的中的历史……身体从它的生产主义牢笼中解放出来,但是,今天,它不可自制地陷入了消费主义的陷阱。"[1] 将身体视为构建自我认同基础的青少年,试图通过对身体的规划实现自我的价值,追寻自我的归属,然而,青少年对身体形象的追捧却落入了消费主义的陷阱。青少年试图通过身体规划达到自我归属的实现,在这一过程中,其身体不仅承受着沉重的负担,其自身也陷入了消费—修正身体—消费—修正身体的消费怪圈之中不能自拔,反而迷失了自我。

## 第二节　当代青少年的身体审美和身体消费

在当代社会,身体越来越受到人们尤其是青少年的重视。布迪厄曾指出,身体不仅展示了人们的社会地位及与众不同之处,身体还是自我的容器,揭示了个体的本真个性。[2] 费瑟斯通也提

---

[1] 汪民安、陈永国编:《后身体:文化、权力和生命政治学》编者前言,吉林人民出版社2003年版,第20—21页。

[2] Pierre Bourdieu, *Distinction*, *Richard Nice & Tony Bennett*, London: Routledge, 2010.

出身体是"表演性的自我"①。克里斯·希林在其研究中指出,身体审美的目的在于能够有效地控制自己的身体外表以提升自身获得各种满足的能力。② 身体在理论中地位的跃升,以及消费主义和大众传媒的推动,身体审美在当代社会出现了新的特点和倾向。青少年易于接受新鲜事物、乐于尝试时尚流行之物,其审美更表现出了身体化的倾向,这一倾向也促进了青少年的身体消费活动。

## 一 身体——青少年寻求认同的重要媒介

埃里克森认为,自我同一性伴随着整个人生历程,由于青春期所特有的身心特点,决定了青少年时期自我同一性的建构成为个体同一性建构的最重要阶段,也决定了自我同一性的建构成为青少年时期最重要的心理社会任务。③ 就青少年本身而言,自我同一性是指对其个体的本质、人生观、价值观等构成其人生的重要方面连续一致的、比较完整的意识,也是指其自身与外部环境之间通过整合达成协调一致的稳定状态。进入青春期之后,青少年就要面对一些人生中的重大问题(如职业的选择、对理想的追求、树立正确的价值观和人生观等)进行思考和选择,青少年思考和选择的过程也就是将自己以往的人生经验、理想、对未来的期望以及社会的要求进行整合与协调达至自我平衡的过程。埃里克森把人格发展分为8个阶段,每一个阶段都对应着一定的心理社会任务,每一阶段的任务又根据生本能和死本能形成两极,人

---

① [英] 迈克·费瑟斯通:《消费文化与后现代主义》,刘精明译,译林出版社2000年版。
② [英] 克里斯·希林:《身体与社会理论》,李康译,北京大学出版社2010年版。
③ [美] 埃里克·H·埃里克森:《同一性:青少年与危机》,孙名之译,浙江教育出版社1998年版。

格在这种任务的两极斗争中循序渐进地发展着。[①] 埃里克森将这些任务的两极称为危机，青少年时期面临的危机是自我同一性与同一性混乱。青少年时期的同一性危机主要体现为对同伴群体和偶像形象的认同，偶像可能是具有榜样性质的模范人物，也可能是同伴，还可能是时尚明星等，青少年通过自我与偶像形象的对比，并以偶像形象作为标准，对自我进行限定，并在对比的过程中发现自我、形成自我认同。

身体本身就是认同实现的基础。身体并不仅仅是证明个体存在的一个物理实体，身体更体现了个体的实践模式并作为体现个体行动的系统而存在，身体在日常生活活动中的实际参与，使得身体成为维持个体自我同一连续性的基本途径。身体形象在个体获得社会和他人认同方面具有重要作用，但是在不同的社会文化环境和时代，社会所认同的身体形象是不同的，如唐朝杨贵妃时期女子以胖为美，清朝男子留发辫、女子的三寸金莲，在当代社会，女子以苗条、青春、性感为美，男子则要求有阳刚之气等。青少年时期是自我发展的重要时期，他们更加关注自我的形象以及他人对自己形象的评价。青少年时期是长身体、长知识的关键时期，知识的增长就表现在学习上，然而在消费主义、享乐主义的冲击下，在大众传媒的诱惑下，越来越多的青少年以明星、偶像为榜样，转向身体消费来进行自我包装，展示自我独特的个性，塑造符合大众媒介标准的身体形象，以此来获得他人和社会的认同。大众媒介通过广告等手段塑造出一个又一个俊男美女形象，并通过反复呈现使人们接受并认同这一身体形象标准，由此引导着人们的审美倾向，尤其对处于追星阶段的青少年的身体审

---

[①] ［美］爱利克·埃里克森：《童年与社会》，高丹妮、李妮译，世界图书出版有限公司北京分公司 2018 年版。

美产生重要影响。

## 二 当代青少年的身体审美

（一）青少年身体审美倾向生成的背景

尼采的身体美学扭转了身体在人类思想史上被贬抑、遗忘的历史。尼采认为身体是感官生命的具体呈现，是人的生命的感性存在。在尼采看来，身体是衡量万事万物的标准，一切都要从身体出发，以身体的视角重新审视历史，身体是整个人类文明的生产机器。① 身体跳出了意识的长期操控，跳出了二元对立的意识哲学传统，意识成为身体的附属品。德勒兹发展了尼采的身体理论，提出了"无器官的身体"，指出身体超越了精神、意识，成为主动的、自由的存在，同时，身体也是可变的、可生产的。② 鲍德里亚则从消费主义的视角看待身体，将身体视为一种可见的符号，"把身体当作一座有待开发的矿藏一样进行'温柔地'开发以使它在时尚市场上表现出幸福、健康、美丽、得意动物性的可见符号……"③ 身体美学观的出现及在中国的出现，使中国很多学者开始关注身体研究，例如陶东风等学者对消费文化、身体审美等进行了研究，指出了身体表现与消费社会不断融合这一现象，学者们的理论研究激发了青少年的身体展现欲望及对其价值的思考，从理论上改变了青少年对身体的看法，促使当代青少年追求身体自由与解放，追寻身体的感性欲望，将身体视为自我展现的重要文化载体。

---

① ［德］尼采：《尼采文集：你与一个巨人心灵的对话》，楚国南等译，改革出版社1995年版。

② Gilles Deleuze, *Anti-Oedipus*, Penguin Classics, 2009.

③ ［法］让·鲍德里亚：《消费社会》，刘成富、全志钢译，南京大学出版社2014年版，第123页。

在中国传统的封建社会，身体一直处于被压抑的地位，统治者利用封建礼教控制民众，压制人们的身体欲望，以实现统治者地位的稳固。新中国成立之后，传统的封建等级制覆灭，实现了人们的解放和自由。尤其是改革开放之后，随着中国自由、民主思想的发展，政治对个体的规范越来越少，人们开始关注个体自身，身体也获得了前所未有的解放和自由。各种奇装异服在青少年身上展现出来，青少年以此展现自己的独特个性。各种舞厅相继开张，青少年在舞池中忘情地舞动身体，宣泄自我的情绪，证明自我的存在。可以说，中国的改革开放政策，政治上对身体的松绑，也为身体在当代的凸显创造了条件，为青少年的身体审美和身体消费提供了宽松的政治环境。

青少年关注身体和身体审美的最大推手当属消费主义和大众媒介，在消费文化的影响下，大众媒介通过影视、广告、选秀节目等向大众展示身体的重要性，另外，中国港台、日韩的偶像剧在中国的风靡，更引起了青少年对身体的关注和兴趣。大众传媒在扩大人们视野的同时，也扩大了人们之间的相互联系和影响，更促进了人们对感性身体的轰动性的追求。消费社会的到来，为身体欲望的发泄提供了物质基础，青少年更是不断追求身体的解放。在消费文化的影响下，大众媒介为大众提供了大量风格各异的身体形象，笛卡尔的"我思故我在"已演绎为"我买故我在"，只有消费才能体现一个人的存在，而消费的东西均与身体相关，消费直接指向了个人的身份、地位、品位等。商家通过广告、影视等媒介向青少年灌输消费主义的幸福观，宣传只有消费才能使人达到幸福、快乐，而身体是自我的外在表现，各大媒介大肆谈论整容、健身、减肥等，为受众描画了青春、靓丽、个性、苗条等的身体形象。商家更是通过形象、生动的视听方式激发大众的消费欲望，将身体消费与身份认同联系起来，使青少年在身体消费的同时获得一种归属感。青少年的偶像也成为青少年身体消费的助推力量，一些影视明星、球星在商家的包装、支持下，通过展示自身的消费主义生活方式、身体消费等影响着青少年的身体消费，通过对明星、偶像的模仿，许多青少年相信靓丽的容貌和良好的身体形象将有助于个体在一些领域中取得成功。商家通过广告等形式对青少年追求青春、性感的身体形象进行策划，引起青少年对身体的关注、对他者身体的模仿。在商业策划的影响下，青少年为了拥有完美的身体形象，对身体局部进行美化，如美发、化妆、整容等，在这一过程中，身体就成了被消费的主体。消费社会所宣扬的身体消费、身体解放既为青少年追求完美的身体形象提供了正当的借口，也迎合了青少年特立独行、追求新潮时尚、爱表现自我的心理。

身体理论在当代的凸显、中国政治为身体自我表现的松绑、消费主义和消费文化对身体消费的宣扬都推动了青少年身体审美倾向的发生。青少年作为思想活跃、追求新奇、敢于冒险创新的群体，更倾向于追求身体美，通过化妆、美容等方式美化身体，更有甚者以整容手术来改变自身形象，以获得自我和社会的审美认同。然而身体审美催生的身体消费，使身体陷入了被消费、规范的境地，其实质是身体成了社会对人进行规训的手段和工具。由于时尚的易逝性、流变性，青少年通过身体消费构建自我认同反而使自我迷失在时尚消费的迷林中，加深了自我身份认同的危机。

（二）青少年身体审美倾向的外在表现

尼采指出，他全部是肉体，此外无他，灵魂只不过是身体的附属而已。尼采明确地指出身体是一切的主宰，将身体视为审美的主体，为身体高唱赞歌。身体的解放是合乎人的本性发展要求的，然而，进入消费社会以后，人们在崇尚身体解放的同时又陷入了消费主义的陷阱之中，身体进入市场成为消费品。消费主义倡导人们从身体审美的视角来理解身体的解放和身体的消费，这样身体审美就掩盖了身体被消费主义所规训的真相。于是，借着身体审美的借口，人们身体消费的欲望被无限扩展，今天，我们对身体的关注和修饰、规划几近疯狂，这一切都源于身体审美。尤其是当代青少年在消费文化的影响下，审美活动名目繁多，如身体写作、音乐、影视、游戏等。在这些活动中，身体成为大家关注的焦点，街头广告牌中的俊男美女、商场中的真人秀、服装秀舞台上的模特、人体艺术、人体写真、封面女郎、文学写作中的性与身体，还有近些年兴起的各种选秀节目，网络红人的产生等，身体已经成了人们生活中的一道风景，尤其是青少年更是将身体视为外在的自我，十分关注自身的身体形象。身体在当代社会的各种审美活动中可谓是出尽了风头，具体来说，青少年身体审美的倾向主要表现在对自我感性欲望的抒发、对完美身体形象的追捧、对身体包装和身体时尚的追逐。

鲍德里亚将身体分为作为商品的身体和作为性欲对象的身体，身体可以作为性欲的对象，通过对性的描写展示身体，以释放被压抑的情感和欲望。[①] 进入消费社会之后，人们追求身体的自由和解放，要求释放被压抑的欲望，身体成了人们释放欲望的载体和工具。当代青少年更是追求身体的解放、追求感性欲望的释放，通过身体写作抒发感性欲望则成了青少年身体审美的最主要的表现形式。20 世纪 90 年代以来，随着消费主义在中国的传

---

① ［法］让·鲍德里亚：《消费社会》，刘成富、全志钢译，南京大学出版社 2014 年版。

播,身体文化开始勃兴,身体观念发生转变,中国出现了一大批进行身体写作的作家,如 LB、CR、MM、WH、MZM 等,这些作家通过对故事中人物的身体、性、心理的生动、形象的描述,抒发了主人公的感性欲望,描绘了主人公对身体自由、解放的追逐。此外,还出现了很多科幻小说、穿越小说的网络作者和一批青年才俊如 HH、GJM 等,在他们的作品中,均表现出了对感性身体欲望的追逐,对自我的肯定,要求自我顺应身体感性欲望。这些作家的作品中呈现出的青少年形象,均追求身体的解放和自由,展示自我的感性欲望,而这些作品在当代青少年群体中的流行,则说明这些作品是对当代青少年真实感想的再现,这些作品写出了当代青少年的心声,迎合了青少年展示自我感性欲望、追求身体自由和解放的心理。

德波在其研究中将消费社会称为"景观社会",生活中的一切都转化成表象堆聚成庞大的生活景观。[①] 在景观社会中,身体以最直观的躯体形象展现在我们的视野中,成为景观社会中最重要的组成部分。技术的发展促使电视、网络等新媒体形态的应用,新的媒体向大众传递着各种信息,而身体则成了常见的信息素材,大众传媒为大众提供了标准的躯体形象,通过电视、广告等将一个个精致的形象展现给众人。大众传媒所塑造出的躯体形象多是青春、性感、美丽等,而身体就借助对青春和美的占有宣告自身的存在。青少年在身体审美活动中,更是以年轻和美的躯体形象作为追捧目标,主要就表现在对出现在各种娱乐节目中的年轻态身体形象的追捧以及影视剧、青春偶像剧中人物的青春、靓丽的身体形象对青少年的视觉冲击。青少年不仅会对影视、传

---

① [法]居伊·德波:《景观社会》,王昭凤译,南京大学出版社 2006 年版。

媒中出现的躯体形象进行审美评判，还会与自己对比，发现自己的"不足和缺陷"，进而采取行动，弥补自身的缺陷，试图使自身符合大众传媒为大众提供的理想躯体形象的标准。

在西方消费文化的影响下，当代青少年越来越注重身体的形象，青春、健美、苗条等都成了消费社会中躯体形象美的标准。身体成了"最美的消费品"，消费文化鼓励人们对身体进行自恋性地投入，大众媒介则将身体推向了时尚的前沿，将身体塑造成代表幸福、健康、美丽的可见符号。在消费文化和大众传媒的影响和引诱下，青少年越来越追求对身体的时尚包装，主要表现为美容美发、瘦身、整容、化妆、文身等。尤其是在各种选秀节目的影响下，越来越多的青少年选择整容以迎合这个"看脸的世界"，还有一些青少年过度关注自己的体形，为了得到苗条的身材，采用节食、服用减肥药等方法。在消费社会中，随着现代医疗技术的发展，越来越多的人相信人的身体是可以重构的，身体的各个部位是可以重塑的。为了获得理想的身体形象，能够以青春、性感、美丽的身体形象出现在人们的视线中，很多青少年通过节食、减肥茶、化妆、美容、整形、文身等方式对身体进行包装、塑造。青少年在审美活动中对身体进行时尚打造和包装，表现了青少年张扬的自我、对自我身体形象的关注和认同，更是为了在消费时代通过身体形象的塑造争取话语权，追求身体的自由和解放。

### 三 身体审美驱动下的青少年身体消费

古今中外，身体一直都是美的载体，然而在今天，当身体的美被消费文化所重新解读之后，身体被赋予了更沉重的内涵，消费似乎已成为获得良好的身体形象、收获幸福和快乐的唯一手段和方式。现代社会的人们痴迷于美丽、年轻的外表，各种媒介也不断地告诫我们，只要拥有美好的面庞、优雅的身体就能获得幸福。消费社会的到来，使沉寂已久的身体登上了社会历史的舞台，成为人们满足其欲望和享乐的工具。为了获得美丽的身体外形，人们不惜一切包装身体，对身体进行自恋式地消费投入。法国思想家德波将消费社会又称为景观社会，处于景观社会中，人们被各种视觉刺激所包围，以至于人们的其他感觉甚至思想、感情都被视觉所替代，在这里，身体形象作为一种视觉刺激成为消费社会中最凸显的风景。

  青少年的身体消费与青少年的身体自我意象有关，所谓身体自我意象是指个体对自身的容貌、体能、外形等的看法，个体的身体自我意象受他人评价的影响和社会文化的支配。青少年时期处于人生之中躁动的时期，随着生理心理的发展和变化，青少年开始关注自己的形象，越来越多的青少年不满意自己已有的身体形象，要求通过各种身体消费来打造令自己满意的身体外形。青少年的大部分时间生活在校园中，他们十分关注同伴群体对其身体形象的看法以及同伴群体中流行的身体消费，同时在消费主义和大众媒介的宣传、引导下，越来越多的青少年开始担忧自己的身形体貌，并激起了青少年对形体改变的需要和欲望。青少年为了拥有理想的身体外形，以博得他人惊羡的目光，可谓是想尽一切办法为自己的身体添光加彩，最简单易行的就是美甲、烫发染发、化妆、戴耳钉等，这些尚在我们可以理解和接受的范围之内，然而，近些年，随着经济的发展、消费主义的影响，尤其在寒暑假时期，越来越多的青少年走进整容整形医院，要求通过手术改变自己的外貌，还有一些青少年因担心体重问题而采取节食或者参加减肥训练营的方式以使自己拥有魔鬼般的身材，在这些行动中，青少年不能正确把握自己，有些给自己带来严重的身心疾病甚至酿成惨祸。

（一）美丽的代价——整容整形

整容曾经是一个十分特殊的领域，提起这个词就会让我们联想到明星、富人，如今却已走进了寻常百姓的日常生活中，不仅仅女孩子、少妇、老太太参与到整容大军中，甚至男人也加入了整容的行列。《纽约时报》曾报道，中国是继美国和巴西之后的全球第三整容大国。就像中国人从自行车换为汽车、从农村涌入城市一样，爱美者也开始"大变脸"。据韩联社报道，2013年有24075名外国人在韩国接受整形手术，其中有16282名中国人，占67.6%。[1] 这些数据表明，越来越多的中国人通过外科整形手术实现对美丽的追求，然而更令人意想不到的是很多中学生甚至小学生在寒暑假进行整容，而且有很多学生都是父母带着去的。随着社会的发展和进步，一些成年人为了获得更好的发展前景、一些有先天缺陷或后天遭到不测而毁容的人为了修饰缺陷和不足而去整容整形，这些已经得到大众的认可而无可厚非，然而一些青少年学生也热衷于整容整形，就不能不令人担忧，青少年还处于生长发育的高峰期，其形体在未来将发育成什么样子还未定型，在这一时期进行整容整形会为以后的生长发育埋下隐患。新浪网在2008年转载的《南方日报》的一则报道《整容中学生最小十三岁》中，武警广东总队医院整形美容中心负责人指出，从7月初的暑期开始，每天的手术量几乎比平时增加一倍，在这些学生中，年龄最小的只有13岁，而且近些年一些男生也加入了整形大军中。新闻中还报道了某美容中心统计的在该医院整形的

---

[1] 人民网：《"中国大妈"韩国整容遭遇脑死亡 跨国整形应慎重》（2015年2月2日），http：//gongyi.people.com.cn/n/2015/0202/c152509-26491464.html。

男女比例比以前增加了一倍，达到1∶4。① 凤凰卫视在2011年1月的一期《健康新概念》中指出，据统计2010年暑假期间整形科每天都会接诊十余名18岁以下的学生，要求做整形手术，其中年龄最小的只有9岁，人数比2009年同期增加了一倍多。② 这些数据表明中国参与整形整容手术者年龄正呈现出低龄化的趋势，而整形者中青少年群体人口呈快速上升趋势。整形医生认为现在很多青少年学生热衷于整容整形，主要是受到广告宣传和社会价值观的影响，而很多家长则认为这跟整个社会的大环境有关，整形能够增加孩子的自信心。还有一些家长甚至以整容作为孩子取得好成绩或考上好大学的奖励和礼物，如2013年中国新闻网报道《高考过后准大学生扎堆整容 家长当礼物送孩子》，高考结束后，GL市几家较大的整容机构发现最近整容的学生较多，且多由家长陪伴、埋单。③ 家长对待整容问题的默许态度也促使更多青少年选择整容整形。

青少年是追星族的主力军，通过模仿明星、偶像的消费方式和消费习惯来显示自己的身份。整容塑形在娱乐圈十分普遍，我们经常会在娱乐新闻、网站上看到某某疑似整容的新闻报道，然而整容手术的成功与否并不取决于接受手术者的知名度高低，即使是明星也有很多整形失败的案例，HY的儿子LHZ因主演《WZ》备受关注，但是却有网友惊奇地发现，与几年前在《ZALZ》等影视剧中的形象相比，容貌大变，随后LHZ在其博客

---

① 新浪网：《整容中学生最小十三岁》（2008年7月17日），https：//news. sina. com. cn/c/2008 - 07 - 17/025614173982s. shtml.
② 凤凰网卫视：《青少年整容还需谨慎》（2011年1月14日），https：//phtv. ifeng. com/program/jkxgn/detail_2011_01/14/4277960_0. shtml.
③ 中国新闻网：《高考过后准大学生扎堆整容 家长当礼物送孩子》（2013年7月12日），https：//www. chinanews. com/edu/2013/07 - 12/5036687. shtml.

首度承认整容,他说当初为了晒成 GTL 那样的黑皮肤,不料乐极生悲,在一次日光浴中将皮肤严重晒伤毁容,之后更惨遭无良医生忽悠,整容手术失败,导致左脸变形,表情僵硬。2010 年,超女 WB 在整形过程中丧命,这一事件引发全国对整形业的反思,整形业中的各种不规范乱象被逐一曝光,10 年毁了 20 万张脸的说法也频见报端。2011 年有一网站报道一香港潮男赴台湾矫正牙齿并削骨,欲将自己整成 WYZ,岂料手术失败,导致半边脸歪斜。[1] 随着整容行业的逐渐成熟,整容手术的成功率也不断提高,2014 年 11 月中新网刊登的一组图片新闻《女大学生隆胸参加胸模大赛》报道了一个大三的女生晓 F 隆胸的故事,晓 F 平时参加一些演出挣生活费,晓 F 参加了 CBA 挑战赛篮球宝贝的选拔,并参加表演。渐渐地,晓 F 对自己的身材不满意。报名参加 A 省第四届国际胸模大赛后,晓 F 对自己身材越发不自信,尤其是扁平的胸部,她甚至有些自卑。晓 F 常常会怕看到镜子中的自己,她说没有自信。于是晓 F 决定整容,对自己"动刀"。然而,整容手术的费用对晓 F 来说就如同天文数字一样,在经过一番挣扎之后,晓 F 决定参加一个整容医院的项目。医院称只要配合宣传,可以免费实施手术。晓 F 的手术总共有三项,眼睛、牙齿和胸部,整个手术费用约 38 万元。晓 F 的手术比较成功,整容之后,感觉有了自信,露出了笑容。[2] 根据中国青年报社会调查中心的一项调查结果,71.5% 的人认为"社会上以貌取人非常普遍",这也是整容的主要原因,49.4% 的人认为整容的原因是改变外貌

---

[1] 悦美网:《真相大揭秘 WYZ 整容变歪脸?》(2011 年 12 月 7 日),https://www.yuemei.com/20111207/3306.html.

[2] 中新网:《女大学生隆胸参加胸模大赛》(2014 年 11 月 21 日),https://www.worker-cn.cn/192/201411/21/141121165915082.shtml.

就可以改变人生，实现梦想。① 然而，事实是改变了脸，也不一定就能改变人生、实现梦想。并不是所有人都能像晓 F 那样幸运，凤凰卫视《在人间》第 54 期节目讲述了三个本就青春貌美的女孩子在韩国接受整容失败后毁容的经历，整容失败不仅造成她们身体上的伤害，在维权过程中的经历更造成她们精神和心理上的创伤，可谓是身心俱疲。② 类似这样的新闻报道还有很多，然而，整容过程中丧命、毁容等案例并未阻挡住爱美者的脚步，整容业以其特有的吸引力走进了寻常百姓的生活中。整形手术小到割双眼皮、做酒窝等不涉及骨头的微手术，大到截下巴、削颧骨等甚至断骨增高，许多新闻报道和研究中均指出，越来越多的青少年热衷于整容整形，割双眼皮、隆鼻、隆下巴、祛痘、隆胸、断骨增高……面对如此之多的负面报道，爱美的青少年仍然不顾风险躺上手术台，期望着自己的华丽转身，他们究竟是为了什么？

　　医务工作者以及家长给出的青少年热衷整形的原因值得我们每一个人去思考，为什么会出现这种现象？青少年究竟是自主整容还是被社会"整容"？我们应去追寻其背后的根源，总的来看，造成青少年热衷整形的原因主要分为三个方面：第一，爱美是人类的本性，而身体则是美的载体，由于生物学以及男女性在社会中的不同分工等方面的原因，男女对美的标准和要求也各不相同，而且随着时代的发展，社会不同发展时期对美的标准也不相同。但是爱美一直都是人的天性，人类对美的追求是无意识的，

---

① 新浪网：《71.5%受访者认为社会以貌取人非常普遍》（2012 年 3 月 15 日），http://news.sina.com.cn/o/2012-03-15/043024117306.shtml.

② 凤凰图片：《〈在人间〉第 54 期：整容失败后》（2018 年 3 月 26 日），http://inews.ifeng.com/yidian/slide/57058464/news.shtml.

尤其是处于青少年时期，青少年自我意识不断发展，更加关注自我，也更加关注他人对自我的看法和评价，同时，青少年认为他人和自身一样关注自己，因此也更加注重自己的外表和身体形象。第二，消费主义和大众传媒的共谋。在消费社会，一切都成了消费品，而身体则成为最美的消费品，身体的美丽得到了强调。同时大众传媒通过广告、娱乐节目等形式向大众传输着美的标准，并以明星作为理想身体形象的模型。青少年本身就容易陷入物质消费的享乐主义之中，青少年又是追星的主要群体，最易模仿明星、偶像的消费，而对明星、偶像的身体形象的模仿则成为青少年标榜自己身份、群体归属的重要方式。第三，对社会现实的无奈和妥协。当代社会被有些人戏称为"看脸的社会"，以貌取人的现象十分普遍。由于社会节奏的加快，很多用人单位对前来应聘的人员并未进行深入全面地了解，仅凭表面化的印象来取舍，而应聘人员的身体形象在其中也具有很大的潜在作用。还有如今社会上这么多的剩男、剩女的出现，真的是"过剩"吗？这其中有各方面的原因，而"脸蛋"也成了被剩的原因之一。为了以后有一个好的工作、伴侣，很多家长和青少年认为越早行动越好，通过整容整形打造出一个个光鲜亮丽的人造"美女""帅哥"。基于以上三种因素的共同作用，再加上青少年自我意识发展尚未成熟，心理发育也不成熟，极容易肤浅地拔高身体形象对个人的重要性，因个人不符合所谓的"理想身体形象标准"而去整容整形。

　　从社会学上来讲，身体是一种资本，承载着社会的秩序和价值，身体可分为内在和外在两种身体，内在身体主要是指各种内在的结构与组织，外在身体则是身体在社会中的表现以及社会权力对身体的规训。从生产社会向消费社会的转变，使社会的主要任务从规训人的内在身体以促进生产转而变为通过消费对人的外在身体的塑造。随着消费社会的发展和现代技术的不断进步，人们越来越关注身体形象，身体也成了消费品，因此，历史也变成了消费的历史，身体也被纳入了消费的计划、目的之中而成为被赞美、欣赏、控制的历史。人们通过身体消费如化妆、美容、整形、健身等能够增加身体资本，布迪厄认为身体资本是个人品质的重要组成部分，而身体资本在一定条件下还可以带来经济资本或者社会资本。尤其是在演艺界，明星身体资本的增加不仅能够给其带来经济资本和社会资本，更重要的是外在身体的张扬是维持其身份认同的重要途径。消费主义和大众媒介也竭力宣扬外在身体形象对自我的重要性，外在形象就等于身份、地位、时尚、品位……科技的迅速发展、社会物质的繁荣发展促使了美丽产业的发展，时尚、广告、明星、模特又起到了推波助澜的作用，各种选秀节目的兴起，促使越来越多的青少年渴望通过增加身体资本来增加自己成功的机会，浮躁的、急功近利的社会现实也促使更多的青少年走进整形医院，通过身体形象的重塑增加自身资本，吸引大众的眼球，实现社会对自我的认同，实现自我存在的意义。而事实却是，青少年选择整容看似是自己的自由选择，实际却是人受到消费主义的操纵，人彻底成为消费的奴隶，对身体的消费最终变成了对身体的规训，导致了自我的异化。

（二）苗条的暴政

在传统社会，身体是被视为生产、劳动、生育的载体而存在的，人们看重的是身体的实用性，而到了消费社会，身体则成了具有观赏价值的商品，消费文化要求身体要符合美观、苗条等标准，人们要不断维护身体，肥胖的身体被认为是缺少魅力的。环肥燕瘦，形象地表述了不同时代的身体审美。身体并不是先天生成的，而是受到文化塑造的，是文化的产物。社会对苗条身材的推崇实质上体现了消费文化作为一种隐性权力对身体的规训。消费文化是一把"双刃剑"，在给人们带来多元文化生活观念的同时，在资本逻辑的驱动下，为了经济利益，消费主义在与大众媒介的合谋下不断渲染身体苗条的标准及其价值。对苗条的身材的追求不仅在历史中存在过，更是现代社会的一种真实存在，对苗条的身材的追求不仅是女性的专利，很多男性也开始关注身材的美丽，通过健身运动以期获得完美的肌肉线条。20世纪80年代美国学者Kim Chernin提出了"苗条暴政"来形容当代社会中人们对苗条身材的追求以及"苗条文化"对人们身体的操控。文化操控着个体的思想和行为，在传统生产社会语境下，个体的身份、价值、地位等依靠其生产的物品来界定，而进入消费社会以后，随着物质商品的丰富，个体的身份不再通过生产而是通过消费得到彰显，而消费的结果就是引起个体的改变尤其是身体形象的改变，因此，身体形象、生活方式就成为个体身份、地位的象征。对美的追求由来已久，然而，进入消费社会以后，消费文化赋予身体更多的象征意义，大众媒介又将时尚、美与个人的价值、身份、地位联系在一起，试图灌输给大众这样一种逻辑：拥有了身体美就拥有了一切，理想的身体形象是自我身份、品位、地位的象征。在消费文化的影响下、在大众媒介的诱导下，越来越多的人倾向于通过瘦身、减肥来塑造形体美，以此来实现自我、表达自我，获得社会和他人的认同。

在消费文化语境中，身体成为个体的幸福和快乐得以实现的重要载体。在现实生活中，越是青春、苗条、美丽的身体其交换价值就越高，人们总是有意无意忽略老化、丑陋的身体。大众媒介也通过广告、电视等媒介反复暗示甚至在广告语中明确指出良好的身体形象是通向幸福、快乐的钥匙，有了良好的身体形象就能实现梦想、就能获得成功。在消费文化的潜移默化影响下以及大众媒介的诱导下，越来越多的人为了拥有苗条的身材，采用各种各样的方法进行瘦身、减肥，如节食、减肥药、减肥茶、针灸减肥法、运动减肥、抽脂甚至吸毒等。一直以来，瘦身都是女性的专利，然而，近些年来，越来越多的男性也加入减肥瘦身的大军，而且减肥瘦身还体现出了低龄化的趋势，北大心理学系的教授展开了一项调查，调查结果显示，有三成的北京市女中学生认为"越苗条自我价值就越高"，超五成的女中学生表示"即使自己比标准体重轻但仍十分害怕增重"，调查结果还显示初中生比高中生更追求苗条的身材，表明了对苗条身材追求的低龄化趋势。[1] 明星、偶像一直都是青少年模仿的对象，广告、电视、杂志上明星、模特姣好的容颜、纤细的身材一直都是青少年追逐的目标，明星、偶像关于瘦身、塑形的新闻更是刺激着青少年的神经，如台湾著名综艺主持人 XXD 发出了"要么瘦、要么死"的口号，她直言"这是个残酷的社会，你别以为有真本事怎么着，外表更重要"。虽然言辞过于偏激，但也说明了现实社会对待胖瘦的反应，在当代社会瘦就是王道，胖子是没有前途的，这也顺理成章地将瘦与成功联系了起来。中国新闻网在 2015 年 2 月 5 日以《HQS 自曝为演出美国功夫片节食减肥》为标题报道了 HQS 出席"一代醒狮"展览开幕礼的活动，只是在报道的尾部简单提了一下 HQS 要减肥的事情。[2] 人民网娱乐频道在 2015 年 2 月 5

---

[1] 新浪网：《调查显示 6% 女中学生病态减肥：用利尿剂控制体重》（2004 年 12 月 13 日），http://news.sina.com.cn/s/2004-12-13/12585204754.shtml.

[2] 中国新闻网：《HQS 自曝为演出美国功夫片节食减肥》（2015 年 2 月 5 日），https://www.chinanews.com.cn/yl/2015/02-05/7039660.shtml.

日以《ZJ欲减肥20斤 誓以最佳状态亮相羊年央视春晚》报道了春晚的一些新闻，也只在报道的结尾处提到ZJ减肥的新闻。[①] 这两则新闻在我们看来都是内容与题目不太符合，但新闻本身却能吸引众多的浏览者，这就是所谓的"标题党"，以明星和减肥两大热门话题吸引大众，而将这两者合在一起就更加大了其吸引力。

青少年处于自我意识发展的关键时期，十分关注自我的外在形象，而且青少年总是会认为他人也像自己一样关注自己的形象，青少年将身体形象视为自我身份、地位、时尚的象征，将身体视为第二个自我。消费文化赋予身体以特殊的象征意义，大众媒介对明星减肥塑身的宣传，这些都成为促进青少年进行减肥塑身的外在重要影响因素。青少年为了拥有苗条的身材，采用节食、绝食、催吐、减肥药、减肥茶、参加魔鬼训练营甚至吸毒等手段，严重损害了身体健康，严重者甚至导致死亡。2012年8月10日新浪网健康频道在报道《大话减肥NO6：7招合理饮食解馋还减肉》中提到很多因不当减肥而造成严重后果的案例，例如开心网颇受用户欢迎的妩媚女郎WDJJ因为长期节食减肥，饮食不规律而导致了胃病的产生，后经医治无效去世；HEB消息：因药物减肥不当得上厌食症，在HEB市血液病肿瘤研究所接受治疗的花季少女目前已不下5例，其中已有2例死亡，年龄分别为17岁和21岁，她们结束生命时体重只有十几公斤；HJT盲目减肥患厌食症；减肥得厌食症，15岁少女为参加"超女"饿死；GD少女

---

① 人民网：《ZJ欲减肥20斤 誓以最佳状态亮相羊年央视春晚》（2015年2月5日），http://ent.people.com.cn/n/2015/0205/c1012-26514291.html.

因节食死亡 疯狂减肥只剩一张皮等。① 2015 年 2 月 13 日红网的一篇报道《15 岁少女 1 年减肥 20 多斤致闭经》中指出，记者从 HN 省妇幼保健院获悉，寒假期间，该院"青春期门诊"每日都接诊到不少初高中学生。晓 L 就是其中的一员，只因同学一句玩笑话说她胖，就开始实施魔鬼般的减肥计划，一年多的时间就从 105 斤减到仅 80 斤左右。然而，晓 L 从 2014 年开始月经就经常长达三四个月不来。两月前在另一家医院精神科被诊断为抑郁症，一直服用抗抑郁药。此次来省妇幼就诊，想通过治疗恢复月经。② 2020 年 4 月 15 日《钱江晚报》发布《15 岁少女为减肥患上厌食症，体重仅有 60 斤还出现闭经》，报道中的晓 Y 中考之后，受到身边高中同学的影响开始减肥，1.67 米的身高，原本 90 斤的体重，很快减到 60 斤，同时其身体伴随出现闭经、水肿、贫血、水电解质紊乱、低血压、低血糖、低血钾症，被医生诊断为神经性厌食，在治疗过程中，晓 Y 依然坚持减肥的想法，与其父母和医护人员斗智斗勇，导致治疗效果甚微，一度给其带来生命危险，后来，通过外科手术才逐渐扭转局面。③ 2023 年 2 月 22 日中国禁毒网报道《ZJHZ：靠吸毒减肥，这不是减肥，而是在减命!》，30 岁的小燕（化名）是一名主播，因吸食冰毒被公安局依法行政拘留。身高 172 厘米、体重 60 公斤的小燕觉得自己的身材还不够完美，想要快速"瘦身"提升颜值。一男子通过私聊联系到了小燕，神秘地告诉她有减肥的"好方法"，男子称该

---

① 新浪健康：《大话减肥 NO6：7 招合理饮食解馋还减肉》（2012 年 8 月 10 日），http://health.sina.com.cn/hc/2012-08-10/081343837.shtml.

② 红网：《15 岁少女 1 年减肥 20 多斤致闭经》（2015 年 2 月 13 日），https://health.rednet.cn/c/2015/02/13/3604218.htm.

③ 钱江晚报：《15 岁少女为减肥患上厌食症，体重仅有 60 斤还出现闭经》（2020 年 4 月 15 日），https://baijiahao.baidu.com/s?id=1664017151786331427&wfr=spider&for=pc.

"减肥方法"吸一次不会上瘾,且没有依赖性,虽然小燕明知该男子所谓的"减肥方式"是吸毒,但求瘦心切的她还是铤而走险尝试吸毒减肥。目前小燕及该男子均被警方行政拘留,案件正在进一步办理中。[①] 这些案例中的主人公都是处于花季的少女,为了追求"苗条",不惜牺牲自身的健康甚至生命。这些血的教训足以引起众人的关注,然而,现实生活中仍有不少青少年抱有侥幸心理,认为悲剧不会发生在自己身上,采用各种手段进行减肥。

身体是建构认同的基础。在现代社会,我们的身体总是处于他人审视的目光之下,因此,我们的身体是大众、社会和文化塑造的结果。为了获得他人和社会的认同,个体就要遵循社会文化规范来塑造自我的身体,这种以他人和社会的需要来构建的自我,最终会导致本真自我的丧失。消费社会的发展促进了身体的解放,使身体由幕后走向了前台,在消费文化与大众媒介的合谋下,身体形象被塑造为个体身份、地位、时尚的象征,美貌和身材成为实现梦想、获得成功的重要竞争力量。从各种娱乐选秀节目、模特大赛到美容、减肥广告的盛行,使美貌、苗条的身材成为现代人尤其是青少年追逐的目标,由此引发了身体消费的浪潮。人们在通过消费寻求身体解放和身体美的同时,又使身体陷入了消费的旋涡之中,使身体受到"时尚经济"的束缚,导致自我在消费中的异化。而个体通过身体消费来构建自我认同,最终建构起来的只是符合社会、文化规范和要求的躯体而已,自我则因受到外在身体美的压抑而丧失。

---

① 中国禁毒网:《ZJHZ:靠吸毒减肥,这不是减肥,而是在减命!》(2023年2月22日), http://www.nncc626.com/2023-02/22/c_1211731822.htm.

## 第三节　身体消费与青少年身份认同问题

鲍德里亚曾指出，在当代消费社会中，身体是最美的消费品，身体负载了更多更沉重的内涵。在当代社会中，时尚对身体美的推崇，深深地吸引着青少年，大众媒介更是通过广告、娱乐节目、网络等，将身体美的重要性及其象征意义强加给青少年，在消费文化和大众媒介的共谋作用下，很多青少年将身体消费视为获得幸福、自我满足以及得到他人和社会认同的主要途径和手段。消费文化和大众媒介一边不断塑造新的时尚，一边不断诱导人们进行消费。时尚促进了人们的身体消费，身体消费又推动着时尚不断向前发展。人们对时尚的消费，并不主要是在其审美意义上的消费，更重要的是对时尚的身份象征意义的消费。在今天，身体形象已经成为身份、品位、地位等的象征和标志，不仅个体的衣着、装饰被视为个人品位、等级的象征，个体的相貌、身材等也被视为个人阶层、品位、身份的标识。尤其是当代青少年生长在物质优越的年代，自身判断能力又不成熟，很容易受到当代消费文化和大众媒介的影响，生理需要已经不再是其消费的目标，其消费更多地是为了满足其心理的需要，通过身体消费展示自我的身份、地位，炫耀财富和价值，以获得他人和社会的认同。青少年进行身体消费是为了自我身份的确认，然而，消费的欲望是无止境的，身体时尚的打造也是不断变化的，青少年通过身体消费构建自我认同反而会加重其身份认同的危机，导致自我的迷失。

## 一 构建自我认同的外在根基的丧失

个体身份认同的建构,首先要弄清楚的两个最重要的问题就是"我是谁?""我与他人的区别何在?"对这两个问题的回答,不论是从职业/学业的角度、日常生活的角度、感情的角度、性别的角度等任一视角进行回答,我们首先想到的就是个体的外貌特征,如身高、肤色、相貌、发型、衣着等。个体自我的呈现首先是身体的呈现,身体是实现和维持身份认同的基础和本源,身体并不仅仅是证明个体存在的一个物理实体,身体更体现了个体的实践模式并作为体现个体行动的系统而存在,身体在日常生活活动中的实际参与,使得身体成为维持个体自我同一连续性的基本途径。身体在一定程度上体现了个体的个性、身份、地位、修养等内涵,个体的身体呈现往往是其内心的流露和表达。尤其是在消费文化和大众媒介的影响下,当代青少年更是将身体视为获取认同的重要媒介。

在消费主义的影响下,作为构建个体身份认同基础的身体被赋予了更多的象征性内涵,美貌、苗条的身材被标榜为身份、地位、金钱、品位、成功的象征。为了获得他人和社会的认同,身体消费逐渐兴盛起来,越来越多的青少年追随时尚潮流,采用各种手段和方法进行美容、整容、瘦身。身体不再是确定性的存在,身体成了可以重新设计的、可重构的存在。大众在对自己的身体进行规划的同时,也引起了对"身体是什么"的质疑,当现代技术越是发达,越是能够改变和控制我们的身体时,我们就越难以确定身体的本质,身体就成了不确定性的存在,由此构建身份认同就失去了其坚实的确定的基础。在当代先进的医学美容技术的快速发展下,身体不仅成为可重塑的存在,个体的身体形象也出现了相似性的趋向，经过整容之后，呈现在大家面前的都是大眼睛、双眼皮、高鼻梁、尖下巴、瓜子脸等，"撞脸"现象时有发生。青少年在整容整形过程中，大都是根据现代媒介所宣扬的理想身体标准提出手术要求，在塑身过程中也大都是想要塑造成具有 S 型的苗条曲线，因此，经过整容整形的个体大都具有相似的体貌外形，以致出现了 2014 年韩国小姐选美众佳丽撞脸之类的新闻，一样的脸型、一样的大眼睛、高鼻梁，身体也成了工业社会批量生产的复制品，个体失去了其身体个性，由此也失去了个体之间进行区分的外在依据。当代青少年在身体消费的潮流之中，为了拥有理想的身体外形，获得他人和社会的认同，吸引他人的关注和目光，将自身打造成为一个个相似的模型，通过身体规划追寻自我认同的同时，失去了自我的独特性，在茫茫人海中，不经意地就会发现诸多与自己形貌相似的他者，这种过度的身体消费摧毁了青少年构建身份认同的外在基础。

## 二 人生意义的物化和精神追求的丧失

人是一种意义的或者说价值的存在，正是人存在的意义和价值决定了人的生活、发展的方向，体现了人的尊严。人的意义和价值不仅体现在物质层面上，更重要地体现在精神层面上，即对人生意义的追寻，包括个人能力的发展与实现，对真、善、美的寻求，对自我实现的渴望。然而，当代青少年由于社会经验欠缺、知识水平偏低、缺乏正确的判断能力，易受外界文化环境的影响；由于自我意识尚未发展完善，其身体消费日益受到消费文化和大众媒介的操控，为了吸引眼球、获得认可，跟随潮流追求苗条的身材、美丽的容貌，企图通过塑造完美的身体寻找自我的价值，重构自我的身份认同。

在消费文化语境中，个体失去了真实的自我，被塑造成了一个个的角色，大众媒介通过广告、电视等不断提醒大众什么样的身体外表是合乎标准的、符合某种角色的，个体在大众媒介的影响下下意识地监督着自己的身体。身体外表也由此成为决定个体自我感觉好坏的重要因素，相貌、身材、谈吐、姿势等均成了自我的象征和指示器，个体不断地将自身与大众媒介所宣扬的理想身材进行对比，仔细地寻找着自身的不足。大众媒介所创造的一个个理想的身体形象就如同镜子一样将每个人包围在其中，每个人从镜子中发现、寻找能够给他人带来良好印象的理想身体形象，并以此为对照发现自我的不足。消费文化关注的是身体的审美和观赏价值，而不是其使用价值，身体成了一种"漂浮的能指"，在消费文化中，身体成为构建自我认同的外在基础，青春、美丽的身体与地位、身份、成功等联系起来。青少年正处于自我意识发展的关键时期，青少年尤其关注自我的形象带给他人的印象以及自我的感受，消费文化为青少年塑造身体形象提供了文化依托。

在大众审美文化功利化、审美标准外在身体化的年代，很多青少年对身体审美的认识比较狭隘，崇尚四肢纤细、凹凸有致的身材，苗条、骨感成为理想中的标准形体。各种媒体广告对苗条身材的宣扬，各种选美大赛对线条美的要求，这一切都促使青少年对形体美的期待，大众媒介在广告中又将苗条的身材同成功、地位、金钱、身份等联系在一起，许多青少年为了在未来拥有成功的筹码，不惜牺牲自己的健康采取一系列瘦身行为，导致内分泌失调、记忆力减退等，因此患上神经性厌食症，甚至付出生命的代价。即使面对如此残酷的后果，仍有很多青少年如飞蛾扑火般，依然故我追求苗条的身材。受到时尚文化的影响，青少年对美的感知和追求产生了偏差，过分关注外在形象和他人的评价，忽略了自我内在精神的提升。在他们的眼中，只有美丽的外表、苗条的身材才是完整的，才容易受到社会和他人的认可，才能拥有更高的社会地位，获得更多的社会资源，实现自我的人生价值。他们将身体的外在形象视为自我的优势和自身的一种资本，良好的身体形象能带给他们自信，更能遮掩所有的不足和缺点，这种无深度感的对身体外在形象美的追求，使青少年忽视了人本身的内在精神价值，反而为其构建身份认同造成负面影响，降低了社会和他人对其的认可程度。

在消费文化的影响下，当代青少年整合身心的能力日益下降，物质生活的不断丰富造成了感官享乐主义的盛行，而精神生活却呈现出形式化、功利化、虚无化的倾向，生活意义感缺失。青少年本应是处于自我意识不断增强的重要时期，然而商业文化对个体主体意识的操控，导致青少年自我意识不断弱化，身体也成为一种外在的符号，身体主体性降低。越来越多的青少年在消费中失去了真正的自我，其身体成为消费的承载者，为了追求时尚，屈从大众消费文化，通过整容、减肥重塑自我，身体异化，自我逐渐丧失，同时，身体的异化也造成了内在精神的丧失。在大众媒介和消费文化对身体欲望的刺激、催生下，越来越多的青少年成为"消费的身体"，日益偏离了个体自我实现的精神价值取向。大众媒介将身体形象与成功、地位、身份等联系起来，刺激大众对标准身体形象的追求，表面上看大众是为实现自我的价值、追求人生的意义而进行身体消费，实际上是为了满足自我实现和自我发展的需要，而身体消费则是为了满足被消费文化刺激起来的消费欲望和身体欲望，这种消费掩盖了人生价值和人生意义的真实意义所在，弱化了青少年精神生活的内在性与公共性，使青少年难以体验到精神生活带给个体的充实与幸福快乐，难以体会到精神生活对自我建构所提供的强大支持力量。青少年通过身体消费来实现自我的价值，忽视了对内在自我精神的提升和培养，最终将导致其人生意义感的丧失，对自我价值的迷茫和困惑。

# 第六章

# 消费的合理化与青少年身份认同的理性建构

## 第一节 资本逻辑的规约

**一 资本逻辑——消费主义泛滥的内在根源**

资本逻辑是指资本在运动的过程中通过追逐利润实现自我增殖的运行逻辑。追求增殖是资本逻辑的唯一目标,"资本只有一种生活本能,这就是增殖自身,创造剩余价值,用自己的不变部分即生产资料吮吸尽可能多的剩余劳动"[1]。所以说,资本逻辑的运行就是在剩余价值兑现的推动下展开的,实现资本的增殖是其最高目的,因此可以说资本逻辑在本质上是一种增殖逻辑。"在资本逻辑的运行中,无度的资本增殖是其至上目的,通过不择手段攫取剩余价值是其不二法门,自我利己中心主义是其价值坐标,无限贪婪的增殖野心是其不灭的心理样式。"[2] 资本逻辑得以运行的基础是将一切存在物抽象为交换价值,并将交换价值作为

---

[1] 《马克思恩格斯文集》第5卷,人民出版社2009年版,第269页。
[2] 毛勒堂、高惠珠:《消费主义与资本逻辑的本质关联及其超越路径》,《江西社会科学》2014年第6期。

万物存在的唯一合法依据，由此体现了资本逻辑的抽象性，故也可将资本逻辑称为抽象逻辑，资本作为一道"普照光"和特殊的"以太"决定着事物呈现的面貌以及事物之间的关系，彻底摧毁了原先看似坚不可摧的东西，也亵渎了一切神圣的事物。马克思曾指出资本使人与人之间的关系变成了赤裸裸的金钱利益关系，资本也抹去了一切职业的神圣光环，"它把人的尊严变成了交换价值"①。作为一种抽象逻辑，资本将一切都变成了交换价值，消解了差异性，消除了异质性的他者。在资本逻辑的运行中，资本成了主体，而人则成为资本的附属物，资本逻辑成为现代社会和人的支配力量，物的世界不断增值而人的世界则不断贬值，导致现代社会呈现出人与物颠倒和人受资本统治的状态。

最大限度地获取利润是资本逻辑的根本目的，资本要实现增殖，不仅要确保生产的顺利进行，更重要的是要确保生产的商品能够顺利出售实现商品资本向货币资本的转换，即消费环节的顺利进行，只有扩大再生产的商品顺利出售，资本才能实现自我的增殖。马克思曾将这一过程形象地描述为"商品的惊险的跳跃"②，这一跳跃的实现就是由消费促成的，消费主义就是在这一跳跃过程中由资本制造出来的，消费主义的功能就在于不断刺激人们的消费欲望为商品的顺利售卖创造条件，不断扩展资本的消费市场。因此可以说，现代消费主义的兴盛不过是资本逻辑在消费领域的体现。在资本逻辑的巧妙布局和精心操控下，消费主义不断刺激人们的消费欲望，将动物性的消费官能提升为人的本质需要，把现代人塑造为消费的动物，使其甘愿陷入消费主义的囚笼。这一切都是资本逻辑作用的结果，资本逻辑使消费主义与人

---

① 《马克思恩格斯选集》第 1 卷，人民出版社 2012 年版，第 275 页。
② 《马克思恩格斯文集》第 5 卷，人民出版社 2009 年版，第 127 页。

的欲望紧密地结合在一起，并将消费主义塑造为个体至高无上的人生理想和价值支柱，消费主义在资本逻辑的作用下劝诱人们从消费中寻找做人的意义，在消费中证明自我的存在价值并获得他人的认可。因此，从根本上来说，消费主义是资本逻辑作用的结果，资本逻辑是消费主义产生的根源。

消费主义具有贪婪性、占有性、虚假性等特征，消费主义推崇享乐主义的人生态度，要求人们尽情享乐，追求时尚、新潮，尽可能多地消费，然而消费品的更新换代速度飞快，使人们很难在消费中得到满足；消费主义的贪婪性又导致了消费主义的占有性，在现代消费社会中，消费已经不再是为了满足人们的基本生活需要，消费的目的就是对物的大量占有，现代社会发展快速，社会不稳定性增加，原来稳定的社会基础受到威胁，人们的不确定性也大大增加，人们通过占有和消费大量的物来获得自我的稳定性和归属，寻求安全感，消费主义秉持着"人无我有，人有我多，人多我奇"的消费逻辑；在消费社会，人的消费行为看似是自由选择的结果，其实是受到大众媒介和消费主义左右的结果，人的消费需要也是由消费文化和大众媒介所激发的一种虚假的需要，消费主义将消费鼓吹为人生意义的体现，使人受到虚假欲求的操纵和支配，人受到物的奴役，消费主义的虚假性导致人们并不能从消费中领略到幸福的真谛和人生的意义所在。在当代社会，人们通过消费寻求自我的实现，试图以此作为自我认同建构的途径，然而，从消费主义的以上特征来看，消费主义反而消解了个体的生命价值，导致虚无主义的产生，增加了个体的不稳定性。尤其是受到消费主义影响的当代青少年，崇尚享乐主义的人生态度，追求时尚、新潮，喜欢通过消费标榜自我，实现自我，获得他人的认可。然而，深陷于消费主义泥沼中的青少年往往迷失了自我，找不到人生存在的价值和意义，陷入价值虚无主义。为了防止青少年过度沉迷于消费主义，就要为青少年创造一个良好的消费环境，超越消费主义，而消费主义产生的根源在于资本逻辑，因此，要深入揭示消费主义的资本本质，努力实现资本自身增殖的合理化。

## 二 资本运行的合理化

资本逻辑作为一种抽象的逻辑，它将一切存在物都换算成了交换价值，甚至人的理想、信念等也被换算为交换价值，并以市场上商品的价格来衡量其存在的意义及价值。在各种社会产品迅速增加的现代社会，资本为了实现增殖，将其贪婪的触角伸向了消费，通过消费文化不断刺激人们的消费欲望，驱使人们为了名利、幸福、欲望去消费，消费沦为资本谋利的工具。消费主义正是资本逻辑在当代社会的现实反映，作为一种社会意识形态，消费主义推崇体面的消费，追求无节制的物质享受，通过对物质的消费和占有来满足心理和精神的需要，并将对物质财富的占有和消费视为自我身份的象征、人生价值和意义之所在。在消费主义的驱动下，人们对消费的追逐成为一种非理性的狂欢，将消费视为人生的终极目标，将对物质的追求标榜为对幸福和快乐的追求。更为重要的是，在现代消费社会，物质商品的使用价值不再成为人们追求的目标，人们消费的是商品的符号象征意义，通过消费向他人展示或证明自我的身份、地位、品位等，醉心于符号带来的虚荣心的满足，过分注重物质消费，导致内心精神的空虚与贫乏，对商品的追逐最终造成自我的异化，人在通过物质消费寻求自我的过程中反而更加迷茫，丧失了自我。而这一切的根源就在于资本，消费主义就是资本逻辑运行的当代产物。资本逻辑将消费主义与人的欲望相结合并深入人的内心深处，将消费主义塑造成为人们的价值理想，使人沉浸在无度的消费之中，通过消费寻找人生的意义，在符号消费中寻求自我的价值，在炫耀消费中获取他人和社会的认可，然而资本的增殖本性决定了消费主义本身所具有的贪婪性、占有性、虚假性并不能给人类带来自由、幸福和快乐，消费主义的泛滥必将导致人的自我的丧失、人的生存意义的迷失，最终陷入价值虚无主义。资本的发展尽管对于推动当代社会的发展发生了重大的作用，促进了当代社会物质财富的巨大进步，为人们的物质生活带来了巨大的变化，然而由于资本的逐利本性，资本并不能带来整个社会的和谐发展、人的全面发展。为了避免人们过度消费，陷入消费主义，实现人的身份认同的合理建构，必须对资本的运行进行合理的规约，限制资本的霸权，实现资本的良性运行。

（一）资本运行的伦理约束

资本是支配生产要素进行扩大再生产的价值力量，它是资本增殖得以实现的基础。资本本身并不存在善恶之分，资本在实现增殖的过程中，始终是处于人的操纵之下的，资本的操纵者在使用资本时往往是为了自身的特定利益和目的，在缺乏有效的约束和监督制度的情况下，资本拥有者为了实现资本增殖、获取剩余价值，则会不择手段，为了实现资本的增殖而违反伦理道德。从资本主义发展初期资本家对工人的残酷剥削，到发达资本主义时期西方发达国家对贫穷落后国家和地区的掠夺，再到当代消费社会条件下资本运行逻辑对人的奴役和控制，均体现出了资本拥有者的残酷、贪婪。马克思在《资本论》中引用托·约·邓宁的论述，对资本的贪婪性进行了形象深刻地揭示，"资本害怕没有利润或利润太少，就像自然界害怕真空一样。一旦有适当的利润，资本就胆大起来。如果有10%的利润，它就保证到处被使用；有20%的利润，它就活跃起来；有50%的利润，它就铤而走险；为了100%的利润，它就敢践踏一切人间法律；有300%的利润，它就敢犯任何罪行，甚至冒绞首的危险"①。马克思也曾深刻地指出，"资本来到世间，从头到脚，每个毛孔都滴着血和肮脏的东西"②。这是因为，作为货币代表的资本，其本质是一种无止境的、无限制的欲望。为了实现这一目的、满足欲望，资本就必须不断扩张。资本的扩张和增殖是依赖对人的挤压来实现的，"在资本主义制度内部，一切提高社会劳动生产力的方法都是靠牺牲工人个人来实现的；一切发展生产的手段都转变为统治和剥削生产者的手段，都使工人畸形发展，成为局部的人，把工人贬低为机器的附属品，使工人受劳动的折磨，从而使劳动失去内容，并且随着科学作为独立的力量被并入劳动过程而使劳动过程的智力与工人相异化"③。在资本运行逻辑里，不仅是工人，所有人都被异化了，工人被自己从事活动的工具所奴役，资产者则被资本和利润所奴役。受到资本控制和奴役的个人，将对金钱、权力、地位、荣誉的追求视为生活的中心，以及时享乐作为人生目的。马尔库塞在批判消费社会时指出，现代消费社会将人塑造成了贪婪的消费机器。④ 受到资本逻辑支配的人们更倾向于从消费中寻找满足和幸福，人们遵循的是越多越好的原则，相信物质的富足能够给人带来幸福、快乐和满足，然而，罗伯特·莱恩教授在其著作《幸福的流失》中却指出，美国每年的幸福指数跟踪调查结果

---

① 《马克思恩格斯选集》第2卷，人民出版社1995年版，第266页。
② 《马克思恩格斯全集》第44卷，人民出版社2001年版，第871页。
③ 《马克思恩格斯全集》第44卷，人民出版社2001年版，第743页。
④ [美]赫伯特·马尔库塞：《单向度的人——发达工业社会意识形态研究》，刘继译，上海译文出版社2008年版。

却并非如此，在物质需求不断得到满足之后，人们并未感到快乐和满足，与此相反，人们的幸福感不断降低，对生活产生了迷茫和困惑，人们越来越迷失自我，找不到自我的位置和方向。① 在现代消费社会中，资本的运行如果得不到有效的制约，资本在带来社会发展的同时必定导致社会的失序、人的不断异化、人的自我的丧失。因此，要有效地制约资本的运行，就必须对作为资本人格化的资本家进行约束，让企业承担起社会责任，在实现企业发展的同时履行道德和伦理义务。

资本主义在其发展的过程中，将资本建构成为人们生活的核心，并且资本是以一种十分隐蔽的形式在发生作用，控制和操纵着人的行为。资本主义的到来使现实生活中人们之间的社会关系变成了物与物之间的交换关系，这种交往模式进入人的心理空间，并进入人的无意识之中。资本就是通过物的形式全面控制人们的日常生活，并在无意识之中将资本逻辑深化为人们的自觉意识，从而实现资本的积累。然而，随着消费领域的不断扩大，社会发展的重心由生产转向了消费，消费就构成了整个社会的主要控制力量，但事实上消费并不能创造任何东西，消费遵循的依然是资本逻辑，生产重心向消费重心的转移导致了富有创造性、生产性的人的消失，人被资本和商家所建构起的各种"时尚"所左右，人逐渐被资本纳入了其运行过程当中，成为资本运行得以顺利进行的一个关键要素。受到资本逻辑控制的人们不再关心自己的真实需要，只担心是否跟得上时尚的脚步。资本将其无限的欲望通过商品转接在人身上，并通过各种手段刺激人们内心的消费欲望，资本为了实现自身的增殖，其发展所带来的社会发展所满

---

① ［美］罗伯特·莱恩：《幸福的流失》，苏彤、李晓庆译，世界图书出版公司北京公司2017年版。

足的已不再是人们的真实需要,而是被刺激出来的无限欲求、欲望。资本对人的内在精神的控制是十分隐蔽的,而且是无限的,早在资本主义产生之初,为了实现资本的原始积累、限制消费,资本就通过新教伦理实现了对人们心理和精神的控制。新教提倡禁欲主义,反对个人享受,马克斯·韦伯认为,新教伦理与新教精神是早期资本主义发展的主要动力,资本主义精神的实质就是新教伦理,资本主义精神的"天职"就是赚钱。[①] 新教恢复了基督教廉洁、淳朴的传统,继承了禁欲苦行的习惯,提倡简朴的生活,人们为了得到拯救成为上帝的选民,不知疲倦地工作,自觉履行上帝赋予的责任,他们反对享乐主义和奢侈浪费,限制对物质的追求。新教伦理要求资本家多赚钱少消费,不断扩大再生产,从而推动生产的发展。显然,新教的禁欲苦行伦理为资本主义理性经纪人的形成提供了物质和心理基础,造就了资产阶级追求财富的动力,有力地推动了资本增殖的实现,实现了资本对人的压抑和管制。在资本的原始积累完成之后,资本主义走向成熟,此时人们的基本生活需要得到了普遍满足,生活必需品产量的增加就势必导致生产过剩。资本主义追求资本增殖和利润的本质决定了新教伦理、禁欲主义已成为资本主义经济发展的绊脚石,要发展资本主义,就需要促进人们消费,实现经济的长足发展。

随着消费社会的到来和发展,资本增殖的途径转向了消费领域,资本不断刺激人们的消费欲望,以便实现资本的快速增殖,新教伦理逐渐衰退,人们不得不寻找新的约束资本运行的伦理原则。20世纪下半叶,欧美各国展开了"企业社会责任运动"

---

[①] [德] 马克斯·韦伯:《新教伦理与资本主义精神》,于晓、陈维纲等译,生活·读书·新知三联书店1987年版。

（Corporate Social Responsibility Campaign，又称企业伦理运动），该运动成为当今制约资本运行的重要伦理力量。该运动的倡导者不满企业为了追逐利润而不顾一切的做法，坚持儒家的"己所不欲，勿施于人"的信条，强调换位思考的理念，要求企业在对社会、环境和客户负责的基础上追求自身利益。该运动提倡企业通过提高自身形象，承担相应的社会责任，也能实现盈利，为企业带来效益，将企业的利润与社会伦理结合起来。尽管盈利是企业的唯一目的，这一模式已受到越来越多人和企业的接受。"企业社会责任运动"批判物质至上主义和拜金主义，提倡整体、合作、同情、关心、分享、仁爱、尊重他人等品质，该运动对消费主义、享乐主义的抨击，对于遏制受到资本逻辑操控的消费主义是一剂良药。对企业社会责任的强调，超越了企业以金钱至上、利润第一的传统理念，突出了在资本运行过程中对人和社会的关注。因此，在当代消费社会，要实现对消费主义的有效遏制，通过企业的伦理建设、企业伦理责任培育来约束资本，就显得十分紧要。

在当今社会，资本已成为社会各个领域中占统治地位的力量，人也处于资本的控制之下，要实现人的自由全面发展，就必须打破这种局面，真正实现资本为人所用、为人服务，资本受到人的控制。这就要求在对资本运行进行伦理约束、培育企业伦理责任的过程中，做到以人为本，以"人本观"替代"物本观"，资本的统治造成了人的独立性和个性的丧失、人的精神的异化，要将人从资本的统治之下解放出来，就必须遵循"人本观"的原则。资本由于其增殖本性，其一直所遵循的是"物本观"的原则，即物是一切的核心，物是衡量社会发展进步的标准。在资本增殖的运行逻辑下，工人和资本家都被物欲所禁锢，资本增殖的无限欲求促使人类对商品符号价值产生无限的追求，人类滑向了商品拜物教的深渊。人在资本的统治之下丧失了人之为人的社会性意义，人失去了人的尊严，被降低为物而存在于世上，人的价值表现为物的价值，人的个性由物的个性来表现，人只有通过物才能得到确证和认可，人成为社会中的自然人。"人本观"是实现对资本进行伦理约束的重要保证，"人本观"即以人为本，将人作为社会生产和发展的核心，一切以人的发展为前提和原则，追求人的价值的实现，关注人的自由全面发展。马克思很重视人的自由全面发展，强调社会生产和发展要以满足人们的生存、发展需要为核心，关注人的本质力量的发挥。马克思指出人在实现自由全面发展的过程中，要实现对物的控制而不能使物成为人的统治者，人们只有将物和资本纳入自己的控制之下，才能为我所用，造福人类，资本的合理运行不仅带来社会物质的丰富发展，还为精神发展提供了条件，最终实现人的自由全面发展。处于资本逻辑统治下的人仅仅是一种自在的存在物，丧失了独立性和活力，缺乏理性，处于畸形的发展状态。对资本的运行进行伦理约束，创建企业的人文精神，摆脱资本对人的控制，关注人的本质需要，真正实现资本为人服务，这样人才能够在享受物质的同时把握住自己，不被物欲所迷惑，实现人的物质和精神的双重解放，找到自我的方向。

（二）资本运行的法律约束

社会道德责任的培育、伦理观念的约束，尽管有助于资本向合理的方向发展，但是伦理约束力不是一种强制力量，违反伦理道德的企业和企业家并不会受到实质性的惩罚或遭到实质性的损失，有良知的企业家也仅仅是受到良心的谴责，伦理道德的力量并不足以约束资本追求利润的狂暴本性。法律作为一种强制性力量，在约束资本运行的过程中具有不可替代的作用。企业的伦理建设要依靠法律的监督功能，对资本的不良运行要依靠法律对其纠正和打击，通过法律法规明确企业的合理价值取向，才能保证资本的良性运行。增殖是资本的本性，从资本主义建立之初，资本家为了实现资本积累而对工人的残酷剥削，到当代社会资本逻辑对消费主义的控制，导致环境、生态、食品安全、腐败、人的精神等各方面发生危机，这一切都表明针对资本的残暴本性，唯有依靠国家的强制力量，制定相关的法律法规规范资本的运行，才能限制资本的盲目扩张，才能切实保障社会的公共利益，为每个人的自由全面发展的实现提供保障。

## 第二节　市场经济发展的合理化

### 一　市场经济对消费的影响

人类社会要实现发展，总要利用各种形式的力量来支配资源以扩大再生产。在人类发展的历史上，支配资源的这种力量主要有两种，一种是政府运用其权力，对社会资源进行强制配置以实现扩大再生产，即计划经济；另一种是市场通过经济规律对社会资源进行配置，从而实现扩大再生产，即市场经济。市场经济是一种宏观经济体制，能够有效地解决资源配置和人员激励等问题。市场经济作为一种经济体制，对人们的消费具有双重影响。

市场经济对消费关系具有积极的影响作用，市场能够根据供需变化及时调整消费品的生产和开发，合理调整消费品的结构，平衡供求关系；市场经济遵循平等竞争机制，企业在竞争中为消费者提供了越来越多的消费品，提高了人们的生活水平，竞争的加剧也促进了人们精神生活的发展。在市场经济条件下,消费者会以自身的需要去购买市场上的商品,消费者的需求经由市场就会传递到商品经营者和生产者那里,生产者就会根据市场信息调整对产品的开发和生产,在满足消费者需求的同时,能够实现利润的最大化。市场经济根据消费者的需求能够及时灵活地配置社会资源,调节商品市场的供求关系,优化了消费品的结构,最大限度地保证了市场供给的平衡。在激励问题上,社会主义市场经济体制主要是通过竞争来解决的。市场体制内的成员通过采用新技术、制度改革创新、提高生产效率和产品质量等方法,在市场价格竞争中取得胜利。竞争激励机制促进了消费品市场的繁荣,为人们提供了多种多样的消费品,促进了人们消费方式的多样化发展,人们消费水平的提高、消费方式的变化,又促进了市场经济的发展。在市场竞争中,企业不仅要通过采用先进技术来提高产品质量降低产品价格,还要不断提高劳动者的科学文化素质,提高企业的人才素养,这样也就提高了人们的精神文化消费需求,在无形中也促进了人们精神生活水平的提高。

市场作为资源配置的一种手段,其本身并无好坏、善恶之分,但是市场经济在满足人们的消费需求、扩大人们消费的多样性的同时,也对消费需求产生了消极影响。在市场经济条件下,消费者的规模以及消费结构决定着商品供给的结构和数量,从而也决定了企业的生产规模和结构、社会产业的发展规模及其结构。由此可见,消费主导着市场经济的发展,而市场经济在其发展的过程中对消费也产生了消极影响。在经济发展过程中,不同国家、地区之间存在着经济发展水平不平衡的现象,发达国家、发达地区的生活水平和消费水平明显高于落后国家和地区,即使在同一地区也存在贫富不均的事实。然而,在市场经济条件下,人们的社会接触面不断扩大，人与外界的交往也逐渐扩大，随着传播技术的发展，一种新生事物能够在很短的时间内被世界各个角落的人所认识。随着社会物质财富的发展，各种消费品随着市场流通到各地，一些经济条件并不富裕的人，会受到他人消费的影响，盲目地模仿他人消费，追求高消费和超前消费，与他人攀比，通过高消费进行炫耀，容易诱发人们的消费欲望，造成攀比消费。市场经济是利用价值力量对资源进行配置的经济体制，而这种价值力量的本质就是资本，因此可以说，市场经济依然是受到资本增殖逻辑的左右。市场机制由于其本身的不健全，给一些不法分子留下可乘之机，在物质利益面前，一些不法者采取各种不正当手段，为了个人、企业利润的最大化，进行商业欺诈，从中牟取暴利，扰乱了社会秩序，损害了消费者的利益。市场经济还具有开放性的特点，随着世界经济的不断发展，世界市场形成，各种高档消费品、国外消费品在市场上大量涌现，这就诱发一部分人将注意力集中在物质的满足和享受上，追求价格高、新颖、时尚的消费风潮，甚至还有一些人比阔斗富，将消费视为炫耀其金钱、地位、身份的手段和工具，沉湎于物质享受之中，忽视了内在精神的发展。

　　市场经济作为解决资源配置的有效手段，其遵循着效率原则和公平原则，为了实现利润的最大化，提高效率，企业和个人都能严格遵循这一原则，为了自身的利益，采用各种手段和方式追求最大效率。市场经济在交易的过程中遵循平等的原则，各社会成员具有自由选择的权利，交易遵循等价交换原则，尽量保证各成员间的公平与平等。任何事物都具有两面性，市场经济本身也具有局限性，纯粹的市场经济会造成周期性的经济危机，造成生产的无序性，导致产品积压、工人失业；市场经济难以保证社会公共事业的有效投入，无法满足社会的需求；市场经济的公平只是外在形式上的，因个人的天赋、资产、社会地位之间的先天不平等，导致个体成员之间的实际不平等等。市场作为一种资源配置的手段，必然要利用资本的力量实现资源的有效配置，推动社会的扩大再生产，因此，资本逻辑就必然要发生作用，而由于市场体制本身的不健全加上资本增殖的本性，在实现社会发展的同时必然会破坏社会的公共利益，这时国家就要运用其权力，对市场的发展进行合理的引导和制约。

## 二 加强国家宏观调控，引导市场合理发展

市场经济最突出的优点就是能够实现资源的优化配置，减少不必要的资源浪费。然而，由于利润的驱使，企业在追求自身利益的同时，往往容易忽视社会的整体利益，出现不合理的竞争行为，导致市场调控出现失灵的现象。这时就需要国家运用其权力，对经济发展进行宏观调控，保证经济的有序发展。马克思就十分强调国家的经济职能，他认为在大工业发展时期，国家应全面监督和协调社会再生产的过程，以便实现经济发展的同时兼顾社会各方的利益，同时也为资本的竞争提供一个平等有序的环境保障。国家作为社会经济整体的一个有机部分，承担着为社会和人民提供公益性产品与服务的职能，国家应运用其权力维护经济发展的有序进行，创造公平合理的经济运行环境，合理引导消费，促进市场经济的合理发展。

（一）发挥国家宏观调控的职能，促进经济发展与消费的协调

市场经济本身具有自发性、盲目性、滞后性等特点，社会主义市场经济体制的健全和发展离不开国家和政府的监管。政府的

宏观调控能够为经济发展提供有序的社会环境，保证竞争的公平性，加强对市场的监管，弥补市场的不足。政府要凭借行政、法律等手段对资源进行宏观调配，从不同方面对企业产生影响，促使企业对市场信息和动态及时做出反应，从而改变生产结构和规模。政府在发挥宏观调控职能的过程中，重点是要为市场经济的发展提供服务，如建立市场、监督市场等；政府要对市场的发展制定有效的规范制度，保证企业发展的良好市场环境；政府应适时改革经济政策，为企业的发展提供有力的政策保障。政府应该转变职能，加大社会保障力度，提升自身在经济运行中的作用，提高自身的服务能力和水平。市场经济具有自发性特点，在自发的状态下，很多人、企业会为了自身的利益破坏市场竞争的环境，导致市场调节的失灵，这时就需要政府进行宏观调控，根据市场规律调节、规范市场主体的行为，创造良好的市场秩序，保证市场经济的正常运行。

国家通过制定政策及对市场经济的宏观调控，引导企业优化升级商品生产模式和结构，提高对精神文化事业的投入，提升人们的精神文化消费水平。大众传媒要产生正确的舆论引导作用，引导大众形成科学、健康的消费方式，反对物质享乐主义的生活方式。国家要加强对高档消费品的生产调控，抑制人们的盲目消费的欲望，将消费需求信息及时、准确地传递给生产者和经营者，减少生产的盲目性，促进经济的良性运行，通过消费需求引导经济良性发展。同时，市场又要对人们的消费做出正确的引导，能够满足人们的真实需要，避免激发人们的虚假需要欲望，抑制炫耀消费、攀比消费、盲目消费等情况的发生。

（二）国家调整消费政策，正确引导消费

在市场经济条件下，市场经济的发展不仅取决于生产的发展状况，还取决于消费的状况，没有市场经济的发展，就不会带来消费水平的提高和消费方式的多样化；反之，没有消费需求的扩大，就不会有市场经济的快速发展，市场与消费之间具有密切的关系。很多国家都实行过通过扩大消费促进经济发展的政策，在通过制定消费政策来促进经济发展的过程中，既要防止因消费不足抑制经济的发展，也要防止过度消费、高消费、攀比消费等倾向，国家要制定合理的消费政策，引导人们形成理性的消费习惯。

市场经济从本质上来说是一种消费导向型经济，只有国家制定合理的消费政策，构建扩大消费需求的长效机制，形成消费与经济发展的良性互动，才能通过消费引导并促进经济的健康发展。要扩大消费，首先，就是要改变消费滞后的经济结构，通过改革增加居民收入，完善公共服务保障制度，提高居民生活水平，增大人们消费需要，优化产品结构，提升消费水平，使消费水平能够适应经济发展水平，并最终成为促进经济发展的重要推动力量。其次，对阻碍扩大消费需求的体制机制进行改革，放宽社会资本投资的领域，为社会资本的快速发展扫清体制障碍，完善税收制度，增加公共财政支出，提高公共服务水平，完善法律制度，为扩大消费构建有利的体制制度。最后，改变政府管理经济的方式，既要坚持政府对市场经济的监管、调控、服务的基本经济职能，又要实现政府由注重投资到注重消费的职能转变，通过政府宏观的调控，使市场更好更有效地配置资源，发挥消费在经济发展中的导向作用。

在扩大消费的同时，国家也要注意引导和教育人们形成理性的消费理念和习惯，倡导适度消费，防止过度消费、攀比消费、高消费等的情况发生。首先，要引导人们形成理性的消费观，消费是满足人的需要的手段，是实现幸福和全面发展的手段，但消费并不是衡量幸福的标准，消费的多少不是自我得以确证的工具，消费在一定程度上能够显示一个人的财富状况，但是并不能作为衡量一个人身份、地位的手段和工具，因此要摒弃为炫耀自我而进行的符号消费，不盲目攀比，形成理性的消费理念。其次，要养成适度消费的习惯，消费者要根据自身的经济水平和经济状况进行适度消费，要做到量入而出，不能过度消费、超前消费、"花明天的钱圆今天的梦"，要做到可持续消费。最后，要坚持科学文明的消费，消费不仅是为了满足人们的物质需要，还应注重提升人们的精神素养，人们在享受物质生活的同时，也要注重提高精神消费需求，培养科学健康的消费习惯。

## 第三节　增强媒介社会责任感，提升媒介人文精神素养

媒介作为社会文化的一种传播手段，其功能具有双重作用，既能为社会发展带来正能量，又可能会阻碍社会的健康发展。大众传播媒介在发挥其功能的过程中，不能危害社会的公共道德和价值体系，要注重社会的整体利益，要积极主动地对整个社会公众负责。美国新闻自由委员会在《一个自由而负责的新闻界》报告中指出，"任何新闻单位的业主或经理，总是负有不可推卸的和巨大的个人责任。这是一种对良知和公共福祉的责任"[①]。根据报告中对媒介社会责任的界定，哈钦斯委员会提出大众媒介应履

---

① ［美］新闻自由委员会：《一个自由而负责的新闻界》，展江等译，中国人民大学出版社2004年版，第49页。

行五项职能以保证社会公共利益的实现。然而，虽然对媒介社会责任的理论指导很多，媒介的社会责任意识也在不断提高，但媒介的实际表现却江河日下，不尽如人意。在市场经济条件下，大众媒介为了生存和发展，在经济利益的驱动下，实行企业化管理，走向了市场。在消费主义物质利益的诱惑下，传媒不断走向功利化，受到市场逻辑和资本逻辑的约束，传媒市场化程度不断加深，逐渐走向了传媒的消费时代。消费主义的发展促进了传媒的进步和发展，同时传媒的发展对消费主义的扩散起到了至关重要的作用，传媒对大众消费方式的形成、消费欲望的刺激、消费时尚的塑造等都起着关键的作用，在本书的前面几章中对这些内容都有所论述，这里不再赘述。因此，要实现消费的合理化，不仅要对资本运行进行规约，对市场经济发展进行监管，还要保证大众传媒自身社会责任感的落实，以及媒介人的道德自律。

## 一 加强政府对媒介的管理，提升媒介的责任意识

大众媒介在走向市场化以后，其不仅承担着社会舆论的导向功能，其本身还成为自身的经济创收者，在经济利益面前，大众媒介经常会做出一些违背社会公共利益的举动。大众媒介社会责任的培养和建构，需要政府、媒介和受众之间的协调，对于媒介在市场化的过程中如何保证信息资源的共享，如何建构和引导主流的意识形态，如何平衡媒介自身利益与社会公共利益之间的关系等，这些问题都需要政府和媒介等多方面的共同努力，而政府在其中起着关键的作用，政府应当从创新监管手段、优化社会环境、完善媒介法律制度等几个方面着手，为媒介社会责任感的提升提供外在保证。

在市场经济条件下，政府必须创新管理手段，加大投入，在

经济、政策、监管等方面对媒介进行干预，引导媒介的健康发展。大众媒介不仅是信息的传播者，它还是社会意识形态的构建者和引导者，因此，政府必须为大众媒介提供必要的人力、物力支持，以保证媒体有足够的人力、物力、财力进行主流价值观、意识形态的传播和教育。对于媒介制作的针对青少年的时尚娱乐节目，政府要加强审批管理，抵制低俗节目的制作与播出，利用行业协会促进媒体行业的自律。政府通过政策支持和经济扶持，鼓励媒体创作有利于青少年身心发展的精神文化产品，发挥媒介的教育功能，政府转变角色，为媒介行业的发展提供优质的服务，促进传媒自身社会责任感的提升。政府在促进媒体提升社会责任感的同时，还要善于引导舆论的方向，利用社会主流价值观引导舆论信息的传播，形成良性的社会舆论环境，健全舆论监督机制，净化媒体环境。政府有关部门要加强对传播媒介行业的规范与监督工作，通过相应的制度规定大众媒介及从业者的责任范围。在当今社会，政府尤其要加强对电信及网络的监管，使运营商遵循行业规范，依照国家相关法律开展商业活动，进行良性竞争，能够承担起自身的社会责任，自觉净化媒体环境，也为青少年的健康发展创造良好的舆论环境。政府还要强化对新闻出版物的监管，加强对娱乐节目的监管，强调媒体工作者的职业操守和社会责任意识，运用政府的强制力量促使大众媒介为青少年的健康成长创造良好的媒介舆论环境。为了给传媒的发展提供一个良好的社会环境，政府还应当加强民主法制建设，为媒介的良性发展提供法律保障。政府要制定相应的法律法规，为媒介的运行提供法律指导，实现政府对大众媒介的监管。通过立法也能够促使大众媒介积极传播健康、向上的信息，自动舍弃负面、消极的信息，对大众媒介的监管实现有法可依。

## 二 强化传媒主体的道德自律

一些媒体从业者受到利益的驱使,违背职业道德,遵从市场经济发展逻辑,导致传媒业道德水平下降,因此,我们要呼吁媒体自身的道德自律,加强政府对传媒主体的伦理责任教育。道德自律既包括媒体从业者的职业道德,也包括传媒人自身的个人道德修养。这就要求大众传媒要完善落实从业者的职业道德准则,加强行业内的管理,加强对传媒人的媒体社会责任的教育,同时,传媒从业人员还要注重自身道德修养水平的提高,能够自觉进行自我约束。

大众传播媒介的社会责任要求大众传媒在追求经济利益的同时更要追求社会公正和社会公共利益,这种责任具有高尚性、自律性等特征,大众传媒的实践主体是人,接受主体也是人,除了经济价值目的以外,社会公共利益应当是大众媒介的首要伦理价值目标。大众传播媒介的社会责任要求从业者要以一种伦理的视角去关注、传播各种社会热点议题,在分析、解决这些问题时要从人的视角出发,确立正确的伦理尺度,要考虑社会公共利益,营造理性的舆论环境,引导正确的舆论方向。大众传媒社会责任的实现则依赖于传媒从业者自身的道德修养水平,以及传媒从业者的道德自律水平。传媒人的道德自律是实现大众传媒社会责任的基础和内在要求,这就要求传媒人要具有一定的道德修养,具有较高的道德判断能力,形成道德意识和道德责任,并在道德实践中产生一定的道德体验,由此传媒人形成一定的道德情感,产生承担大众媒介社会责任的道德意志,并坚定不移地去履行自己的义务,完成自己的道德责任。传媒人产生坚定不移的道德意志的过程,就是由道德他律走向道德自律、走向自觉的过程。道德自律的实现，需要运用理论对媒体从业者进行思想教育和指导，运用专业标准规范从业者的行为实践，同时，从业者还要通过不断地反思、内省，对自我进行评价，调整自己的行为，提升自我的道德素养，形成高尚的道德品格和自觉的道德意识，促进大众传播媒介的良性发展。

## 第四节 追寻生存的意义和价值

在本书第二章中，我们对认同和身份认同的含义进行了分析，结论是个体的身份认同包含有三个层次，即自我同一性的保持、自我归属感的实现和自我意义感的追寻，这三个层次中最根本的就是自我人生意义感的追求，个体只有明确了自我的人生意义，明晰了自我生存的意义所在，才能在人生道路中坚持不懈按照既定的目标去寻求人生的意义，只有坚定了目标，一直朝着目标前进，才能保持自我的一致性、连续性，只有找到了自我存在的意义，才能明确自我的位置，找到自我的归属。因此，可以说，身份认同的确立最根本的就是要寻找自我的人生意义。人生意义究竟是什么，应该从哪个角度对其界定？韦政通先生在东南大学的演讲《生存·生活·生命——人生意义的三阶段论》中，指出了人生意义的三个层次，第一个层次就是生存，对于生活在现代社会中的青少年而言，生存根本不成为问题。第二个层次是生活，在这一层次上，韦老先生指出人生的意义就是对真、善、美的追求，并指出对真、善、美的追求将成为每一个时代人们对人生意义追求的方向。第三个层次是生命，他这里所说的生命并不是我们所说的生物意义上的生命，而是指具有创造性的伟大人格，表现为高尚的道德和精神修养。① 从韦老先生对人生意义的总结来看，人生意义主要体现在物质和精神两个层面，而且主要是精神层面，物质仅仅用于满足人的生存需要，在生存需要得到满足之后，人生意义主要就体现在对精神层面的追求。在当代消费主义的影响下，部分青少年通过消费构建自我认同，将消费视为人生意义所在，这显然是将人的动物性生理需要视为了人的全部需要，忽视了自我内在精神的提升，失去了对人生意义的追寻，陷入消费—自我确证—消费—……的怪圈之中，最终导致自我身份认同问题的产生。因此，青少年要实现身份认同的建构，就要形成正确的消费观，确立正确的人生理想，树立正确的世界观、人生观、价值观，在基本生存需要得到满足之后，追求自我的人生意义和精神发展，最终实现个体的自由全面发展。

## 一 培养青少年形成合理的消费观

### （一）合理消费观的内涵

要培养青少年形成合理的消费观，首先就要明确什么是合理的消费观。合理消费即是指适度的消费、绿色的消费、科学的消费。对于青少年群体来说，所谓适度消费，就是指在满足其基本生活、学习需要的基础上，在其家庭经济能力范围内进行的消费。适度消费既要受到家庭经济条件的限制，结合自身经济状况，不盲目攀比消费，又要注重消费结构的均衡发展，在消费的过程中不能仅注重物质方面的消费，还要提升精神消费水平，做到物质享受与精神发展的平衡，对于青少年来说，青少年是国家的未来和希望，因此，更应该追求精神上的富足和自我的全面发

---

① 韦政通：《生存·生活·生命——人生意义的三阶段论》，《解放日报》2007年10月14日第A08版。

展。所谓绿色消费，是指在消费的过程中，要注意对生态环境的保护，面对当前社会自然资源不断减少、环境污染不断加重的状况，青少年作为国家未来的建设者，应当反对消费主义、享乐主义，抵制一次性产品，抵制产品的过度包装，提倡环保消费，不断提高自己的环保觉悟，树立"保护环境，人人有责"的责任意识。所谓科学消费，就是指在消费过程中，要理性地分析自身的消费决策、消费行为，在进行消费决策时，首先要依据自身的经济能力和支付能力，做出理性的消费选择，在消费时还要把握自身的实际消费需要，不要因受外界干扰而为了虚假需要进行消费，防止盲目消费、从众消费，能够做出正确的消费决策。其次还要具有识别商品性能与特点的基本能力，只有正确识别商品，才能买到合适的商品。最后要做到科学消费，还要提升自身的理财知识和能力，能够合理地支配自身的财产。对于青少年来说，只有养成合理消费的习惯，在满足自身生存、生活需要的前提下，减少奢侈、浪费，提高精神消费层次和水平，追求心灵的宁静和满足，才能真正提高生命的质量，探寻到人生的意义所在。

(二) 青少年合理消费观的形成路径

合理消费观的形成对于青少年的成长和发展至关重要，家庭、学校、社会在青少年消费观的形成过程中都具有不可替代的作用，因此，应当从这三个方面着手，为青少年合理消费观的形成营造正确的消费氛围。

1. 家庭教育

一个个体特定的思维方式、行为习惯在很大程度上是在家庭影响的基础上形成的，尤其对于青少年来说，自我意识发展尚未成熟，易受外界的影响。青少年消费观念和消费行为的形成，在很大程度上是通过对家庭成员的模仿而形成的。家庭和家长是青少年的启蒙学校和老师,因此,要培养青少年形成正确的消费观,没有家长的正确引导是不可能完成的。首先,家长作为青少年的经济供给者,应当培养青少年合理的消费观念和消费方式,家长的影响作用是潜移默化的,家长要坚持言传身教的原则,通过语言教育对青少年进行消费观念和消费方式的直接教育,同时,家长还要注意自己的行为,利用实际行动引导子女,为子女做好表率,在无形中引导孩子形成正确的消费观。其次,家长要注重培养子女的理财意识,在家庭生活中,让孩子参加家庭的消费实践,让子女在消费实践中掌握理财的知识与技能,通过实践教会子女合理支配金钱,树立节约意识。最后,家长要注意对青少年经济独立意识的培养和锻炼,对于青少年的日常消费需要,家长要做到适度供给,从而培养子女适度消费的理念。

2. 学校教育

青少年是一个特殊的群体,青少年时期是世界观、人生观、价值观形成的关键阶段,易于接受新鲜事物,喜欢追赶消费时尚、潮流。学校不仅是学生获得知识、技能的主要场所,还是青少年形成世界观、人生观、价值观的重要平台,学校也是对青少年进行消费观教育的主要阵地。首先,学校要发挥课堂教学的优势,向学生讲授有关消费观的理论知识。在中学的思想品德课程中,将合理消费理念融入课堂教学内容之中,引导青少年培养良好的消费心理与习惯,树立科学的消费观,提升自我的知识结构,平衡物质消费与精神消费的关系,学会理性消费,反对盲目攀比和浪费。其次,营造良好的校园消费风气,引导青少年形成正确的消费观。学校应引导学生积极组织各种校园文化活动,围绕合理消费、低碳生活、科学理财等社会热点问题组织丰富的校园文化活动，在丰富多彩的课外活动中，开展对青少年消费观念和理财知识的教育，并利用青少年学生之间的相互影响，树立典型榜样，以青少年身边的实际案例引导青少年学生树立正确的消费观。

3. 社会环境

人是社会性动物，青少年也不能独立于社会之外，青少年的消费习惯和消费观念都会受到社会的影响。首先，大众传媒要懂得对物质消费时尚的过度宣传会对青少年形成误导，大众媒体要注意提高自身的社会道德责任意识，积极发挥其舆论导向功能，引导青少年学会适度消费，提升精神消费。大众传媒应充分利用现代传媒技术的传播功能，增强对健康、绿色、合理消费理念的宣传，弘扬社会主旋律，为青少年形成合理、正确消费观提供一个良好的社会传媒环境。其次，发挥政府的引导作用，政府具有制定消费规范、引导消费观念的职能，政府应当加强对公民进行非理性消费的教育，提升公民对非理性消费的认知；政府要转换经济发展模式，推动经济的绿色发展；政府还要加强宏观调控，充分发挥市场的作用，推动经济的循环发展。最后，政府官员由于其权力、地位的特殊性，其言行对整个社会具有引导作用，其消费行为不仅折射出了国家对消费方式的倾向，对个人消费更具有潜移默化的影响，因此，政府官员要以身作则，养成科学、合理的消费观念，为人民群众树立一个良好的榜样。

## 二　青少年自我意义感的重建

吉登斯通过对现代人的焦虑和无意义感的多维分析，指出在晚期现代性下，个体自我在极端怀疑与对专家或传统权威的盲目信任、统一自我与分裂自我、无力感与占有、个体化与商品化的经验这些两极之间不断挣扎,现代人努力地维持着两端的平衡,以寻求稳定的自我认同,吉登斯指出,潜存于各种两极困境深层的是个人无意义感的威胁。[①] 卡斯特提出对人生意义和经验的认识来源于个体的认同,认同是主动建构的过程,因此,建构认同的过程在某种意义上也是建构意义的过程。[②] 在当代消费社会中,消费主义在资本逻辑的控制下,对当代人的生存意义进行了全新的塑造,消费主义将消费塑造为人生的根本意义之所在,人生的意义就在于尽可能多地占有和消费尽可能多的高档、高品位的商品和服务。在消费社会条件下,个体所拥有或者所消费的商品就标志着个体自我价值实现的程度,个体只有通过消费才能得到他人和社会的认同,才能获得幸福和快乐。消费主义将消费同标识个体身份认同的等级、身份、地位、荣誉等联系起来,以消费作为衡量个体人生意义和构建身份认同的手段和工具。人是一种自然性存在,更是一种社会性存在,对物质资料的消费满足了人的自然生存需要,而作为一种社会性存在,人总是在不断追求人生意义的过程中成长和发展的。一定量的物质资料消费是满足人生存需要的基础,人只有在满足了基本生存需要的基础上才谈得上对人生意义、生存意义的追求。然而,消费主义将人的基本物质需要的满足宣传为人对生存意义的追求,掩盖了基本物质需要与人生意义之间的界限,激励人们以对物质财富的消费和占有来追求人生的意义。

在消费主义的影响下,青少年的身份认同表现出了浓厚的消

---

① [英]安东尼·吉登斯:《现代性与自我认同》,赵旭东、方文译,生活·读书·新知三联书店1998年版。
② [美]曼纽尔·卡斯特:《认同的力量》(第2版),曹荣湘译,社会科学文献出版社2006年版。

费主义特征，个人本位的价值追求不断凸显，推崇物质主义的生存哲学，追求享乐主义的生活理念，个人主义、享乐主义、金钱至上成为青少年的人生准则，导致信仰的缺失、心灵的空虚。消费社会物质发展的极大丰富，导致人生信仰的缺失，而消费文化的泛滥更是淡化了人们对人生意义的思考与追求，产生人生价值观的颓废与迷失，最终导致个体人生意义感的丧失，只追求物质生活的享受，成为马尔库塞所谓的单向度的人。正如丹尼尔·贝尔所说的，每个社会都要建立一套意义系统，意义的丧失会带来茫然和困惑，没有意义的生活是令人难以忍受的，因此人们会尽快地去追求并建构新的意义，以免陷入虚无主义。在丹尼尔·贝尔看来，这种意义的丧失其实质就是一种信仰的缺失，是一种精神危机，"现代主义的真正问题是信仰问题。用不时兴的语言来说，它就是一种精神危机"[1]。青少年正处于人生信仰形成的关键时期，而青少年的心理、思想意识尚未发育成熟，对人生意义的思考还比较肤浅，消费文化的快速发展使一部分青少年失去了价值追求，沉湎于物质享受之中，将消费视为自我人生价值和意义的体现，导致自我的异化，失去了对人的生存意义感的追求，也造成了自我认同问题的产生。因此，在消费社会条件下，要实现青少年身份认同的重构，最根本的就是要实现青少年对生存意义感的认识及追求。

（一）对人是有意义的生命存在的认识

在消费社会条件下，要帮助青少年重构身份认同，培养人生意义感，首先就要帮助青少年认识到人是一种意义的存在物。意义是一种意境，是一种人性的升华，是对终极目的和关怀的追

---

[1] ［美］丹尼尔·贝尔：《资本主义文化矛盾》，赵一凡等译，生活·读书·新知三联书店1989年版，第74页。

问，人生意义的实现表现为自我的满足感和自由感，也表现出了对自我的肯定和确认。韦政通先生指出了人生意义的三个层次，第一个层次就是生存，第二个层次是生活，在这一层次上，韦老先生指出人生的意义就是对真、善、美的追求，并指出对真、善、美的追求将成为每一个时代人们对人生意义追求的方向，第三个层次是生命，他这里所说的生命并不是我们所说的生物意义上的生命，而是指具有创造性的伟大人格，表现为高尚的道德和精神修养。从韦老先生对人生意义的总结来看，人生意义主要体现在物质和精神两个层面，而且主要是精神层面，物质仅仅用于满足人的生存需要，在生存需要得到满足之后，人生意义主要就体现在对精神层面的追求。人活着就是为了追求人生的意义，没有意义的人生是空洞的、虚无的，意义是人之为人的重要标志。人应当不断探究自身的存在状态，并时刻审视自我的生存状况，人存在的意义和价值就在于这种对自我的审视和批判态度之中。之所以说人是一种有意义的生命存在，就在于人独特的存在方式，以及人的生命过程实质就是不断追求意义的过程。

　　人的独特的存在方式决定了人是一种意义的存在物。自从人类文明发展以来，人类就明确指出人是一种优越于动物的特殊的生命存在，人的特殊性就在于人的二重化的存在结构，动物仅仅是一种单一的自然存在物，而人不仅直接地是自然存在物，人最重要的是一种有意识的生命存在，人对自然世界进行创造，将其变为属人世界，在其中追求有意义的生活。马克思曾对人与动物的区别进行过深刻地阐释，"动物和自己的生命活动是直接同一的。动物不把自己同自己的生命活动区别开来。它就是自己的生命活动。人则使自己的生命活动本身变成自己意志的和自己意识的对象。他具有有意识的生命活动。……有意识的生命活动把人同动物的生命活动直接区别开来"①。人的存在是不断生成的、创造性的，人必须通过创造性的活动，不断自我塑造、自我超越、自我创造。人的生命活动不是自然而然的，是有意识的超越自然的创造性活动，创造出属人的生活意义与价值。人的生存的本质就在于对属人的生活意义的创造，人类对意义的追求也成了人区别于动物的根本原因，人的生命活动就是在对意义的不断追求中进行的。

人的生命活动过程本身就是对意义的不断追求和实现的过程。在人的生命活动过程中人生意义的实现包含两种途径，一是人的客观实践活动，人通过对外在客体的改造满足自我的需要，实现自我的意义；二是自我的内省，个体通过对自我的反思，实现对自我的超越，不断追寻更高层次的生命意义。人的生命活动与人生的意义紧密相连，首先，人生活动内容构成了人生意义，人在生命发展的不同阶段有不同的活动主题和内容，不同的人生活动构成了整个人生，人生的意义就体现为人生活动内容的意义，人生的意义就是人生活动中体现出来的人的追求和活动的价值。其次，人生活动内容决定了人生的意义，人生活动内容不仅构成了人生的意义，还决定着人生的意义，人总是根据自身的需要有目的、有计划地去认识并改造世界，使自在世界转化为属人的意义世界，人认识并改造世界的活动就是人生活动的内容，人的这一实践活动就是不断创造人生意义的动态发展过程。最后，人的生命活动内容展示了人生意义，生命活动的展开是对人生意义的创造和追求的过程，人追求怎样的人生意义就会参与实践怎样的生命活动，人的生命活动内容是一种客观存在，是对人所追

---

① 马克思：《1844年经济学哲学手稿》，人民出版社2018年版，第53页。

求的人生意义的一种现实体现。

概言之，人是一种区别于并优越于动物的意义性存在，人对意义的追求是这一区别的根本原因，人的生命活动过程本身就是人不断追求和实现人生意义的过程，人的生命活动内容构成、决定并展示了人生的意义。

（二）青少年生存意义感的建构

德国著名哲学家鲁道夫·奥伊肯深刻感受到其所处时代信仰的缺失、物质享乐主义的盛行导致个体生存意义感的丧失，在其著作《生活的意义与价值》的导言中就质问："人的生活可有意义与价值？"[1] 这一问题是每一代人都要面临的难题，但是我们要努力而不是放弃对这一问题的解答，因为"人的存在从来就不是纯粹的存在；它总是牵涉到意义"[2]。随着社会物质财富的极大丰富，消费社会产生，消费主义观念盛行，消费文化将消费视为人生的全部，人成了消费的奴隶。正如弗洛姆所指出的那样，在现代社会人们获得了关于物质的全部知识，但是对于人是什么、人该怎样生活这一最根本的问题却茫然无知。[3] 人们获得了巨大丰富的物质，却遭遇了精神的"无家可归"，空虚、失落充斥着人们的内心世界，人们失去了对崇高意义的追求，迷失了自我，陷入了精神荒漠之中。在消费文化的影响下，一些青少年将享乐主义作为人生准则，沉溺于物质消费，在消费中构建自我身份认同，忽视了精神的发展和对人生意义的追问。然而，丰裕的物质生活带来的却是物对人的奴役，个体精神生活的空虚、焦虑和自

---

[1] [德] 鲁道夫·奥伊肯：《生活的意义与价值》，赵月瑟译，上海译文出版社 2018 年版。
[2] [美] 赫舍尔：《人是谁》，隗仁莲译，贵州人民出版社 1994 年版，第 46 页。
[3] [美] 艾里希·弗洛姆：《健全的社会》，孙恺祥译，上海译文出版社 2018 年版。

我的迷失。为了重构青少年的身份认同，就必须对青少年进行人生意义感的培育，帮助其树立生活的目标和意义，实现自我的全面发展。

1. 以主流文化引导青少年构筑坚实的精神堡垒

人生意义的实现要求有坚定的信仰做引导，人本身就是一种文化存在物，也只有在文化的浸润之下，信仰才能成为人的稳定人格中的一部分，成为引导人去追求自我实现的强大精神力量。人在实践过程中不断吸收文化成果，文化在无意识当中牵引着人的价值行为模式和取向，制约着人的思维、情感，因此可以说，人的发展和成长是文化渗透和塑造的结果。文化为人类的自我解放和发展提供了巨大的精神力量，尤其是社会主流文化对个体身份的建构、信仰的确立、人生意义的重构具有重大影响，因此，确定主流文化的指导地位就成了消解自我认同危机、重构人生意义的关键举措。首先，主流文化所反映的核心价值体系是制约整个社会发展方向的根本要素，社会主流文化的基本价值取向决定着个人信仰的基本方向，信仰的提升是文化发展始终关注的焦点。因此，要加强社会主流文化价值观的建设，引导人们树立崇高的精神信仰，以文化坚定信仰，以信仰重构人生意义。其次，开展丰富的社会文化活动以推动社会主流文化的建设，丰富的文化活动能够丰富人们的精神生活，提升人们的精神生活水平，从而有助于提高人们的人生目标，坚定人们的精神信仰，以更坚定的精神和信念去追求自我的人生意义。以先进的社会主流文化为依托，从现实文化生活实践入手，更能够引导青少年形成理性的信仰，为青少年追求高尚的人生意义构筑科学的精神堡垒。

2. 确立精神追求目标，实现对物化生活的超越

在消费文化中，个人的身份、地位、能力等往往取决于个人

的消费能力，消费成为人们认识自我和他人的手段与工具。青少年的消费观、价值观也受到消费主义的影响，一些青少年不顾自身及家庭的经济能力，盲目追求高消费，相互攀比、炫耀，在消费中迷失了自我。青少年在丰富的物质商品消费中越陷越深，忽视了对精神的追求，而精神追求是一个人人生意义的体现，是个体发现自我、实现自我的重要途径。有哲学家曾说过，人与动物的根本区别就在于，人类在满足基本生存需要之后会产生更高层次的精神需要。马克思也指出人的本质是一切社会关系的总和，人作为社会化的存在物，既有物质需求也有精神追求，在满足了基本的物质需求之后就会去寻求更高层次的精神需求，思考人生的意义。

青少年的精神追求同青少年自我身份认同的建构是紧密联系的。这是因为精神追求具有明确的目标，同时精神追求是个体的自觉行为。一旦精神追求的目标得以实现，青少年就能够依次确立起世界观、人生观和价值观。由于青少年自身条件的限制和社会环境的影响，青少年的精神追求一般是盲目的，且多具有消极性，青少年在追求其精神目标的时候，既损害了他人的利益，又不利于自身的成长。如盲目的偶像崇拜、疯狂的个性追求等。因此，对于青少年的精神追求要进行正确的引导，正确的精神追求有利于青少年自身的健康发展，有利于其个性、情感的健康形成。对于当代青少年来说，确立高尚的精神追求目标，有利于其超越由消费主义激发的物欲生活，有利于其个人价值的实现、个人潜能的挖掘，对自我形成正确的认识和定位。青少年的精神追求具有态度强烈、目标多变的特点，主要通过理想、抱负等形式表现出来。青少年精神追求一般可分为三个层次，第一个层次是精神的满足，如自尊的满足、友情的满足、归属感的确立等；第二个层次是自我价值的实现；第三个层次是对理想、信念、人生价值的追求。明确不同层次的精神追求有助于青少年形成正确的精神追求目标。

一个人如果失去了精神追求，就不会有崇高的理想和远大的人生目标，对生活就会产生空虚感、迷茫感，感到无聊，迷失自己，最终陷入虚无主义。当代青少年生长于物质丰富发展的时代，较少经历过人生的苦难，他们所面临的最大危机就是无意义感的产生，不知道活着的目的和意义，沉迷于消费带来的物质享受和网络中实现的虚拟成功之中，在对物质的疯狂追逐中将对精神的追求抛之脑后，引起了生活的无意义感，出现了精神危机和对现实存在的焦虑感，在自我的发展过程中迷失了自我，失去了自我的独特性。物质的基本功能就是满足人的生存需要，人在生存需要得到满足之后，就要追求精神需要，精神才是人生意义的根本所在，精神富足的人生才是有意义的人生。马克思主义哲学认为物质决定意识，意识对物质具有反作用，而意识在广义上就是指人的精神世界。人的精神追求在内容上包括对知识的渴求、正确价值观的确立和对情感意志的追求。青少年正处于学知识的黄金时期，对知识的追求和吸收，有利于青少年获得思想的自由，能够帮助青少年形成对事物的正确认识，提升青少年认识世界的能力，从而也有助于青少年形成正确的自我意识。青少年在获得一定知识、对自我形成一定的认识之后，就会激发一定的理想、信念、信仰等，青少年追求理想、信念、信仰的过程也就是价值观的形成过程，因此，引导青少年树立正确的价值观，有利于青少年树立科学、高尚的精神追求目标，增强青少年抵制享乐主义、拜金主义、自由主义等不良思想腐蚀的思想力量，保证青少年精神追求目标的科学性、高尚性方向，为青少年实现人生价值和意义提供精神保证。情绪、情感和意志则是人们的情感体验，也是人们进行精神追求目标的"原动力"，是对人们精神追求起决定作用的根本动力。因此，青少年要通过知识的学习提升认识事物、辨别事物的能力，通过确立正确价值观，明确科学的精神追求目标，并以坚强的意志实现精神追求的目标，并在此过程中发现并确证自我存在的意义。

### 三 人的全面发展——对个体生存意义的现实阐释

从意义的维度理解生存是人之在世的精神支柱，对生存意义的追问、对自我实现的追求是人之为人的根本所在。"人是一种特殊的存在——不仅是意识到自身存在的存在，而且是反思自身存在的存在。"[1] 对自身存在的反思即是对自身存在意义的追问。人类从哲学视角寻找自身生存的意义，同时又借助哲学的表征功能对人的生存意义进行阐释。被公认为存在主义哲学先驱的克尔凯郭尔，又被认为是现代意义的生存论的奠基人，他以"孤独个体"作为研究对象，并将个体的主观心理体验视为人的真正存在，在他看来，个人是人类生存的中心，但是个人的存在取决于个人的主观意识，而主观意识就是关于上帝的知识，上帝就是真理，这种将主观性等同于人的存在的观点忽视了人的自主性，没有找到人的生存意义的实质。[2] 法国存在主义领袖萨特推进了存在主义哲学的整体发展，他关注人的精神状态，即个体在反思前的"我思"状态，认为在此状态下的自我意识是对自由的体现。

---

[1] 孙正聿：《哲学观研究》，吉林人民出版社2007年版，第136页。
[2] ［丹麦］克尔凯郭尔：《畏惧与颤栗 恐惧的概念 致死的疾病》，京不特译，中国社会科学出版社2013年版。

萨特将现象本身看作是存在及其本质，提出了"存在先于本质"[①]的观点，这一论断将人降到了与物同等的地位从而贬低了人。萨特提出人是一种自为的存在，自为即人的意识，人具有能动性且永远处于运动变化过程中，而人之外的其他事物则是一种自在存在，自为的存在提供了自在存在的价值和意义。从"存在先于本质"这一原则出发，依据人的自为存在，萨特得出了人的本质是自由的结论。自由是人的存在状态，是人的本质，自由体现为个人主观选择的自由，人虽然不能选择自身的现实处境，但却可以自由赋予现实处境不同的意义，并在超越处境的过程中塑造自我。萨特的哲学给当时的人们提供了精神的慰藉，但是他提出的绝对自由观却忽视了社会历史性，也忽视了人类存在的统一性，无法从根本上解决个体对生存意义的追求问题。

人对生存意义的追求决定了人的生存本质，然而，怎样的人生才是有意义的？从古至今，从存在主义到社群主义，不同的思想家均对人的生存意义的寻求指引了方向，但都是在一定的社会历史条件下为人类提供的一种慰藉，未能从根本上揭示个体的生存意义这一问题。马克思从现实的个人的生存这一现实出发，为我们揭示了个体生存意义实现的现实路径，即人的全面发展。

（一）现实的人：个体生存意义实现的现实主体

马克思一直关注人的问题，现实的人是马克思人学思想的逻辑起点，也是个体生存意义得以实现的主体和基础，以人为本是马克思人学思想的"阿基米德点"。马克思以物质生产为研究起点，消解了以往哲学中片面的、感性的、抽象的人，指出了人的社会现实性、历史性和实践性，将个人放在整个社会历史中去衡

---

[①] Jean-Paul Sartre, *Huis Clos and Other Plays*, Penguin Classics, 2000.

量其存在的意义和价值，让个人在整个人类发展中寻找自我、认识自己，在全人类的自由和解放实践中塑造自我。

马克思人学思想中的人指的是现实的人。现实的人首先是一种自然存在物，物质生产实践体现了人类自然存在的现实性。马克思曾指出人要生存首先就必须满足基本生存、生活需要，就需要吃、喝、住、穿以及其他一些生活用品，因此就必须与自然界打交道，这是人类社会产生的自然基础，也是人与人之间产生社会关系的自然基础，人的社会关系的发展正是在人的自然生存需要得到满足的基础上实现的。基本生存需要的满足要求人们参加物质生产实践，作为一种自觉的创造性活动，可以说物质生产实践是现实的人存在的前提。在物质生产实践中，人不仅改造了外部世界，也改造了人自身，既体现了人的主体性，又体现了人的创造性。有意识的、有目的的物质生产活动是人所特有的实践活动，实践性是人的现实性的体现，实践也就成为揭示人的生存的现实依据。人不仅是自然存在物，人更是社会存在物，社会存在是人的本质所在，社会属性是人的本质属性，因此，现实的人具有社会历史性。马克思在深入研究人的本质之后得出结论，人的本质在现实性上是一切社会关系的总和。个人是同他的生产相一致的，生产既包含了人与自然的关系也包含了人与人的关系，因此，人总是生活在一定的社会关系中的。

马克思人学思想从人的生产实践、人所处的各种社会关系来认识人的本质，消解了人的抽象性，恢复了人的具体性，使个体对生存意义的追寻落实到具体的现实中。在具体的、历史的实践过程中个体才能对自我形成正确的、同一的认识，在实践中才能发现自我生存的意义，才能在追寻生存意义的过程中构建自我认同，在整个人类社会发展进步的过程中实现自我的价值。根据马克思的理论，人具有自然属性和社会属性，而社会属性是人的本质属性，在当代消费主义影响下，青少年通过消费构建自我身份认同显然是不符合马克思人学思想的，因为消费满足的是人的基本生活需要，也就是对人的自然性一面的满足，而人的身份认同涵盖了人与其自身、人与人、人与社会之间的关系，即人的社会属性，因此，消费并不足以将人与人进行本质的区分，也不足以确认某个个体的身份。人作为一种社会性存在物，是一种意义化的存在，只有在对生存意义的追寻中才能区分他人、确认自我。因此，当代青少年在追寻自我生存意义的过程中，应当在现有的社会实践活动中发现自我、认识自我，确立高尚的精神目标引导自我的实践活动，在实践活动中展现自我的意义和价值。

（二）人的全面发展——对人的生存意义的彰显

自我实现是对自我生存意义的最完美的诠释，自我实现的要求驱使个体不断寻找生活的意义，然而，对自我认识的片面性导致这一追寻的不可完成性。马克思提出的人的全面发展理论为我们对人的全面认识提供了理论指导，人的全面发展即人对自我全部本质的占有。人的全面发展包括人的需要、人的社会关系、人的能力和人的个性四个方面。人的需要不仅包括物质需要，还包括精神需要，只有物质需要和精神需要都得到了极大满足，才能推动人的全面发展。人要生存就必须参加实践活动，在实践中就必须与他人形成各种关系，人只有在一定的社会关系中才能存在和发展，因此，社会关系的发展情况决定了人的发展状况，而人的社会关系的全面发展，既包括在实践中形成的现实关系，也包括观念关系，只有当个体的社会关系不断丰富发展，个体全面占有并控制其社会关系时，个人才能获得全面的发展。马克思将人的能力划分为体力和智力、自然力和社会能力、潜力和现实能力，人的能力是指人在社会实践中展示出来的能动力量，是人的全面发展的核心。人的个性包括人的独特性和自主性，只有人的个性得到充分的发展，个人的全面发展才成为可能，最终达到自我实现，只有人的个性得到充分的发展，人才能够成为自己本身的主人——自由的人。在马克思看来，只有这四个方面都获得了全面发展，个人才能实现全面发展，而个人的全面发展则是在有意识、有目的的自由自觉的实践活动过程中实现的，只有在实践活动中，个人才能自由发挥自己的本质力量，获得自我肯定，实现自我的确证，发现生存的意义，在发现和实现生存意义的过程中达到自我实现。

马克思人学的全面发展理论为当代青少年构建身份认同、寻找生存意义、获得自我实现提供了理论指导。在当代消费主义和消费文化的影响下，青少年要构建自我身份认同、追寻生存的意义，获得自我实现，就必须以人的全面发展理论为指导，不能沉溺于物质消费和享受中，通过消费满足基本生存和物质需要的同时，更应注重精神的需要和提升，人之为人的根本就在于社会属性的发展，而社会属性的获得和发展就在于人的精神需要的满足、人的社会关系的全面发展、人的个性的充分发展。人的精神属性主要表现为对生存意义的追问，体现了个人对自我的肯定，对意义的追问引领着精神生活的方向，然而，部分青少年的精神生活被物化的世界所遮蔽，个人也被物所奴役，为物所累，在对物的消费和占有中寻找自我的意义，迷失了自我，丧失了超越性。

马克思的实践论为青少年认识自我的生存状态和生存意义提供了有效的思路，即从其现实的社会关系中寻找生存的意义，在实践过程中实现对自身生存状态的理解，在实践中实现自我的全面发展。青少年在实践中应确立崇高的精神目标，树立对终极精神追求的信心，在物质需要得到满足之后，更要积极投身于精神需要的满足，追求自我个性的实现，追求更高的生存境界，将自我塑造成为具有真善美品质的全面发展的独立个体，而不再是只追求物质享受的单向度的人。随着社会的不断进步，青少年要不断批判、超越现实，形成新的价值追求，为自我的生存构筑强大的精神支撑和依托，在精神不断丰富发展的过程中获得自我的归属感，理解并把握自我生存的意义。

# 结　　语

　　任何一种新生事物都不会凭空而出，消费主义的产生也不例外。凯恩斯主义促使消费问题进入社会和政治问题之中，为消费主义的产生拉开了序幕；福特主义和后福特主义在工业化生产领域的运用，为消费主义的产生提供了丰富的物质基础，直接催生了消费主义；提倡享乐主义、消费至上的消费文化，以及肯定人的欲望的人文精神为消费主义的产生提供了思想文化基础；而资本的增殖本能则为消费主义的产生提供了根本动力。消费主义作为一种价值观和生活方式，崇尚对物的大量占有和消费，以追求物质享乐作为人生的目的和意义。进入消费社会以后，在资本逻辑的作用下，人的欲望在金钱的魅力作用下极度膨胀，虚假的需求不断升级，消费成了人们生活的目标，消费主义意识形态进入人们的日常生活领域，使人们沉迷于琐碎的、肤浅的、永无止境的虚假消费的体验之中不能自拔，消费主义作为一种意识形态成为一种新的社会控制形式控制着人。作为人的存在方式的消费背离了人的需要，反过来威胁着人的生存，人成为"消费的机器"，受到消费的操纵和控制。人们将消费作为追求幸福的途径，将消费的多少、占有商品的多寡作为衡量幸福的标准。消费主义的产生和泛滥对整个社会和人类产生了广泛的影响，改变了人们的价值观，也改变了人们的思想和行为，引发了人们在日常生活中的消费行为模式的改变，消解了人们对主流社会文化的信仰。而青少年由于其身心发育尚未成熟，易受外部环境影响，因此受到消费主义的影响最为突出。

在现代消费社会中，社会的流动性加大，消费主义泛滥，身份变得流动和多元化。消费主义将消费视为人生的最高目的和终极意义所在，推崇对物的大量占有和消费，鼓励人们尽可能多地消费，将消费视为衡量个人身份、地位的标准，通过消费追寻人类生存的意义，消费主义这种世俗化的价值观取代了人们先前的精神取向的价值观。在资本逻辑的驱动下，大众媒介和消费文化不断刺激人们的消费欲望，扩大人们的消费需求，人成了消费的附属物。消费主义通过商品的符号化将消费变成了一种符号操作系统，为商品赋予了各种不同的文化意义，使商品本身扩展到能指的范围，商品具有了符号象征价值。商品的符号意义成为人们消费的重点，商品不仅能够满足人们的基本需要，最根本的是彰显了消费者的身份、地位、品位，满足了消费者对荣誉、声望的需要。消费主义强调对物的大量占有和消费，无限夸大物的地位和作用，在消费主义话语中，消费不再是为了满足生存的需要，消费成为个体自我表达和自我确认的重要方式，消费成为人生的根本意义所在。青少年也往往是新兴消费的倡导者和追随者，在消费主义的影响下，消费已经成为青少年自我确证、自我建构的手段。然而青少年在以消费构建自我认同的过程中，出现了过度自我的取向，过分关注自我的物质享受，以商品的符号价值实现自我身份认同的建构，但商品符号价值的短暂易逝性导致青少年在对符号价值的追逐过程中，不断根据符号价值的变化更改对自我的定位，导致青少年不能形成稳定的、具有高尚精神追求的理性身份认同，即产生了身份认同问题。

青少年在消费过程中遭遇身份认同问题，本书从三个方面阐述了青少年身份认同问题。从消费内容上来看，青少年倾向于消费商品的符号价值，在消费社会，物被赋予了具有社会文化意义的符号价值，而大众媒介正是商品符号价值的创造者和传播者，在大众媒介的诱惑下，青少年通过对商品符号价值的占有和消费来展示自我的独特性，通过对符号的占有实现自我认同。青少年通过对品牌商品的消费、对偶像消费方式的模仿以及对偶像本身的消费、对消费场所所具有的空间符号价值的消费来展示自我的个性、品位、地位和身份。青少年在对符号的追逐过程中，表现出了对物质享受的过度追逐和对精神发展的忽略，对时尚个性的盲目从众消费反而导致个性的丧失，看似自由的消费行为实际是受到物的控制的行为。符号消费最终导致青少年在消费中失去自我的稳定同一性，以物质享受作为人生意义使自我意义感丧失，对个性的从众消费实际是对共性的消费，对个性的追求成为一种虚幻的个性。

　　从消费方式上来看，当代青少年更热衷于网络消费而舍弃传统消费。青少年是对网络消费这一新生事物接受最快、使用最多的群体，在消费主义价值观的影响下，网络消费所带来的新奇、时尚、享受等吸引了越来越多的青少年，而青少年在网络消费的过程中更加追求物质享乐，表现出了消费主义倾向。本书以网络购物和网络游戏为例分析了青少年的身份认同建构，越来越多的青少年参与到网络购物实践中，以网购这一消费形式以及网购内容的独特性构建自我认同；现实生活的压力、空虚导致部分青少年沉迷于网络游戏，在网络游戏中塑造虚拟的理想自我，从中寻找自我的归属感、自我存在的意义。然而，网络作为一个虚拟的消费空间，与现实是截然不同的，过度沉迷于网络将导致青少年对现实的疏离，造成现实与虚拟的混淆，从而影响青少年自我同一性的完整性，导致自我归属感的错位，人生意义的丧失。

从消费带来的结果看，现代社会是一个更在意外在形象的社会，身体形象成为个体构建自我认同的重要内容。现代个体不再像以前那样生来就是确定的，无法再从外在框架中获得清晰的自我认同，人们必须从日常生活中寻找自我确定的依据和要素，身体具有相对的稳定性，因此现代性中的人们更加重视通过身体构建自我感，米尔斯就曾用"外表拜物教"一词充分表达了身体外表对人的重要意义。尤其是消费主义文化的兴起，使身体获得了前所未有的关注，形成了盛大的身体文化景象，越来越多的人愈益关注自身的外表、体型等，将身体视为个体认同的表达。本书以青少年整容美容、瘦身为例分析了青少年通过身体消费改变身体形象，以期塑造理想自我，对自我身份践行建构。整容失败毁容、瘦身导致严重疾病的报道频见报端，为何青少年仍飞蛾扑火般走进整形医院？在消费主义和大众媒介的合谋宣传下，身体形象被青少年视为自我的象征，视为走向成功、实现自我的捷径。青少年通过身体消费构建自我身份认同，造成了青少年自我认同外在依据的丧失，人生价值和意义的严重物化，出现精神沙漠化。

在现代消费主义的影响下，青少年以消费作为自我身份认同建构的手段和依据，追求物质享受，忽略精神的发展，最终造成身份认同问题的产生。青少年是国家的未来和希望，其身份认同建构的正确与否，不仅关系着其个人的未来发展，也直接关系着国家的发展和未来，因此，本书拟提出一些粗浅的建议，为青少年身份认同建构提供借鉴。消费主义遵循资本增殖逻辑，资本逻辑将消费主义与人的欲望相结合并深入人的内心深处，将消费主义塑造成为人们的价值理想，使人沉浸在无度的消费之中，通过消费寻找人生的意义，资本的增殖本性决定了消费主义本身所具有的贪婪性、占有性、虚假性并不能给人类带来自由、幸福和快乐，消费主义的泛滥必将导致人的自我的丧失、人的生存意义的迷失，最终陷入价值虚无主义。为了避免人们过度消费，陷入消费主义，实现人的身份认同的合理建构，必须对资本的运行进行合理的规约，限制资本的霸权，实现资本的良性运行。市场作为资源配置的一种手段，其本身并无好坏、善恶之分，但是市场经济在满足人们的消费需求、扩大人们消费的多样性的同时，也对消费需求产生了消极影响。随着社会物质财富的发展，各种消费品随着市场流通到各地，一些经济条件并不富裕的人，会受到他人消费的影响，盲目地模仿他人消费，追求高消费和超前消费，与他人攀比，通过高消费进行炫耀，容易诱发人们的消费欲望，造成攀比消费。市场经济是利用价值力量对资源进行配置的经济体制，而这种价值力量的本质就是资本。由于市场体制本身的不健全加上资本增殖的本性，在实现社会发展的同时必然会破坏社会的公共利益，这时国家就要运用其权力，对市场的发展进行合理地引导和制约。

在实现了消费的合理化的同时，青少年还需要树立崇高的人生目标，实现人的生存意义，找到自我存在的意义根基，才能够最终实现自我身份认同的理性建构。首先青少年要树立合理的消费观，实现物质需要和精神发展的双重满足，一定量的物质资料消费是满足人生存需要的基础，人只有在满足了基本生存需要的基础上才谈得上对人生意义、生存意义的追求。帮助青少年认识到人是一种意义的存在物。意义是一种意境，是一种人性的升华，是对终极目的和关怀的追问，人生意义的实现表现为自我的满足感和自由感，也表现出了对自我的肯定和确认。以先进的社会主流文化为依托，从现实文化生活实践入手，更能够引导青少年形成理性的信仰，为青少年追求高尚的人生意义构筑科学的精神堡垒。青少年要通过知识的学习提升认识事物、辨别事物的能力，通过确立正确价值观，明确科学的精神追求目标，并以坚强的意志实现精神追求的目标，在精神追求目标的实现过程中，寻找自我存在的意义。自我实现是对自我生存意义的最完美的诠释，自我实现的要求驱使个体不断寻找生活的意义，然而，对自我认识的片面性导致这一追寻的不可完成性。马克思人的全面发展理论为当代青少年构建身份认同、寻找生存意义、获得自我实现提供了理论指导。在当代消费主义和消费文化的影响下，青少年要构建自我身份认同、追寻生存的意义，获得自我实现，就必须以人的全面发展理论为指导，不能沉溺于物质消费和享受中，通过消费满足基本生存和物质需要的同时，更应注重精神的需要和提升，人之为人的根本就在于社会属性的发展，而社会属性的获得和发展就在于人的精神需要的满足、人的社会关系的全面发展以及人的个性的充分发展。

　　本书以消费主义和认同为关键词搭建了本书的基本框架，对当代消费社会青少年以消费构建身份认同所产生的问题进行了梳理，并提出了一些建议。然而，当代社会处于不断变动之中，青少年本身也在不断发展，在这急剧变动的时代，青少年的身份认同建构成为一个不断凸显的问题，造成青少年产生身份认同问题的因素也在不断增加，因此，在以后的研究中，要结合时代特点，不断发现造成青少年身份认同问题的原因，针对问题产生的原因，提出切实可行的解决措施，为青少年身份认同的理性建构提供一些参考和建议。

# 参考文献

**经典著作**

《马克思恩格斯全集》第44卷,人民出版社2001年版。

《马克思恩格斯选集》第1卷,人民出版社2012年版。

《马克思恩格斯选集》第2卷,人民出版社1995年版。

《马克思恩格斯文集》第5卷,人民出版社2009年版。

马克思:《1844年经济学哲学手稿》,人民出版社2018年版。

**中文著作**

安秋玲:《青少年同伴群体交往与自我同一性发展研究》,华东师范大学出版社2007年版。

白光主编:《中外理性广告语经典与点评》,中国经济出版社2004年版。

班建武:《符号消费与青少年身份认同》,教育科学出版社2010年版。

包亚明主编:《后大都市与文化研究》,上海教育出版社2005年版。

包亚明主编:《现代性与空间的生产》,上海教育出版社2003年版。

陈学明等编：《痛苦中的安乐——马尔库塞、弗洛姆论消费主义》，云南人民出版社1998年版。

邓卓明、任一明主编：《社会时尚与当代青年》，西南师范大学出版社2009年版。

段建军、彭智：《透视与身体——尼采后现代美学研究》，人民出版社2013年版。

段伟文：《网络空间的伦理反思》，江苏人民出版社2002年版。

高九江：《启蒙推动下的欧洲文明》，华夏出版社2000年版。

葛红兵、宋耕：《身体政治》，上海三联书店2005年版。

共青团上海市委员会编：《文化创新与当代青年：2012上海青年发展报告》，上海人民出版社2013年版。

《汉语大词典》（全新版），商务印书馆国际有限公司2003年版。

胡晓红：《青少年品牌态度的三因素关系模型研究》，经济科学出版社2008年版。

黄希庭、郑涌等：《当代中国青年价值观研究》，人民教育出版社2005年版。

贾英健：《虚拟生存论》，人民出版社2011年版。

江宜桦：《自由主义、民族主义与国家认同》，扬智文化事业股份有限公司1998年版。

李河：《得乐园·失乐园：网络与文明的传说》，中国人民大学出版社1997年版。

李志强：《走进生活的道德教育》，中国社会科学出版社2009年版。

梁良：《从众》，东方出版中心2007年版。

林白鹏主编：《消费经济辞典》，经济科学出版社1991年版。

林方主编：《人的潜能和价值——人本主义心理学译文集》，华夏出版社 1987 年版。

刘洁莹：《衣装》，岳麓书社 2010 年版。

刘莉：《被编码的生活——广告》，云南人民出版社 2004 年版。

刘琳：《〈资本论〉的经济伦理思想研究》，安徽大学出版社 2008 年版。

刘明翰主编，王挺之、刘耀春：《欧洲文艺复兴史：城市与社会生活卷》，人民出版社 2008 年版。

刘卫兵、王丽娟主编：《冲突与反思中的青少年——当代青少年发展问题研究》（下），人民出版社 2012 年版。

陆士桢、吴鲁平等主编：《社会转型中的青年发展与社会整合》，中国社会科学出版社、中国藏学出版社 2005 年版。

陆玉林：《当代中国青年文化研究》，人民出版社 2009 年版。

罗钢、王中忱主编：《消费文化读本》，中国社会科学出版社 2003 年版。

马中红主编：《青年亚文化研究年度报告（2013）》，清华大学出版社 2014 年版。

莫少群：《20 世纪西方消费社会理论研究》，社会科学文献出版社 2006 年版。

欧阳谦：《20 世纪西方人学思想导论》，中国人民大学出版社 2002 年版。

商务国际辞书编辑部编：《现代汉语词典》（双色本），商务印书馆国际有限公司 2019 年版。

苏国勋：《社会理论与当代现实》，北京大学出版社 2005 年版。

孙怀仁、雍文远主编：《经济大辞典·政治经济学卷》，上海辞书出版社 1994 年版。

孙正聿：《哲学观研究》，吉林人民出版社 2007 年版。

檀传宝编著:《大众传媒的价值影响与青少年德育》,福建教育出版社 2005 年版。

汪晖、陈燕谷主编:《文化与公共性》,生活·读书·新知三联书店 2005 年版。

汪民安、陈永国编:《后身体:文化、权力和生命政治学》,吉林人民出版社 2003 年版。

汪民安、陈永国编:《尼采的幽灵:西方后现代语境中的尼采》,社会科学文献出版社 2001 年版。

王昌忠:《美学审视下的中国当今消费文化》,漓江出版社 2012 年版。

王成兵:《当代认同危机的人学解读》,中国社会科学出版社 2004 年版。

王建平:《中国城市中间阶层消费行为》,中国大百科全书出版社 2007 年版。

王宁:《消费的欲望:中国城市消费文化的社会学解读》,南方日报出版社 2005 年版。

王宁:《消费社会学——一个分析的视角》,社会科学文献出版社 2001 年版。

王贤卿:《道德是否可以虚拟——大学生网络行为的道德研究》,复旦大学出版社 2011 年版。

吴玉军:《现代性语境下的认同问题》,中国社会科学出版社 2012 年版。

伍庆:《消费社会与消费认同》,社会科学文献出版社 2009 年版。

夏莹:《消费社会理论及其方法论导论》,中国社会科学出版社 2007 年版。

徐明宏编著:《休闲城市》,东南大学出版社 2004 年版。

徐世甫：《虚拟生存论导论》，上海社会科学院出版社2013年版。

晏辉：《现代性语境下的价值与价值观》，北京师范大学出版社2009年版。

杨魁、董雅丽：《消费文化——从现代到后现代》，中国社会科学出版社2003年版。

仰海峰：《走向后马克思：从生产之镜到符号之镜——早期鲍德里亚思想的文本学解读》，中央编译出版社2004年版。

姚建平：《消费认同》，社会科学文献出版社2006年版。

曾建平：《自然之思：西方生态伦理思想探究》，中国社会科学出版社2004年版。

张春兴：《青年的认同与迷失》，台湾东华书局1983年版。

张海洋：《中国的多元文化与中国人的认同》，民族出版社2006年版。

张静主编：《身份认同研究》，上海人民出版社2006年版。

张曙光：《生存哲学——走向本真的存在》，云南人民出版社2001年版。

章诗雯：《新青年"独立宣言"》，四川人民出版社2013年版。

郑元景：《虚拟生存研究》，社会科学文献出版社2012年版。

周宪：《视觉文化的转向》，北京大学出版社2008年版。

周笑冰：《消费文化及其当代重构》，人民出版社2010年版。

周远全：《后现代之后》，河南大学出版社2012年版。

朱晓慧：《新马克思主义消费文化批判理论》，学林出版社2008年版。

### 中译著作

［波兰］奥辛廷斯基：《未来启示录：苏美思想家谈未来》，徐元

译,上海译文出版社 1988 年版。

［丹麦］克尔凯郭尔:《畏惧与颤栗 恐惧的概念 致死的疾病》,京不特译,中国社会科学出版社 2013 年版。

［德］埃里希·弗罗姆:《寻找自我》,陈学明译,工人出版社 1988 年版。

［德］费尔曼:《生命哲学》,李健鸣译,华夏出版社 2000 年版。

［德］卡西尔:《人论》,甘阳译,上海译文出版社 1985 年版。

［德］鲁道夫·奥伊肯:《生活的意义与价值》,赵月瑟译,上海译文出版社 2018 年版。

［德］马克斯·韦伯:《新教伦理与资本主义精神》,于晓、陈维纲等译,生活·读书·新知三联书店 1987 年版。

［德］尼采:《尼采文集:你与一个巨人心灵的对话》,楚国南等译,改革出版社 1995 年版。

［德］诺贝特·埃利亚斯:《个体的社会》,翟三江、陆兴华译,译林出版社 2008 年版。

［德］齐奥尔特·西美尔:《时尚的哲学》,费勇、吴蓉译,文化艺术出版社 2001 年版。

［德］雅斯贝斯:《时代的精神状况》,王德峰译,上海译文出版社 2008 年版。

［俄］尼古拉·别尔嘉耶夫:《论人的奴役与自由》,张百春译,中国城市出版社 2002 年版。

［法］吉尔·利波维茨基、［法］埃丽亚特·胡:《永恒的奢侈:从圣物岁月到品牌时代》,谢强译,中国人民大学出版社 2007 年版。

［法］居伊·德波:《景观社会》,王昭凤译,南京大学出版社 2006 年版。

［法］勒布雷东：《人类身体史和现代性》，王圆圆译，上海文艺出版社 2010 年版。

［法］罗兰·巴尔特：《符号学原理》，李幼燕译，中国人民大学出版社 2008 年版。

［法］米歇尔·福柯：《规训与惩罚：监狱的诞生》，刘北成、杨远婴译，生活·读书·新知三联书店 2003 年版。

［法］尼古拉·埃尔潘：《消费社会学》，孙沛东译，社会科学文献出版社 2005 年版。

［法］让·鲍德里亚：《符号政治经济学批判》，夏莹译，南京大学出版社 2009 年版。

［法］让·鲍德里亚：《消费社会》，刘成富、全志钢译，南京大学出版社 2014 年版。

［法］让·波德里亚：《象征交换与死亡》，车槿山译，译林出版社 2006 年版。

［法］萨特：《存在主义是一种人道主义》，周煦良、汤永宽译，上海译文出版社 1988 年版。

［法］尚·布希亚：《物体系》，林志明译，上海人民出版社 2001 年版。

［法］雅克·拉康：《拉康选集》，褚孝泉译，华东师范大学出版社 2019 年版。

［古希腊］柏拉图：《理想国》，郭斌和、张竹明译，商务印书馆 1986 年版。

［古希腊］亚里士多德：《尼各马可伦理学》，廖申白译注，商务印书馆 2003 年版。

［荷］胡伊青加：《人：游戏者》，成穷译，贵州人民出版社 1998 年版。

［荷］斯宾诺莎：《笛卡尔哲学原理：依几何学方式证明》，王荫庭、洪汉鼎译，商务印书馆1980年版。

［加］查尔斯·泰勒：《现代性之隐忧》，程炼译，中央编译出版社2001年版。

［加］威尔·金里卡：《当代政治哲学》，刘莘译，上海译文出版社2011年版。

［加］约翰·奥尼尔：《身体五态：重塑关系形貌》，李康译，北京大学出版社2010年版。

［联邦德国］哈贝马斯：《交往与社会进化》，张博树译，重庆出版社1989年版。

［联邦德国］霍克海默、［联邦德国］阿多尔诺：《启蒙辩证法》，洪佩郁等译，重庆出版社1990年版。

［美］阿皮亚：《认同伦理学》，张容南译，译林出版社2013年版。

［美］埃·弗洛姆：《为自己的人》，孙依依译，生活·读书·新知三联书店1988年版。

［美］埃里克·H·埃里克森：《同一性：青少年与危机》，孙名之译，浙江教育出版社1998年版。

［美］埃里希·弗洛姆：《在幻想锁链的彼岸——我所理解的马克思和弗洛伊德》，张燕译，湖南人民出版社1986年版。

［美］艾里希·弗洛姆：《健全的社会》，孙恺祥译，上海译文出版社2018年版。

［美］艾里希·弗洛姆：《逃避自由》，刘林海译，上海译文出版社2015年版。

［美］爱利克·埃里克森：《童年与社会》，高丹妮、李妮译，世界图书出版有限公司北京分公司2018年版。

［美］大卫·理斯曼：《孤独的人群》，王崑、朱虹译，南京大学出版社 2002 年版。

［美］戴维·M·巴斯：《欲望的演化》，谭黎、王叶译，中国人民大学出版社 2011 年版。

［美］黛布拉·L. 吉姆林：《身体的塑造——美国文化中的美丽和自我想象》，黄华、李平译，广西师范大学出版社 2010 年版。

［美］丹尼尔·贝尔：《资本主义文化矛盾》，赵一凡等译，生活·读书·新知三联书店 1989 年版。

［美］道格拉斯·凯尔纳：《媒体文化——介于现代与后现代之间的文化研究、认同性与政治》，丁宁译，商务印书馆 2004 年版。

［美］凡勃伦：《有闲阶级论——关于制度的经济研究》，蔡受百译，商务印书馆 2009 年版。

［美］赫伯特·马尔库塞：《单向度的人——发达工业社会意识形态研究》，刘继译，上海译文出版社 2008 年版。

［美］赫舍尔：《人是谁》，隗仁莲译，贵州人民出版社 1994 年版。

［美］库利：《人类本性与社会秩序》，包凡一等译，华夏出版社 1989 年版。

［美］拉尔夫·林顿：《人格的文化背景：文化、社会与个体关系之研究》，于闽梅、陈学晶译，广西师范大学出版社 2007 年版。

［美］李普曼：《舆论学》，林珊译，华夏出版社 1989 年版。

［美］利奥·洛文塔尔：《文学、通俗文化和社会》，甘锋译，中国人民大学出版社 2012 年版。

［美］罗伯特·莱恩：《幸福的流失》，苏彤、李晓庆译，世界图

书出版公司北京公司 2017 年版。

［美］罗伯特·纳什：《德性的探询：关于品德教育的道德对话》，李菲译，教育科学出版社 2007 年版。

［美］马克·波斯特：《第二媒介时代》，范静哗译，南京大学出版社 2000 年版。

［美］马克·波斯特：《信息方式》，范静哗译，商务印书馆 2014 年版。

［美］迈克尔·海姆：《从界面到网络空间：虚拟实在的形而上学》，金吾伦、刘钢译，上海科技教育出版社 2000 年版。

［美］曼纽尔·卡斯特：《认同的力量》（第 2 版），曹荣湘译，社会科学文献出版社 2006 年版。

［美］欧文·戈夫曼：《日常生活中的自我呈现》，冯纲译，北京大学出版社 2022 年版。

［美］乔纳森·特纳：《社会学理论的结构》（下），邱泽奇等译，华夏出版社 2001 年版。

［美］乔治·赫伯特·米德：《心灵、自我和社会》，霍桂恒译，北京联合出版公司 2014 年版。

［美］乔治·瑞泽尔：《后现代社会理论》，谢立中译，华夏出版社 2003 年版。

［美］塞缪尔·亨廷顿：《我们是谁——美国国家特性面临的挑战》，程克雄译，新华出版社 2005 年版。

［美］斯蒂文·贝斯特、道格拉斯·凯尔纳：《后现代理论：批判性的质疑》，张志斌译，中央编译出版社 1999 年版。

［美］托马斯·古德尔、［美］杰弗瑞·戈比：《人类思想史中的休闲》，成素梅等译，云南人民出版社 2000 年版。

［美］新闻自由委员会：《一个自由而负责的新闻界》，展江等译，

中国人民大学出版社2004年版。

[日] 北冈诚司:《巴赫金——对话与狂欢》,魏炫译,河北教育出版社2002年版。

[瑞士] 费尔迪南·德·索绪尔:《普通语言学教程》,高名凯译,商务印书馆1980年版。

[瑞士] 霍伦施泰因:《人的自我理解》,徐献军译,浙江大学出版社2012年版。

[瑞士] 维蕾娜·卡斯特:《依然故我——自我价值感与自我同一性》,刘沁卉译,国际文化出版公司2008年版。

[苏] 巴赫金:《巴赫金全集》(第六卷),李兆林、夏忠宪等译,河北教育出版社1998年版。

[苏] 弗罗洛夫:《人的前景》,王思斌、潘信之译,中国社会科学出版社1989年版。

[意] 洛伦佐·瓦拉:《论快乐》,李婧敬注译,人民出版社2017年版。

[英] 阿瑟·刘易斯:《经济增长理论》,周师铭等译,商务印书馆1983年版。

[英] 安东尼·吉登斯:《失控的世界——全球化如何重塑我们的生活》,周红云译,江西人民出版社2001年版。

[英] 安东尼·吉登斯:《现代性与自我认同》,赵旭东、方文译,生活·读书·新知三联书店1998年版。

[英] 鲍曼:《生活在碎片之中——论后现代的道德》,郁建兴等译,学林出版社2002年版。

[英] 戴维·莫利、[英] 凯文·罗宾斯:《认同的空间》,司艳译,南京大学出版社2001年版。

[英] 弗兰克·莫特:《消费文化——20世纪后期英国男性气质和

社会空间》，余宁平译，南京大学出版社2001年版。

［英］柯林·坎贝尔：《浪漫伦理与现代消费主义精神》，何承恩译，"国家"教育研究院2016年版。

［英］克里斯·加勒特、［英］扎奥丁·萨德尔：《视读后现代主义》，宋沈黎译，安徽文艺出版社2009年版。

［英］克里斯·希林：《身体与社会理论》，李康译，北京大学出版社2010年版。

［英］雷蒙·威廉士：《关键词——文化与社会的词汇》，刘建基译，巨流图书有限公司2004年版。

［英］迈克·费瑟斯通：《消费文化与后现代主义》，刘精明译，译林出版社2000年版。

［英］齐格蒙特·鲍曼：《个体化社会》，范祥涛译，上海三联书店2002年版。

［英］齐格蒙特·鲍曼：《工作、消费主义与新穷人》，郭楠译，上海社会科学院出版社2021年版。

［英］齐格蒙特·鲍曼：《流动的现代性》，欧阳景根译，上海三联书店2002年版。

［英］齐格蒙特·鲍曼：《全球化——人类的后果》，郭国良、徐建华译，商务印书馆2013年版。

［英］西莉亚·卢瑞：《消费文化》，张萍译，南京大学出版社2003年版。

［英］约翰·梅纳德·凯恩斯：《就业、利息和货币通论》，高鸿业译，商务印书馆1999年版。

［英］约翰·诺顿：《互联网——从神话到现实》，朱萍等译，江苏人民出版社2001年版。

### 中文论文

蔡雪芹:《现代消费与人的自我认同》,《理论月刊》2005 年第 9 期。

崔新建:《文化认同及其根源》,《北京师范大学学报》(社会科学版) 2004 年第 4 期。

董海军:《网络:网虫的自恋舞台》,《中国青年研究》2006 年第 2 期。

董立清:《消费社会人的价值观的偏失与重建》,博士学位论文,北京交通大学,2012 年。

高永晨:《从跨文化视野看符号消费的心理认同机制》,《苏州大学学报》(哲学社会科学版) 2012 年第 5 期。

贡少辉:《网络空间视域下的网络沉溺现象分析》,《重庆邮电大学学报》(社会科学版) 2010 年第 4 期。

黄平:《面对消费文化:要多一分清醒》,《人民日报》1995 年 4 月 3 日第 11 版。

黄志坚:《五年预测:中国青年消费八大趋势》,《中国青年研究》2001 年第 4 期。

雷安定、金平:《消费主义批判》,《西北师大学报》(社会科学版) 1994 年第 3 期。

李进书:《现代性之批判:消费受控制的科层社会》,《北方论丛》2009 年第 4 期。

李彦、李伟:《论网络文化的后现代特性》,《兰州交通大学学报》2004 年第 2 期。

李友梅:《重塑转型期的社会认同》,《社会学研究》2007 年第 2 期。

刘金丽：《现代消费对青少年身份认同的影响》，《山东青年政治学院学报》2014年第6期。

刘举：《消费语境下的身体解放与审美救赎》，《北方论丛》2011年第4期。

刘燕：《后现代语境下的认同建构——大众传媒的作用及其影响分析》，博士学位论文，浙江大学，2007年。

卢风：《论消费主义价值观》，《道德与文明》2002年第6期。

毛勒堂、高惠珠：《消费主义与资本逻辑的本质关联及其超越路径》，《江西社会科学》2014年第6期。

宁全荣：《消费认同与大众认同方式的危机》，《燕山大学学报》（哲学社会科学版）2012年第3期。

彭富春：《身体美学的基本问题》，《中州学刊》2005年第3期。

陶东风：《消费文化语境中的身体美学》，《马克思主义与现实》2010年第2期。

陶东风：《消费文化语境中的身体研究热》，《当代文坛》2007年第5期。

汪民安、陈永国：《身体转向》，《外国文学》2004年第1期。

汪新建、吕小康：《时尚消费的文化心理机制分析》，《山东大学学报》（哲学社会科学版）2005年第2期。

王亚南：《中国语境下的消费主义研究》，博士学位论文，华东师范大学，2009年。

韦政通：《生存·生活·生命——人生意义的三阶段论》，《解放日报》2007年10月14日第A08版。

肖显静：《消费主义文化的符号学解读》，《人文杂志》2004年第1期。

邢雁欣：《消费主义价值观批判》，《道德与文明》2010年第4期。

熊德:《城市青少年消费行为与品牌消费心理调研报告》,《中国青年研究》2006年第8期。

闫国疆:《问题与反思:近30年中国身份认同研究析评》,《西南民族大学学报》(人文社会科学版)2013年第4期。

杨德霞:《论消费主义与当代青年身份建构》,《当代青年研究》2013年第2期。

杨魁:《消费主义文化的符号化特征与大众传播》,《兰州大学学报》2003年第1期。

杨爽:《互联网影响下的青少年偶像崇拜调查》,硕士学位论文,东北师范大学,2012年。

杨桃莲:《大学生自我认同的建构——基于大学生博客分析》,博士学位论文,复旦大学,2009年。

尹世杰:《加强对消费文化的研究》,《光明日报》1995年4月30日第7版。

于光远:《谈谈消费文化》,《消费经济》1992年第1期。

俞海山:《中国消费主义解析》,《社会》2003年第2期。

张天勇:《从生产社会到消费社会的转变:符号拜物教的现实根基》,《学术论坛》2007年第3期。

张文伟:《美国"消费主义"兴起的背景分析》,《广西师范大学学报》(哲学社会科学版)2008年第1期。

张云鹏:《文化权:自我认同与他者认同的向度》,博士学位论文,吉林大学,2005年。

赵汀阳:《认同与文化自身认同》,《哲学研究》2003年第7期。

**外文文献**

Colin Campbell, *The Romantic Ethic and the Sprit of Modern Consum-*

erism, London: Basil Blackwell, 1987.

Gilles Deleuze, *Anti-Oedipus*, Penguin Classics, 2009.

Jean-Paul Sartre, *Huis Clos and Other Plays*, Penguin Classics, 2000.

McCracken Grant, "Culture and Comsumption: A Theoretical Account of the Structural and Movement of the Cultural Meaning of Consumer Goods", *Journal of Consumer Research*, No. 1, 1986.

M. C. Taylor and E. Saarinen, *In Imagologies: Media Philosophy*, London: Routledge, 1994.

Pierre Bourdieu, *Distinction*, Richard Nice & Tony Bennett, London: Routledge, 2010.

Rosalind Williams, *Dream Worlds: Mass Consumption in Late Nineteenth-Century France*, Berkeley, Calif: Oxford University Press, 1982.

Sherry Turkle, *Life on the Screen: Identity in the Age of the Internet*, New York: Simon & Schuster, 1995.

Taylor Charles, *Multiculturalism*, Princeton: Princeton University Press, 1994.

Theodor W. Adorno, *Theodor W. Adorno, Gesammelte Schriften. Band 10*, Suhrkamp Taschenbuch Verlag, 2003.

### 网络文献

凤凰图片:《〈在人间〉第54期:整容失败后》(2018年3月26日), http://inews.ifeng.com/yidian/slide/57058464/news.shtml.

凤凰网卫视:《青少年整容还需谨慎》(2011年1月14日), https://phtv.ifeng.com/program/jkxgn/detail_2011_01/14/

4277960_0. shtml.

红网：《15 岁少女 1 年减肥 20 多斤致闭经》（2015 年 2 月 13 日），https：//health. rednet. cn/c/2015/02/13/3604218. htm.

联商网：《名牌购物袋热销折射"符号消费"误区》（2012 年 2 月 22 日），http：//www. linkshop. com/news/2012196615. shtml.

钱江晚报：《15 岁少女为减肥患上厌食症，体重仅有 60 斤还出现闭经》（2020 年 4 月 15 日），https：//baijiahao. baidu. com/s? id = 1664017151786331427&wfr = spider&for = pc.

人民网：《ZJ 欲减肥 20 斤 誓以最佳状态亮相羊年央视春晚》（2015 年 2 月 5 日），http：//ent. people. com. cn/n/2015/0205/c1012 - 26514291. html.

人民网：《"中国大妈"韩国整容遭遇脑死亡 跨国整形应慎重》（2015 年 2 月 2 日），http：//gongyi. people. com. cn/n/2015/0202/c152509 - 26491464. html.

新浪健康：《大话减肥 NO6：7 招合理饮食解馋还减肉》（2012 年 8 月 10 日），http：//health. sina. com. cn/hc/2012 - 08 - 10/081343837. shtml.

新浪网：《71. 5%受访者认为社会以貌取人非常普遍》（2012 年 3 月 15 日），http：//news. sina. com. cn/o/2012 - 03 - 15/043024117306. shtml.

新浪网：《调查显示 6% 女中学生病态减肥：用利尿剂控制体重》（2004 年 12 月 13 日），http：//news. sina. com. cn/s/2004 - 12 - 13/12585204754. shtml.

新浪网：《整容中学生最小十三岁》（2008 年 7 月 17 日），https：//news. sina. com. cn/c/2008 - 07 - 17/025614173982s. shtml.

易观智库：《中国90后青年调查报告2014（简版）》（2015年2月12日），https：//www.analysys.cn/article/detail/169.

悦美网：《真相大揭秘 WYZ整容变歪脸？》（2011年12月7日），https：//www.yuemei.com/20111207/3306.html.

中国互联网络信息中心：《2009年中国网络购物市场研究报告》（2009年11月），https：//www.cnnic.net.cn/NMediaFile/old_attach/P020120612508476568822.pdf.

中国互联网络信息中心：《2013年中国青少年上网行为调查报告》（2014年5月），https：//www.cnnic.net.cn/NMediaFile/old_attach/P020140611557842544454.pdf.

中国互联网络信息中心：《2013年中国青少年上网行为调查报告》（2014年6月11日），https：//www.cnnic.net.cn/n4/2022/0401/c116-762.html.

中国互联网络信息中心：《2015年中国青少年上网行为研究报告》（2016年8月），https：//www.cnnic.net.cn/NMediaFile/old_attach/P020160812393489128332.pdf.

中国互联网络信息中心：《中国互联网络发展状况统计报告》（2014年1月），https：//www.cnnic.net.cn/NMediaFile/old_attach/P020140305346585959798.pdf.

中国禁毒网：《ZJHZ：靠吸毒减肥，这不是减肥，而是在减命！》（2023年2月22日），http：//www.nncc626.com/2023-02/22/c_1211731822.htm.

中国新闻网：《HQS自曝为演出美国功夫片节食减肥》（2015年2月5日），https：//www.chinanews.com.cn/yl/2015/02-05/7039660.shtml.

中国新闻网：《高考过后准大学生扎堆整容 家长当礼物送孩子》

(2013 年 7 月 12 日），https：//www.chinanews.com/edu/2013/07-12/5036687.shtml.

中新网:《女大学生隆胸参加胸模大赛》（2014 年 11 月 21 日），https：//www.workercn.cn/192/201411/21/141121165915082.shtml.

# 后　记

　　这本小书是在我的博士学位论文的基础上更新而成的，虽然选题定在消费对青少年自我认同的影响，但这里的消费已经超越了鲍德里亚所指的物的消费，还包括了消费方式、消费手段对青少年自我认同的影响。信息技术的革新，改变着人们的生活方式和思维方式，同时也改变着人们自我认同建构的参照物和建构方式。对于青少年来说，自我认同的正确建构是其确立正确世界观、人生观、价值观的重要基础，因此，就需要思考：在今天这个多元化的智能时代，影响青少年自我认同的因素有哪些？社会的变迁所带来的人们自我认同建构参照系的变化对人产生了哪些影响？作为教育工作者，我们该如何引导青少年学生理性建构自我认同？在这个物欲横流的物质世界中，该如何引导青少年学生提升其自我的内在精神？……客观环境的变化所引发的一系列现实困境需要我们从理论根源上去寻求答案，这也是新时代加强青少年思想政治教育工作必须思考解决的问题，本书在对以上问题的探讨中尝试从理论的视角探寻答案，但鉴于作者的知识结构和理论水平的局限，仍有很多问题需要进一步的深入研究，恳请学界同仁不吝赐教！

　　本书的出版得到了北京市哲学社会科学规划办公室、北京市教育委员会以及北京物资学院等单位提供的项目资助，得到了中国社会科学出版社孙萍编审、鲍有情编辑的支持和帮助，在此深深感谢！

刘金丽

2022 年 10 月